Pascal Sienaert
Els Dahl

Extreme Gefühle

PASCAL SIENAERT
ELS DAHL

EXTREME GEFÜHLE

Manisch-depressiv:
Leben mit einer
bipolaren Störung

Hilfen für Betroffene
und Angehörige

KÖSEL

Übersetzung aus dem Niederländischen von
Eva Schweikart, Hannover

Die Originalausgabe erschien unter dem Titel »Manisch-depressief.
Een gids voor patiënt, familie, hulpverlener en geïnteresseerde«
bei Lannoo Publishers, Tielt, Belgien.

© 2003 Lannoo Publishers, Tielt, Belgium
Copyright © 2006 für die deutsche Ausgabe Kösel-Verlag, München,
in der Verlagsgruppe Random House GmbH
Umschlag: Kaselow Design, München
Umschlagmotiv: mauritius images / AGE
Druck und Bindung: Pustet, Regensburg
Printed in Germany
ISBN-10: 3-466-30715-5
ISBN-13: 978-3-466-30715-9

*Gedruckt auf umweltfreundlich hergestelltem Werkdruckpapier
(säurefrei und chlorfrei gebleicht)*

www.koesel.de

*Für Senne, Jarne, Yente, Lieve
und meine Eltern*
Pascal Sienaert

*Für meinen Mann,
meine drei Kinder und meine Eltern.
Für meine Schicksalsgefährten*
Els Dahl

Die Angaben in diesem Buch basieren auf der neuesten wissenschaftlichen Literatur, die am Ende in der Bibliografie aufgeführt ist. Der besseren Lesbarkeit halber wurden in den Text keine Literaturverweise aufgenommen. Alle Namen in Els' Geschichte sind fiktiv.

Inhalt

Vorwort für die deutsche Ausgabe	9
Zum Geleit	12
Das verborgene Kind (ein Kennenlernen)	15
1 Endlich! Manisch-depressiv *Über bipolare Störungen*	19
2 Der manische Sturm kommt auf *Über Manie und Hypomanie*	51
3 Festgebunden *Einweisung in die Psychiatrie*	81
4 Gott und Satan *Über manische, schizophrene und andere Psychosen*	101
5 Gefangen in einem Panzer *Über unipolare und bipolare Depressionen*	109
6 Es muss wohl in der Familie liegen *Über das Verletzlichkeits-Stress-Modell*	133
7 Man hat eine bipolare Störung, aber man ist sie nicht! *Über den Umgang mit chronischen Erkrankungen*	149
8 Stabilisierendes Salz *Über Stimmungsstabilisierer*	185
9 Die kleine Hausapotheke *Über Antipsychotika, Antidepressiva und andere Mittel*	205

10 Die bipolare Störung betrifft einen nicht allein   227
Einfluss auf Familie, Beziehung und Sexualität

11 Frauensachen (auch für Männer)   233
Über Schwangerschaft und Vererbung

12 Epilog   253

Anhang   255
www.bipolar – Bipolare Störungen im Internet 255
Literatur zum Thema »Bipolare Störungen« 258
Bibliografie 262
Liste der erwähnten Medikamente 268

Vorwort für die deutsche Ausgabe

Bipolare Störungen, früher als manisch-depressive Erkrankung bezeichnet, stellen eine oft lebensbedrohliche, schwere Erkrankungsgruppe mit erschreckenden psychosozialen und beruflichen Folgen dar. Nicht umsonst werden bipolare Störungen von der WHO zu den zehn Erkrankungen gerechnet, die im jungen Erwachsenenalter am häufigsten zu andauernder Behinderung führen. Menschen mit bipolaren Störungen werden in Deutschland durchschnittlich bereits mit 45 Jahren frühberentet.

Bipolare Störungen sind aber leider keine Seltenheit. Man schätzt, dass etwa eine Million Menschen in Deutschland unter ihrer typischen Manifestationsform, der Bipolar-I-Störung, leiden. Möglicherweise bis zu vier Millionen Menschen weisen andere, wie die Bipolar-II-Störung, oder schwächere Verlaufsformen der Erkrankung auf. Dies heißt nicht, dass all diese Menschen unbedingt behandlungsbedürftig sind, bei vielen würde eine adäquate Behandlung die Lebensqualität jedoch wesentlich verbessern. Die medikamentösen Möglichkeiten der Behandlung haben heute in ihrer Breite deutlich zugenommen; unter Berücksichtigung von Wirksamkeit und Nebenwirkungsprofil erscheint es möglich, für die meisten Patienten eine zufrieden stellende Behandlungsform zu finden. Dennoch sehen wir uns mit einem großen Problem konfrontiert: Anscheinend stößt die nach ärztlichem Verständnis so wichtige Behandlung bei vielen Patienten auf Ablehnung, was in Therapeutenkreisen wiederum zu Ratlosigkeit und Nihilismus führt. Die »Compliance« bipolarer Patienten sei eben schlecht, und damit müsse man sich wohl abfinden.

Muss man wirklich? Mir selber haben zum Verständnis, welche möglichen Schwierigkeiten Patienten mit Medikamenten haben, verschiedene Untersuchungen von Jan Scott sehr viel weitergeholfen. In ihren Studien stellt sie nicht nur fest, dass die Compliance bipolarer Patienten sehr schlecht ist (was wir schon vorher wussten), sie geht einen Schritt weiter: Sie sucht die Gründe für dieses Phänomen im individuellen Verständnis der Erkrankung. Dabei stellt sie ein erstaunliches Unverständnis der Therapeuten fest, was die Skepsis der Patienten gegenüber der Medikation angeht. Ängste und Unbehagen von Seiten der Patienten vor einer Behandlung, vor allem auch die Angst, dass die normale Persönlichkeit sich darunter ändern könnte, werden von den Therapeuten nicht wahrgenommen. Auch das durch Medikamenteneinnahme sich ändernde Selbstbild des Patienten, nämlich sich als Erkrankten zu sehen, stellt offensichtlich eine große Hürde dar. Eine Kommunikation, die diese Vorbehalte ausräumen oder zumindest relativieren könnte, findet offensichtlich nicht oder nur rudimentär statt.

Das einzige Mittel, diesen Kommunikationsknoten aufzulösen, stellt Aufklärung über die Erkrankung im weitesten Sinne dar. Neben einer therapiebegleitenden Psychoedukation kann dies in besonderem Maße durch verständlich geschriebene, aber dabei nicht oberflächliche Bücher geschehen. Aufklärung über die Erkrankung nimmt ihr das Unheimliche, selbstverantwortlicher Umgang als »Experte« für die eigene Krankheit das Gefühl, ihr ausgeliefert zu sein. Was mit der Diabetikerschulung als Beispiel für eine andere chronische Erkrankung selbstverständlich ist, sollte genauso selbstverständlich für eine schwerwiegende, einen lebenslang begleitende psychische Erkrankung sein.

Das nun in deutscher Übersetzung vorliegende Buch von Pascal Sienaert hat in den Niederlanden in den vergangenen Jahren bereits seine Nützlichkeit und Praktikabilität bewiesen. Es vermittelt nicht nur unerlässliches Basiswissen über die Erkrankung, sondern begleitet Betroffene und Angehörige auf den verschiedenen Stationen des Lebens mit der Erkrankung, und zwar nicht nur theoretisch, sondern auch in ihrer eigenen Schilderung. Dadurch macht es neben aller sachlichen Information gleichzeitig Mut und vermittelt, nicht allein von dieser Erkrankung betroffen zu sein. Mit jeder Seite, die man liest, beginnt das Stigma psychischer Erkrankung kleiner und kleiner zu werden. Eine weite Verbreitung des Buches nicht nur unter Betroffenen, sondern auch in der allgemeinen Öffentlichkeit ist daher mein besonderer Wunsch.

Dr. med. Heinz Grunze,
Oberarzt der Psychiatrischen Klinik der LMU München,
Spezialambulanz für bipolare Störungen

Zum Geleit

Ich war wohl etwa zehn Jahre alt, als ich mit meiner Mutter eine ihrer Freundinnen besuchen ging, die ein paar Wochen zuvor ihr erstes Kind bekommen hatte. Ihr Mann machte uns auf; sie selbst war nicht zu Hause, sondern mit dem Baby zum Einkaufen gegangen. Es war ein brütend heißer Tag. Der Mann wirkte bedrückt und führte uns etwas zögerlich ins Wohnzimmer. Der Raum war über und über voll mit Blumen und Topfpflanzen. Wir mussten uns regelrecht einen Weg zu einer Sitzgelegenheit bahnen. Zudem standen überall Kartons mit Wandkacheln. Wandkacheln mit Sprüchen darauf wie »Trautes Heim, Glück allein« oder »Jedes Dach hat sein Ungemach«. Alles die gleichen Kacheln. Hunderte vermutlich.

Und dann kam die Freundin meiner Mutter hereingestürmt. Sie war völlig verschwitzt und redete sehr laut. So hatte ich sie noch nie erlebt. Es kam mir vor, als würde sie gleichzeitig lachen und weinen. Die Situation war beängstigend und sehr seltsam. Ihr Mann schwieg und wollte sich um das Baby kümmern, wurde aber mit einem Rüffel bedacht. Meine Mutter machte eine besorgte Miene und wir blieben nur kurz. Keiner konnte mir hinterher sagen, was mit der Frau los war, warum sie ein Blumengeschäft halb leer gekauft und kartonweise Sprüche ins Haus geschleppt hatte. Später wurde mir klar, dass dies ihr erster manischer Schub war.

Heute, etwa 25 Jahre später, weiß ich, dass sie danach noch mehrmals manisch und öfter deswegen in stationärer Behandlung war. Auch für sie habe ich dieses Buch geschrieben – und natürlich für alle, die an einer bipolaren Störung leiden, sowie für deren Angehörige.

Pascal Sienaert
Lubbeek, 5. April 2003

Mütter erzählen gern von ihren Entbindungen und andere Mütter lauschen fasziniert den dramatischen Schilderungen. Und immer ist eine dabei, die eine noch dramatischere Geschichte in petto hat.

Ich bin in solchen Situationen meistens still, obwohl meine erste Geburt ganz und gar nicht schmerzlos verlief. Zum Glück aber ohne Komplikationen für meinen kleinen Sohn und mich. Jedenfalls in körperlicher Hinsicht. Aber die Details der Geburt kommen mir so banal vor. So banal im Vergleich zu dem, was danach passierte. Dieses große Geheimnis möchte ich zu gern erzählen, aber ich traue mich nicht und werde mich wohl nie trauen. Nur meine allernächsten Verwandten und mein Psychiater wissen darüber Bescheid. Es ist zwar keine Schande, aber wenn ich davon erzählen würde, wäre ich wohl mit einem Makel behaftet.

Die Zeit nach der Geburt meines ersten Kindes war für mich etwas ganz Besonderes. Und keineswegs beängstigend, wie viele dachten. Wochenlang habe ich auf rosa Wolken geschwebt und in einer absoluten Symbiose mit meinem Baby gelebt. Die Ärzte haben mich aus meiner Euphorie herausgeholt, und zwar auf eine nun wirklich beängstigende Weise. Sie werden ihre Gründe gehabt haben, dachte ich damals, und heute weiß ich das. Aber sie hörten mir nicht zu, wenn ich etwas sagte. Alle um mich herum redeten über mich, nur ich selber wurde nicht einbezogen. Eine schlimmere Demütigung habe ich nie erlebt. Dass ich mich vorher immer schlecht gefühlt hatte, wollten sie nicht hören. Nur dass ich jetzt zu gut drauf war, interessierte sie. Ich aber spürte, dass mit mir etwas anderes los war, als sie mir einreden wollten.

Damals hat meine Suche begonnen. Eine lange Suche nach meinem wahren Selbst, mit vielen Höhen und Tiefen, großen Hoffnungen und ebenso großen Enttäuschungen. Mehrere Psychiater haben mich in kleinen Schritten der richtigen Diagnose näher gebracht. Neun Jahre nach der Geburt meines ersten Kindes lag sie vor.

Da stand ich dann und wusste es: »Endlich! Manisch-depressiv!« Die lange Suche war zu Ende. Aber damit waren keineswegs alle Probleme gelöst. Es gab noch so viel zu fragen, so viel zu betrauern. Und ich musste mit meiner Krankheit umgehen lernen.

In jener Trauerphase beschloss ich ein Buch zu schreiben. Schon viele Jahre hatte ich mit diesem Gedanken gespielt, aber da ich damals nicht wusste, an welcher Krankheit ich litt, wurde nichts daraus. Dass ich dann zu schreiben begann, geschah eigentlich aus einer negativen Motivation heraus. Ich fühlte mich leer und es kam mir vor, als hätte ich viele Jahre meines Lebens verloren. Intellektuell war ich irgendwo vor längerer Zeit stehen geblieben und ich hatte keine nennenswerte Berufserfahrung. Ich konnte also nur erzählen, was mir widerfahren war, die schlimmen Erinnerungen noch einmal aufleben lassen und meine neu gewonnenen Erkenntnisse anderen mitteilen.

Allmählich wurde mir klar, dass das Aufschreiben der jahrelangen Suche und der Folgen der Diagnose auch therapeutische Wirkung hatte und mich bereicherte. Mein Selbstwertgefühl bekam dadurch Auftrieb. Und was am wichtigsten war: Endlich hatte ich das Gefühl, etwas bieten zu können. Meine Geschichte und die theoretischen Ausführungen meines Psychiaters würden anderen Menschen, die an einer bipolaren Störung leiden, sowie deren Angehörigen bei ihrer Suche und im Umgang mit der Krankheit Unterstützung bieten. Und vielleicht würde es gelingen, meine Krankheit ein klein wenig aus der Tabuzone herauszuholen.

Zum Glück habe ich nie irgendwelche schlimmen Dinge angerichtet; es sind keine Beziehungen zu Bruch gegangen. Dennoch bedaure ich, dass ich mich nicht traue, das Buch meinen Eltern zu lesen zu geben. Ich habe Angst, dass sie den Inhalt nicht verkraften könnten. Während meiner Suche habe ich vieles gedacht und geschrieben, was ich später nicht mehr so sah. Ich habe Verdächtigungen geäußert, die mir im Nachhinein Leid tun. Aber sie sind aus der Geschichte nun einmal nicht wegzudenken. Auch wenn meine Eltern das Buch wahrscheinlich nie lesen werden, möchte ich es ihnen widmen.

Els Dahl
Winksele, 5. April 2003

Das verborgene Kind
(ein Kennenlernen)

Dass ich Els zum ersten Mal sah, ist nun etwa vier Jahre her. Ihre Hausärztin rief mich an und sagte, der Psychiater, bei dem Els bis dahin in Behandlung war, habe sie gebeten, »einen neuen Therapeuten« zu suchen. Ich erinnere mich, dass Els deswegen sehr ärgerlich war. Sie wollte in Gesprächen nach den Ursachen für ihr Unbehagen suchen und in ihrer frühesten Vergangenheit graben. Ihr Psychiater wiederum wollte das nicht, weil Els von all dem Suchen und Grübeln psychotisch wurde.

Sechs Jahre zuvor, 1992, war Els nach der Geburt ihres ersten Kindes Matthias zwei Wochen mit einer Psychose in der Klinik. Ein paar Monate vor unserem ersten Gespräch war sie erneut in stationärer Behandlung. Ebenfalls eine Psychose. Nach wenigen Tagen war alles wieder in Ordnung – sehr ungewöhnlich für eine Psychose.

»Von wegen Psychose«, sagte Els, »ich habe das Hidden-Child-Syndrom.« Gefühle aus ihrer Kindheit kämen manchmal ganz unvermittelt hoch, sagte sie. Dann sei sie fröhlich und munter, könne sich an jeder Kleinigkeit freuen und sich hervorragend in andere einfühlen. Wenn diese Gefühle zu intensiv würden, verliere sie manchmal die Kontrolle, und diesen Zustand wiederum würden die Psychiater als Psychose bezeichnen. Aber es seien die Gefühle aus ihrer Kindheit, die genauso plötzlich, wie sie hochkämen, wieder verschwänden, und hinterher fühle sie sich angespannt und schlecht. Els' Psychiater hatte von »Dissoziation« und »Affektdurchbruch« gesprochen, sie selbst sprach vom »verborgenen Kind«. Und nun hatte sich dieses Kind festgefahren. Alles steckte irgendwie fest und das rief bei Els Anspannung, Gefühle von Leere und Abstumpfung hervor. Sie wollte nach dem Kind in sich suchen.

Noch ein wenig reserviert lehnte ich mich auf meinem Stuhl zurück und zeichnete dann eine Linie auf das Papier vor mir. Ans eine Ende der Linie kam eine Null, ans andere eine Zehn. Els sagte, sie befinde sich etwa in der Mitte der Linie, bei der Fünf. Wenn sie zu weit in Richtung Zehn gehe, würde sie »psychotisch«. »Gut, das sollten wir also auf jeden Fall vermeiden«, meinte ich. Sie nickte. »Und ansonsten«, fuhr ich fort, »gibt es nichts, über das in diesem Raum nicht gesprochen werden kann.«

In der ersten Zeit kam Els zu wöchentlichen Sitzungen, bei denen sie vor allem von ihrer Mutter sprach und wie wütend und traurig sie sich fühlte. Els wollte das fröhliche Kind von früher wiederfinden. Das Problem lag nach ihrer eigenen Krankheitstheorie in der Kindheit. Damals müssten irgendwelche schlimmen Dinge passiert sein, so Els, warum sonst sei das Kind so tief in ihr gefangen?

Nach einigen Monaten wurden Els' Gefühle ihrer Mutter und ihrem Vater gegenüber etwas ausgeglichener. Sie konnte Wut über das empfinden, was ihrer Meinung nach schief gelaufen war, aber sie war auch in der Lage, die Einschränkungen ihrer Mutter zu sehen, die selbst krank war. Sie hatte schwere Depressionen gehabt und nahm seit vielen Jahren Medikamente dagegen. Els schien zur Ruhe zu kommen.

Ein Jahr später sah ich sie wieder. Sie fühlte sich sehr angespannt und gehetzt. Das vergangene Jahr war recht gut verlaufen und es war viel geschehen. Das Haus war umgebaut worden. Els' Mann Bert hatte als nunmehr selbstständiger Unternehmer alle Hände voll zu tun und sie selbst hatte sich um so ziemlich alles andere gekümmert. Es wurde zu viel. Els fühlte sich schon seit Wochen, als stünde sie auf Zehenspitzen am Rand eines Abgrunds. Und sie hatte Angst, in den Abgrund zu stürzen. Eine Behandlung mit Antidepressiva konnte ihre Angst und Anspannung etwas mindern. Dann bekam ich eines Abends einen alarmierenden Anruf von der Hausärztin. Els sei bei ihr gewesen und habe seltsame, kaum nachvollziehbare Dinge erzählt. Sie habe sehr verängstigt gewirkt und sei felsenfest davon überzeugt, dass mit einem ihrer Kinder etwas nicht stimmt. Das könne sie schließlich sehen, habe sie gesagt, sie könne in die Kinder auf dem Schulhof direkt hineinsehen und ihre Probleme erspüren: »Das ist doch wunderbar, damit kann ich der Schule, den Kindern und ihren Eltern unschätzbare Dienste erweisen!«

17. August 2001 ... heute vor genau zehn Jahren erfuhr ich, dass ich mit Matthias schwanger war. Irgendwie ist das für mich ein historisches Datum. In diesen zehn Jahren ist so viel passiert.

Gestern habe ich im Internet über bipolare Störungen recherchiert und dabei herausgefunden, dass bei Menschen mit dieser Erkrankung meist erst nach zehn Jahren die richtige Diagnose gestellt wird. Bei mir waren es neun Jahre. Vom Ausbruch meiner ersten so genannten Psychose im Jahr 1992, als Matthias geboren wurde, bis zu meiner letzten manischen Episode 2001 sind neun Jahre vergangen.

Es ist so schmerzhaft, das feststellen zu müssen. Alle damit verbundenen Traumata und die ganze Unsicherheit. Es war ein wirklich schwerer Kampf. 1992: die turbulenten Monate nach Matthias' Geburt. Mein euphorischer Zustand, meine Unruhe. Erst jetzt weiß ich, was damals schief gelaufen ist. Erst jetzt: neun Jahre später. Was damals als Psychose bezeichnet wurde, war – nach allem, was ich heute weiß – ein manischer Schub mit psychotischen Symptomen, dem man mit einer Kurzzeitbehandlung mit Antipsychotika hätte abhelfen können. Stattdessen bekam ich langfristig Antipsychotika – das heißt, so war es vorgesehen, aber ich habe die Medikamente auf eigene Faust abgesetzt. Beim zweiten Mal, 1998, ist noch mehr falsch gelaufen. Nach wie vor wurde ich als rein psychotisch bezeichnet und bekam demzufolge lediglich Antipsychotika. Vorgesehen war, dass ich sie jahrelang nehmen sollte. Vermutlich bin ich damals durch die Medikamente depressiv geworden. Zum Glück bin ich aber im entscheidenden Augenblick bei Dr. Sienaert gelandet. Er hat schließlich die richtige Diagnose gestellt. Sehr wahrscheinlich hat er gleich zu Anfang erkannt, dass ich etwas ganz anderes habe: eine bipolare Störung. Ich weiß es jetzt – endlich – nach neun Jahren. Es wird allerdings noch einige Zeit dauern, bis ich gelernt habe, mit diesem »Stempel« zu leben.

In diesem Buch werden parallel zwei Geschichten erzählt: Els schildert ihre Lebensgeschichte und ihr Psychiater liefert die wissenschaftliche Beschreibung der manisch-depressiven Störung. Es sind Geschichten von Höhen und Tiefen, von der Suche nach Hintergründen und Ursachen, von Trauer und Akzeptanz.

In den ersten sechs Kapiteln wird beschrieben, wie bipolare Störungen sich äußern, was eine Manie und was eine Depression kennzeichnet, wie eine bipolare Störung verläuft und was ihre möglichen Ursachen sind.

Die darauf folgenden Kapitel haben den Umgang mit der Erkrankung zum Thema, von der schwierigen Akzeptanz der Diagnose bis zu den Medikamenten, die der Patient eventuell nehmen muss. Am Ende des Buches wissen die Leser, was eine bipolare Störung ist und wie es einem Menschen ergeht, der den Weg von den ersten Anzeichen bis zur letztendlichen Diagnose und zum Umgang damit hinter sich hat.

1 Endlich! Manisch-depressiv

Über bipolare Störungen

> *Patient:*
> *»Herr Doktor, ich bin manisch-depressiv.«*
>
> *Psychiater:*
> *»Beruhigen Sie sich. Seien Sie doch etwas fröhlicher!*
> *Beruhigen Sie sich. Seien Sie doch etwas fröhlicher!*
> *Beruhigen Sie sich. Seien Sie doch etwas fröhlicher!«*

Endlich?

»Endlich! Manisch-depressiv.« – Das klingt seltsam. Aber ist es wirklich seltsam, dass jemand, der nach Jahren des Suchens und Fragens endlich eine Erklärung für viele schwierige Phasen mit Höhen und Tiefen bekommt, erleichtert aufseufzt? Nach langer Zeit kann es tatsächlich eine Erleichterung sein, endlich eine Diagnose zu haben, auch wenn sie »bipolare Störung« lautet.

In diesem Kapitel beschreibt Els ihren jüngsten Schub. Er hat schließlich zur Diagnose geführt, da Els zu der Zeit, als sich die Krankheit erneut zeigte, in Behandlung war.

Binnen weniger Tage wandelt sich Els' innere Anspannung erst in ein beruhigendes Wohlgefühl, dann in Reizbarkeit und Erregung und schließlich landet sie in einer von Angst und Misstrauen geprägten Wahnwelt.

Mai 2001: Els' Geschichte

Ich hatte schon eine ganze Weile versucht, mich etwas weniger zwanghaft zu verhalten, den Schmutz einfach mal Schmutz sein zu lassen und mein Leben weniger nach meinen Listen auszurichten. Allmählich ging das ganz gut. Die erhöhte Dosis Zoloft* trug wohl auch dazu bei.

Dann löste sich plötzlich etwas in mir. Eine große Ruhe überkam mich und zugleich intensivierten sich meine Gefühle. Ich war so richtig glücklich. Es war prachtvolles Wetter. Etwas später dann der Brand. Das Wohnhaus einer Familie in Winksele ging in Flammen auf; das setzte mir schwer zu. Später am Nachmittag waren wir bei einer Feier im Hort und abends gingen wir noch mal hin, zu einer Party für die Eltern. Bei unseren Kindern war die Babysitterin. Ich fühlte mich sehr wohl in meiner Haut, redete mit allen Leuten, redete viel mehr als sonst.

In der Woche darauf waren meine Gefühle nach wie vor sehr intensiv. Ich ließ sie zu und versuchte nicht, mit zwanghaftem Verhalten dagegen anzugehen, denn genau dieses gute Gefühl hatte ich so lange herbeigesehnt. Aber mir war auch klar, dass der Zustand gefährlich war. Auf keinen Fall durfte ich Dummheiten machen wie beim letzten Mal, vor fast drei Jahren.

Trotzdem stieg Angst in mir auf, kindliche Angst vor bösen Blicken. Als ich in einem Geschäft einem alten Mann in die Augen sah, hätte ich mich vor lauter Angst am liebsten geduckt. Diesen Blick kannte ich wirklich genau, von ganz früher ...

Ich sprach mit meinem Psychiater über die Angst. Er nahm es ziemlich gelassen auf und sagte, es könne durchaus sein, dass Dinge, die mich an etwas aus der Vergangenheit erinnerten, mir Angst machten und dass die Angst wegen meiner intensiven Gefühle ausgeprägter sei.

---

* Els Dahl nennt in ihrer Fallgeschichte die verwendeten Medikamente mit dem üblichen Handelsnamen. Da es für ein und dasselbe Medikament meist mehrere Handelsnamen gibt, sind die Präparate im übrigen Text in der Regel mit dem entsprechenden Wirkstoff bezeichnet (vgl. »Liste der erwähnten Medikamente«, Seite 268 ff.).

An den Tagen darauf verlor ich beim geringsten Anlass die Nerven. Meine kleine Tochter Eva wurde in der Vorschule gehänselt und klagte deshalb über dies und das. Ich bekam Angst, begann wieder allerlei Zusammenhänge herzustellen. Meine Gedanken wurden immer schneller.

Das Ganze verschlimmerte sich. Einen Moment lang sah ich mich als Jüngerin Jesu. Ich schaute in den Nachthimmel und hatte eine Vision. Der Himmel wurde heller, die Sterne funkelten. Ich glaubte zu schweben und erwartete jeden Moment, meine Großmutter, die vor Jahrzehnten gestorben war, erscheinen zu sehen.

Es war ein Sonntagmorgen im Mai. Obwohl es am Abend davor sehr spät geworden war, fühlte ich mich fit und ausgeschlafen. Es war herrliches Wetter und ich radelte zusammen mit den Kindern zum Bäcker. Evas Verhalten kam mir allerdings wieder sonderbar vor und ich beschloss spontan, rasch bei unserer Hausärztin vorbeizuschauen. Ich erklärte ihr alles, meine Angst um Eva, meine Vermutung, dass sie früher einmal missbraucht worden sein könnte. Das Gefühl, dass mein Mann Bert die Dinge wohl anders sah. Im Grunde genommen hatte ich den Eindruck, dass Bert mir in meinem Bemühen um Evas Genesung entgegenarbeitete. Ich traute ihm nicht. Die Hausärztin beruhigte mich. Sie untersuchte Eva und alles schien normal zu sein. Bert aber hatte Lunte gerochen und mittlerweile in der Praxis angerufen. Kurz darauf stand er im Sprechzimmer. Wir vereinbarten, dass wir, falls Eva weiterhin Angstsymptome zeigte, die Ärztin benachrichtigen würden.

Am frühen Abend wurde Eva wieder sehr unruhig. Ich machte mir ernsthaft Sorgen und wollte mit ihr schnellstmöglich zur Hausärztin. Bert wurde wütend. »Das lässt du bleiben! Wir waren erst heute Morgen dort. Eva ist einfach nur müde.« Ich bittelte und bettelte, aber nichts half. Da klingelte es. Zwei Leute wollten Eintrittskarten für irgendeine Veranstaltung verkaufen. »Helfen Sie mir!«, beschwor ich sie. »Ich bin in einer Notlage!« Ich erklärte ihnen, dass mein Mann mich und meine kleine Tochter nicht zur Ärztin lassen wollte. Ich war völlig panisch. Bert kam an die Haustür. »Ich geh ja schon mit ihr hin!«, zischte er. »Muss das denn die ganze Nachbarschaft mitkriegen?« Laut heulend ging Eva mit ihm. Ich blieb mit meinen beiden anderen Kindern, Matthias und Charlotte, wie betäubt zurück. Was hatte ich nur falsch gemacht? Warum durfte ich nicht mit meinem Kind zur Ärztin?

In der Praxis wurde Bert wegen Eva beruhigt. Dafür war ich Gesprächsthema. Meine Vermutung, dass früher einmal etwas Schlimmes mit Eva passiert war, wurde als Unsinn abgetan, als reines Hirngespinst. Wenn hier jemand Behandlung brauchte, dann ich, beschlossen sie. Daraufhin riefen sie meinen Psychiater an. Er sagte der Hausärztin, welche Medikamente ich nehmen und dass ich am nächsten Tag bei ihm vorbeikommen solle.

Am gleichen Abend noch überstürzte sich alles in meinem Kopf. Wie schon öfter, wenn ich erregt war, schrieb ich meine Gedanken und Gefühle auf.

Sonntagabend, 20. Mai

Ich will einen Durchbruch erreichen. Unsere Familie stärken, ohne dabei über die Stränge zu schlagen. Starke Familien schaffen alles. Irgendwann will ich Psychologie studieren und hier, zu Hause, als selbstständige Psychologin arbeiten. Ich darf das aber nicht sagen, denn Bert fürchtet, ich könnte durchdrehen. Was mache ich bloß, wenn Eva zusammenbricht oder wenn Bert noch zorniger auf sie wird? Am besten rufe ich dann wohl die Hausärztin an. Ich bin kerngesund und brauche keine Familienpflegerin. Warum hat die Hausärztin vorgeschlagen, dass wir eine Familienpflegerin holen? Was soll die denn denken, wenn die angeblich kranke Hausfrau kerngesund und tatkräftig herumläuft? Im Übrigen will ich selber putzen, damit ich meine Gedanken ordnen kann. Ich will keine Topfgucker im Haus haben. Eine Putzfrau demnächst, das ja. Dann kann ich wenigstens andere Dinge machen: renovieren, den Garten herrichten ...

Ich habe die Kinder glücklich gemacht. Bin liebevoll auf ihre Gefühle eingegangen. Eva ist sehr gefühlsbetont. Manchmal hat sie einen Kloß im Hals. Matthias ist auch sehr empfindsam, aber wir kommen gut miteinander zurecht. Charlotte ist aufgeschlossener. Zufall, meint Bert. Streit und Geschrei. Bert will keinen Kindertherapeuten für Eva hinzuziehen. Die Hausärztin sagt auch, ich würde mich da in was reinsteigern. Sie haben beide Unrecht, ich sehe die Dinge sehr klar und durchschaue vieles. Durch zehn Jahre Grübeln und das Lesen von Psychologiebüchern habe ich viel gelernt. Erst wollten sie, dass ich in die Klinik gehe, Bert und die Hausärztin. Ich sagte, ich würde nicht einsehen, warum. Die Ärztin meinte, ich müsse schlafen. Das weiß ich selber. Abends nehme ich eine Loretam und früher regelmäßig eine Xanax (hatte ich selbst gefunden, dafür brauche ich keinen ärztlichen Rat). Sie sagen, ich würde zu viel in die Dinge hineininterpretieren und über sexuellen Missbrauch und Misshandlung reden, als wäre ich psychotisch. Dass ich mich wieder für eine Psychologin halten würde, wie schon mal.

Ich habe Angst, denn ich schreibe das hier heimlich auf. Bert kann es nicht ausstehen, wenn ich sage, diese Veränderungen seien nicht zufällig. Das ist jetzt keine Psychologie, das weiß ich einfach. Ich muss mich auch vor der Hausärztin in Acht nehmen, sie meint nämlich, ich hätte psychotische Symptome. Also muss ich das ganz allein klären. Eva, die heute Nachmittag bei mir auf einmal zur Ruhe kam. Bert meint, sie schlafe einfach zu wenig, aber sie hat nun schon so lange Schlafstörungen. Früher ist sie oft aufgewacht und dann ist da auch noch diese Geschichte: Sie hat mir mal gesagt, dass sie von jemandem in Berts Elternhaus missbraucht worden sei, als sie dort als kleines Kind eine Zeit lang zu Besuch war. Wer hat das getan? Bei Eva kommt ganz eindeutig etwas hoch. Oft muss sie sich fast übergeben und sie weint viel, wenn Bert wütend wird. Morgen muss sie in die Vorschule, obwohl sie müde ist. Ich fürchte, es sind Symptome, die auf Misshandlung hindeuten. Hilfe! Wir brauchen eine Familientherapie. Bert muss mir einfach glauben. Aber er glaubt diese Geschichte nicht. Als Eva mir vor fast drei Jahren zum ersten Mal davon erzählt hat, habe ich es auch nicht geglaubt. Ich habe dann große Angst bekommen, vor Bert, vor seiner Familie. Damals ist alles schief gelaufen. Ich kam in die Klinik. Angstpsychose, hieß es.

Sonntagnacht, 20. Mai

Ich habe alles im Griff, aber jetzt kommen die Ängste wieder hoch. Muskelrelaxantien legen mich momentan komplett lahm und verursachen Schwindel. Was soll ich tun? Mehr essen? Mich gehen lassen, mich dem Schwindel überlassen und ohnmächtig werden?

Priorität: Ich will meine Therapie zu Hause machen, unter fachkundiger Betreuung. Ich bin nicht Gott, ich bin nicht stark genug, um die Emotionen der

Kinder aufzufangen. Wenn eines von ihnen sich sonderbar verhält, dann habe ich das Recht, die Hausärztin oder den Psychiater einzuschalten. Bert darf mir das nicht mehr verbieten. Tut er es dennoch, brauche ich eine Notrufnummer.

Er meint es gut, gibt aber nicht zu, dass er selber angespannt ist. Eine Therapie wäre gut für ihn, aber das glaubt er mir nicht. Was ihm gefehlt hat, ist warme Mutterliebe, eine lockere Familienstruktur, die Raum für Genuss lässt. Diesen Genuss hat er gesucht, aber auf meine Kosten, sodass ich meine Fähigkeiten drangeben musste. Wenn er mir von Anfang an Liebe gegeben hätte und für meine Vergangenheit offen gewesen wäre, dann hätte ich Vertrauen fassen können. Er hat mein Vertrauen jedoch missbraucht und meine Eltern oft hässlich beschimpft, sodass ich in Bedrängnis kam. Er hat mich in der Vergangenheit so oft tief verletzt. Aber er konnte nichts dafür. Wer keine warme Liebe erfahren hat, kann auch keine weitergeben und macht andere, die an wahre Güte und Liebe glauben, kaputt. Ich vermute, dass hinter seinem Verhalten negative Gefühle stecken. Daran ist zum größten Teil seine Mutter schuld. Mir erschien sie schon immer als eine sehr kühle Frau, allerdings hat sie ständig irgendwelche Theorien über Kindererziehung. Sie hat es aufgrund ihrer eigenen Vergangenheit auch sehr schwer. Inzwischen kenne ich sie besser. Sie meint es gut, aber sie hat so große Angst, etwas falsch zu machen, dass sie in einem fort putzt, noch besessener als ich. Sie kann eben nicht relativieren. Man erzieht Kinder nicht perfekt, indem man sie ständig auf ihr Zimmer schickt, immerzu arbeitet und ansonsten auf ihre Emotionen ganz kalt reagiert. Bert war ein sehr sensibler Junge. Er ist nicht richtig geliebt worden. Oft war er krank. Eine Zeit lang hat er gehinkt, um die Aufmerksamkeit auf sich zu lenken, um den anderen klar zu machen, dass er auch noch da war.

Montag, 21. Mai

Ich will eine ambulante Therapie. Eventuell eine Haushaltshilfe, die weiß, dass ich durcheinander bin, dass ich Sport treiben und mich ausruhen muss, dass ich ein bisschen schreibe, Hobbys habe. Ich bin zu Hause nützlich und habe alles im Griff. Wenn ich jetzt verschwinde, gehen den Kindern die schönen Unternehmungen mit mir ab, und gerade die brauchen sie, um mit den Veränderungen zurechtzukommen. Jahrelang hatten sie eine angespannte Mutter, jetzt endlich können sie mal ihre Gefühle rauslassen. Im Übrigen geben sie sich viel Mühe, mir zu helfen, und streiten weniger als früher. Was soll daran falsch sein, dass ihre Mama Gefühlssignale aufnimmt? Warum behaupten Bert und die Hausärztin, ich würde die Kinder durch mein seltsames Verhalten manipulieren? Wenn sich ein Kind wirklich sonderbar verhält, braucht es Unterstützung und muss zum Arzt. Nur der kann entscheiden, was mit dem Kind zu geschehen hat. Der Kern meiner Angst: Bert hat mir verboten, zur Ärztin zu gehen, obwohl Eva darum bat!

Dienstag, 22. Mai

Ich habe so viele Träume: ehrenamtlich Förderunterricht in der Schule geben. Oder vielleicht kann ich mich damit auch selbstständig machen, wer weiß? Indem ich viel Umgang mit Kindern habe, könnte ich deren Probleme herausfinden und den Rektor informieren, wenn ich den Eindruck habe, es liegt Missbrauch oder eine Lernstörung vor. Nachhilfe in Lesen und Rechnen. Kinderbücher schreiben. Vorträge zum Thema »Mobbing in der Schule« halten. Am besten in den Schulklassen, nicht vor den Eltern. Expertin in eigener Sache für Ärzte: alle Fälle von Kindesmisshandlung diskret melden. Dinge also, die ich kann, ohne dafür eine spezielle Ausbildung zu haben. Diskretion erforderlich, mich nie einmischen. Ansonsten wecke ich nur Neid.

Mit dem verdienten Geld kann ich mir zum Beispiel eine Putzhilfe leisten. Dann brauche ich nicht, wie sonst immer, das Gefühl haben, ich sei ein »Luxuswesen«. So könnte ich mit Kindern arbeiten und trotzdem noch Zeit für Hobbys haben.

Mittwoch, 23. Mai

Ich werde immer nachts wach. Am besten nehme ich meine Schlaftablette nicht abends, sondern nachts, wenn ich aufwache. Bert wird nämlich ärgerlich, wenn ich mich im Bett herumwälze und ihn aufwecke. Er macht mir Angst. Natürlich versteht er nicht, was mich umtreibt. Manchmal wird er sehr wütend, konfus. Ob er nicht vielleicht eine Xanax nehmen sollte? Er leidet an Schlafapnoe. Manchmal setzt sein Atem aus. Im Grunde genommen braucht er auch Hilfe.

Ich habe oft Alpträume, viele Erinnerungen kommen hoch. Ich habe Angst. Letzte Nacht habe ich doch noch eine Zyprexa genommen.

Der Teufel war Oma, meine Großmutter mütterlicherseits.

Mama hatte einen lieben Jagdhund, den sie sehr mochte. Oma hasste Tiere und Kinder. Opa musste den Hund erschießen. Deshalb hat Mama seitdem eine Phobie gegen Schussgeräusche und Feuerwerk. Opa hat sie in ein Internat geschickt. Damit sie dort in Sicherheit ist. Sie war ein nettes, sensibles Mädchen, aber bereits fürs Leben gezeichnet.

Oma sollte auf mich aufpassen, aber das tat sie nicht. Sie ließ mich auf dem Dachboden allein. Ich schrie verzweifelt. Ich wurde ein zorniges Baby. Auch der Umbaulärm hat mich zornig gemacht. Ich wollte keinen sehen.

Oma redete Mama ein, Stillen sei unnütz. Nachts schreien lassen – so macht man das, sagte sie. Mama glaubte, die Babys im Krankenhaus würden nachts nicht gefüttert. Sie war müde und die Schwestern kümmerten sich um ihr Kindchen. Wieder zu Hause, war sie immer noch müde. Trotzdem stand sie nachts auf, um ihr Baby zu füttern. Oma mischte sich in alles und jedes ein. Sie ließ mich schreien. Ich hatte Angst, Angst, Angst. Da war auch so viel Lärm. Als ich sechs Wochen alt war, steckte sie mir etwas in die Scheide. Ich hatte Angst, wollte schreien, aber sie hielt mir den Mund zu. Vielleicht hat sie mich auch festgebunden. Als ich später mit Puppen spielte, band ich die auch immer fest. Das kann kein Zufall sein. Zum Glück waren Papa und Mama da. Die gingen liebevoll mit mir um. Aber ich war zornig, verkrampft und stand wegen des Lärms Todesängste aus. Mama wandte sich an meinen Onkel, der Arzt war: Mit sechs Wochen, also ungewöhnlich früh, bekam ich Schuppenflechte. Außerdem litt ich plötzlich unter Sodbrennen. Eine Ernährungsumstellung brachte Besserung. Mein Auge wurde dauerhaft geschädigt. Indem ich es von dem Entsetzlichen, was mir angetan wurde, abwandte. Und meine Schwester Inge, was ist mit Inge passiert? Missbrauch. Sie bekam Durchfall. Vor Angst. Zu lange nichts unternommen. Mama ahnte nichts. Sie holte zu spät Hilfe. Folge: eine schwere bakterielle Infektion. Diagnose: Paratyphus. Die dicke Inge kam ins Krankenhaus und wurde in letzter Sekunde gerettet. Völlige Unterkühlung, Austrocknung und wahrscheinlich ein leichter Hirnschaden. Sie nahm die Hälfte ihres Gewichts ab. Und der Missbrauch ging weiter. Bei mir.

Und Inge heulte und hatte oft Durchfall. Was machten sie mit ihr? Ich wusste es nicht und hörte sie weinen und hatte Angst, Angst, Angst. Vor dem Mond, der ins Zimmer schien, vor der Dunkelheit ...

Wer es mit dem Teufel zu tun bekommt und kämpft, der lässt sich auf einen jahrelangen Kampf ein. Nur wer alles durchschaut, kann mit ihm abrechnen (und dabei demütig bleiben), wie ich jetzt. Die anderen führen ein verkrampftes Leben. Kinder eines teuflischen Menschen, die nie Liebe bekommen haben, werden selbst teuflisch und nehmen auf nichts und niemanden Rücksicht. Nur die Starken, die viel Liebe erfahren haben, kennen selbst die Liebe und spüren, wem sie vertrauen können und wem nicht. Sie sichern sich gegen teuflische Menschen ab, indem sie entsprechende Maßnahmen ergreifen. Sie können Verantwortung tragen und lehren ihre Kinder, sich vor dem Bösen zu hüten. Diese Kinder entwickeln sehr früh Verantwortungsbewusstsein. Wenn sie Angst haben oder wenn Missbrauch droht, suchen sie Hilfe bei Menschen, denen sie vertrauen können (bei ihren liebevollen Eltern). Auf diese Weise, glaube ich, wird man sehr stark. Nur indem man sich selbst und andere liebt, kann man das Böse abwehren. Nur indem man an das alles überwindende Gute glaubt (ob man das nun Gott nennt oder eine höhere Macht, die das Weltgeschehen bestimmt), ist man stark. Wer an Gott glaubt, der glaubt auch an den Himmel, das Jenseits, und der fürchtet sich nicht mehr vor dem Tod. Die Erinnerung an ihn lebt in seinen starken Kindern fort, die dann gelassen von dem geliebten Verstorbenen Abschied nehmen. Sie können weiter mit ihm reden, denn er ist im Himmel und blickt zusammen mit Gott auf sie herab. Wer die Liebe kennt, ist auch demütig und diskret. Die Großen dieser Erde zeichnen sich durch Bescheidenheit aus und erkennen einander am Leuchten in den Augen, funkelnde Sternchen. Verkrampfte Menschen sehen grau aus. Die Teufel haben Stacheln, nur sichtbar für die Guten.

Ich hatte es mit mehreren Teufeln zu tun beziehungsweise sie waren in vorigen Generationen da. Die Mutter von Berts Papa, mein Großvater, meine Oma mütterlicherseits ...

Donnerstag, 24. Mai

Heute haben wir im Garten ein Schwimmbecken aufgestellt. Das war nicht gerade einfach, aber ich hatte das Gefühl, alles schaffen zu können. Es ging dann auch wie von selbst. Ich war sehr entspannt und habe die Anleitung zum Aufbauen mühelos verstanden. Nach ein paar Stunden war das Ganze erledigt. Die Kinder reagierten total begeistert. Meine Gedanken schweiften in die Vergangenheit. Damals haben meine Eltern für uns auch ein Schwimmbecken aufgestellt, zusammen mit Onkel Josef. Die Geschichte wiederholt sich. Er war ebenfalls manisch und wurde später sogar psychotisch. Sein Übermut wurde ihm zum Verhängnis. Ich muss mich zurückhalten, demütig bleiben. Nicht zu viel auf einmal. Sonst ereilt mich das gleiche Schicksal.

24. Mai (nachts)

Gibt es Zusammenhänge mit Demenz? Kann man so schwer missbraucht worden sein, dass man sich nicht mehr auf die Gegenwart konzentrieren kann? Und Namen vergisst, so wie mein Opa, als er dement wurde? Er war in Gedanken nur noch in der Vergangenheit. Und womöglich gibt es Zusammenhänge mit Autismus? Eine Art unterdrückte Wut, die sich nur mit sehr starren Strukturen bezähmen lässt. Und Epilepsie? Ohnmächtig werden vor lauter Todesangst. Missbrauch kann all diese Symptome verursachen. Auch CFS (Chronisches Erschöpfungssyndrom, Anm.d.Ü.), glaube ich. Und Lese- und Rechenschwäche: Meiner Ansicht nach sind beides Formen von Zerstreutheit wegen abschweifender Gedanken. Mir ist das heute selbst passiert: Ich habe einfach die Ziffern einer Telefonnummer vertauscht.

(später nachts)

Wieder unten, um mich zu beruhigen. Diesmal ein Alptraum. Ich werde sexuell missbraucht, wache auf und habe einen Orgasmus. Das hatte ich auch früher, als Kind, öfter. Habe es dann einfach geschehen lassen und genossen. Das machte mich ruhiger. Jetzt kenne ich die Ursache. Es ist ein Alptraum, ein erneutes Durchleben dessen, was mir damals angetan wurde. Oma? Im Alter von sechs Wochen bekam ich Schuppenflechte: Zufall? Ich hatte damals Essstörungen, wahrscheinlich vor lauter Angst. Und warum bin ich schwachsichtig geworden? Aus Todesangst? Weil ich wegschauen wollte von dem, was ich nicht sehen wollte?

Schwachsichtigkeit, Schuppenflechte, Durchfall und Sonnenallergie: Sind das alles Angstsymptome? Oder besser gesagt: Todesangstsymptome? Alle diese psychosomatischen Symptome hatte ich. Dazu meine Nasennebenhöhlen-Entzündung, gerade so, als hätte sich das Übel von früher festgesetzt.

Am liebsten würde ich sagen: Willkommen im Klub der Großen der Erde, aber kein Übermut! Sonst trifft einen die Rache der Götter. »Ich bin nicht Gott, Gott wohnt droben.«

Komisch, mit dem rechten Auge sehe ich allmählich besser. Die Erkrankung wird wahrscheinlich bleiben, aber ich warte trotzdem noch ein Weilchen mit der Operation. Wunder gibt es nicht, unheilbare Krankheiten lassen sich nicht heilen, aber vielleicht ist es ja ein psychosomatisches Leiden.

»Ich weiß nicht, wo mir der Kopf steht«, hat Mama immer gesagt. Wahrscheinlich konnte sie ihre Gedanken auch oft nicht zusammenhalten. Sie schweiften ab, in die Vergangenheit. Sie hatte auch Schwierigkeiten, zwei Dinge gleichzeitig zu machen. Manchmal war ich wütend, weil sie mir nicht zuhörte. Jetzt verstehe ich es. Sie hat also doch gekämpft. Sie war nicht schlecht, sogar unendlich liebevoll.

Freitag, 25. Mai

Matthias braucht ein gutes Fahrrad. Und wir könnten eine Schaukel für die Kinder kaufen. Ein Wachhund wäre auch gut und nützlich obendrein. Er müsste selbstverständlich abgerichtet sein. Ich will hier ein kleines Paradies auf Erden schaffen, mit Schwimmbecken, Rutschbahn, Schaukel und Streichelzoo. Schulkinder dürfen dann gegen ein kleines Entgelt zu Besuch kommen. Außerdem möchte ich, wie schon früher erwähnt, beim Schulrektor und bei der Hausärztin Misshandlungsfälle aufdecken, vor allem, indem ich ehrenamtliche Arbeit in der Schule leiste. Oder könnte ich vielleicht mit Ärzten zusammenarbeiten?

Nein, ich bin nicht manisch, denn ich schmeiße nicht mit Geld um mich und mache keine zu großen Pläne. Ich unterscheide sehr wohl zwischen dem, was realisierbar ist, und was nicht. Auch vor einer Angstpsychose fürchte ich mich nicht.

Freitagnacht

Wieder nachts aufgewacht. Und diesmal weiß ich den Grund. Bert hat geschnarcht wie ein ... Ich dachte, ich lasse ihn besser in Ruhe. Da hörte ich auf einmal, wie sein Atem aussetzte. Eindeutig ein Fall von Schlafapnoe.

Gibt es Zusammenhänge?

Ich bin dann nach unten gegangen. Obwohl ich »eigentlich« viel schlafen soll. Ich nehme meine Medikamente, ganz klar. Weil ich nicht durchdrehen darf.

Gestern Abend habe ich wohl ein Glas zu viel getrunken oder war es womöglich eine Zyprexa zu viel? Ich sollte mich besser an die Einnahmevorschrift halten, aber dann darf ich ja nichts mehr trinken. Ich habe undeutlich geredet, die Augen verdreht. Ich kriegte meinen Satz nicht zu Ende und stolperte über die Worte.

Erst zwei Uhr. Unruhig bin ich nicht. Es ist aber noch zu früh zum Aufstehen. Ich nehme besser eine halbe Schlaftablette. Und mein Steißbein tut so weh. Ich wollte mit Karla mithalten, beim Inlineskaten. Es war ein böser Sturz. Morgen Früh nehme ich besser was gegen die Schmerzen.

Sonntagnacht, 27. Mai

Wieder zwei Uhr. Die Geburtsstunde von Matthias. Auch ich fühle mich jetzt wie neugeboren. Es ist kein Zufall, dass ich immer um zwei Uhr aufwache. Bert glaubt mir! Wir haben gestern darüber geredet und er hat mir versprochen, nicht ärgerlich zu werden, wenn ich nachts wieder wie ein Heinzelmännchen im Haus herumwerkle. Ich konnte ihm von meinen Träumen und Sehnsüchten erzählen: Er war ganz offen dafür. »Wenn du auch ohne viel Schlaf funktionieren kannst, und zwar nicht wie ein Zombie, sondern als aktive, engagierte Mutter, dann hab ich nichts dagegen einzuwenden. Mach nur, aber nimm deine Medikamente pünktlich.« Kein Problem also, denn ich nehme meine zwei Zyprexa pro Tag. Nur habe ich keine Ahnung, wer die eine Zyprexa auf meinem Medikamentenplan gestrichen hat. Bert meinte, dass ich die Zyprexa vielleicht später am Abend nehmen solle. Dann würde ich nicht so früh am Abend undeutlich zu reden anfangen. Heimlich nahm ich doch nur eine einzige Zyprexa. Schließlich hatte ich das Gefühl, dass meine Ängste überwunden waren. Alpträume hatte ich auch keine mehr. Allerdings verspreche ich mich oft, eine Art Dyslexie. Manchmal komme ich mir vor wie ein zerstreuter Professor. Ich lege Sachen irgendwohin und finde sie dann nicht mehr wieder. Ich führe das auf die zu hohe Dosis Zyprexa zurück. Andere Nebenwirkungen sind undeutliche Sprache, Konzentrationsstörungen, Schwindel bis kurz vor der Ohnmacht, Augenrollen, eingeschränktes Sehvermögen. Eigentlich würde ich die Dosis gern auf eine Tablette pro Tag reduzieren. Das Medikament wirkt bei mir wirklich sehr eigenartig. Wenn ich meine rasenden Gedanken vor lauter Angst nicht mehr ordnen kann, wenn ich zu viel auf einmal machen will, dann spüre ich, dass ich Xanax brauche. Es beruhigt mich. Später wird mir dann schwindlig und ich werde müde. Wenn die Angst und der Stress weg sind, merke ich plötzlich, dass ich zu essen vergessen habe und hungrig bin. Dann ist mir nach gesundem Essen und Zucker. Zyprexa brauche ich eher zum Bekämpfen extremer Ängste und klarer Erinnerungen an traumatische Ereignisse, auch wenn ich nicht aufhören kann zu arbeiten und wie besessen bin. Aber es macht mich fürchterlich schläfrig, fast schon zum Zombie, und ich bekomme ungeheuren Appetit. Die Nebenwirkungen sind so stark, dass ich gar nicht recht weiß, zu welchen Uhrzeiten ich die Tabletten am besten nehmen soll. Einerseits brauche ich sie und andererseits würde ich sie am liebsten weglassen.

Und jetzt sitze ich hier. Munter wie ein Fisch im Wasser. Ich spiele Heinzelmännchen. Alles aufräumen und ordnen. Wenn ich danach noch nicht müde bin, nehme ich eine halbe Schlaftablette. Mal sehen. Aber es ist schon reichlich spät. Am liebsten würde ich die ganze Nacht Heinzelmännchen spielen.

Dienstag, 29. Mai

Diese verflixten Kinder! Ich bin ganz sicher, dass sie in meiner Handtasche kramen. Meine Schlüssel waren weg. Ich habe lange suchen müssen. Und meine Kassetten haben sie auch versteckt. Jetzt muss ich neue kaufen. Warum nehmen sie keine Rücksicht darauf, dass ich durcheinander bin? Manchmal fühle ich mich ganz beklommen. In die Enge getrieben. Bert sagt, es seien nicht die Kinder, sondern ich selber würde die Sachen verlegen. Komisch ...

Ich bin ganz konfus. Ich komme mir vor, als hätte ich eine gespaltene Persönlichkeit. Als wäre da eine andere, die für mich Verabredungen trifft, von denen ich nichts weiß. Bekomme ich denn die richtige Behandlung? Fördert Zyprexa die Integration meiner zwei Persönlichkeiten? Zyprexa ist ein Antipsychotikum. Ich bin doch aber nicht psychotisch, oder?

Mittwoch, 30. Mai

Gestern war ich ungehorsam und habe nur eine Zyprexa statt zwei genommen. Es machte aber keinen Unterschied. Ich wurde trotzdem zum Zombie und war unsicher auf den Beinen. Ich war auch mit Sicherheit nicht unruhiger als an den Tagen davor. Eigentlich brauche ich Zyprexa nicht mehr. Dass ich verwirrt bin und mich manchmal seltsam verhalte, kommt vor allem durch die Angst. Aber gegen die kann ich auch Xanax nehmen. Fürs Erste nehme ich jetzt also nur noch eine Zyprexa.

Einen Monat später

Zyprexa und Xanax waren komplett abgesetzt. Die innere Unruhe ließ langsam nach. Ich bekam noch eine Erhaltungsdosis Lithium; damit fühlte ich mich sehr gut, allerdings bekam ich Probleme mit der Schilddrüse. Ab Anfang Juli schluckte ich Depakine. Inzwischen glaubte ich die Diagnose: Ich war manisch-depressiv. Kurze Zeit hatte ich das Gefühl, alles sei in Ordnung mit mir, aber allmählich fühlte ich mich immer niedergeschlagener. Nach der erschöpfenden Phase, die ich erlebt hatte, hatte ich nicht mit einem Rückschlag gerechnet.

Ein klassischer Fall

Vorstehend schildert Els, ohne dass ihr das selbst klar ist, wie sie allmählich von einem manischen Wirbelsturm erfasst wird. Sie beschreibt den klassischen Verlauf eines manischen Schubs. Seine ersten Anzeichen waren durchaus angenehme und für Els beruhigende Gefühle. »Endlich kann ich mich entspannen, ich muss mich nicht mehr so zwanghaft verhalten und kann weniger verkrampft durchs Leben gehen« – so etwa dachte Els und war froh darüber. Weder sie selbst noch ihr Mann ahnten zu diesem Zeitpunkt, dass da etwas schief zu laufen drohte. Als die Situation klar wird, ist es im Grunde genommen schon zu spät. Els wird ängstlich, misstrauisch und sieht Zusammenhänge, wo keine sind. Wahnvorstellungen treten auf; Els wähnt sich für kurze Zeit als eine Jüngerin Jesu. »Der Himmel wurde heller, die Sterne funkelten. Ich glaubte zu schweben ...«

Als ihre Hausärztin mich anruft, ist schnell klar, was vorgeht: Els wird manisch. Sie muss schnellstmöglich Medikamente nehmen. An nächsten Tag kommt sie mit Bert, ihrem Mann, zu mir. Wir vereinbaren, dass sie Medikamente nimmt und alle paar Tage in meine Sprechstunde kommt, außerdem, dass ihr Mann mich notfalls jederzeit anrufen kann. Auch über eine stationäre Behandlung sprechen wir, für den Fall, dass es zu Hause nicht mehr geht. Aber das will Els nicht. Nicht noch einmal in die Klinik.

In den darauf folgenden Wochen sehe ich Els häufig. Der manische Sturm flaut allmählich ab und wir können darüber sprechen, was das Ganze zu bedeuten hat: Es bedeutet, dass Els eine manisch-depressive Störung hat. Eine bipolare Störung. Nur – was ist das, eine bipolare Störung?

Was ist eine bipolare Störung?

Bipolare Störung ist eine andere Bezeichnung für *manisch-depressive Störung*, früher auch manisch-depressive Psychose genannt. Es handelt sich um eine Stimmungsstörung oder affektive Störung und damit um eine Erkrankung, die in erster Linie die Gemütslage beeinflusst.

Unsere Stimmung oder Gemütslage verläuft nicht wie eine gerade Linie, sondern in Wellen, als leichtes Auf und Ab von Gefühlen (Abbildung 1). Wer von seinem Chef gelobt wird oder gar eine Gehaltserhöhung bekommt, der ist glücklich und zufrieden, kommt strahlend nach Hause, plaudert munter mit dem Partner oder ruft Freunde an.

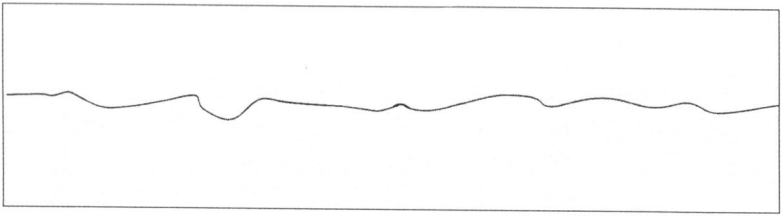

Abbildung 1: **Normale Stimmung**

Wird die gleiche Person aber vom Chef schikaniert oder gerügt, dann fühlt sie sich schlecht. Sie kommt verdrossen nach Hause und möchte am liebsten keinen Menschen sehen oder sprechen.

Angenehme Erlebnisse stimmen uns froh, unangenehme oder traurige bedrücken uns. Freude und intensives Glück, Traurigkeit und tiefer Kummer sind normale Gefühle. Bei Menschen, die an einer bipolaren Störung leiden, gehen die Gefühle und Stimmungen über das Normale hinaus und äußern sich als extreme Hoch- oder Tiefstimmungen.

Der Begriff »bi-polar« bezieht sich auf die beiden Stimmungspole: ein Hoch und ein Tief, ein manischer und ein depressiver Pol. Bei der bipolaren oder manisch-depressiven Störung treten beide Pole auf und es kommt daher zu starken Schwankungen, wobei die Stimmung entweder extrem ausgelassen oder extrem düster ist. »Gewöhnliche« Depressionen – ohne hypomanische oder manische Zustände – werden auch als »unipolar« bezeichnet, weil es dabei nur um einen Stimmungspol geht.

Seit wann sind bipolare Störungen bekannt?

Schon die alten Griechen wussten, dass ein Zusammenhang zwischen sehr starken Erregungszuständen und Depressionen (die sie »Schwarzgalligkeit« – Melancholie – nannten) besteht. Der Arzt Aretaeus von Kappadokien schrieb schon im 1. Jahrhundert nach Christus, ein solcher »schwarzgalliger Zustand« stehe seiner Einschätzung nach oft am Beginn einer Manie. Er beschrieb ebenso eindrucksvoll wie verständlich, wie sich die manische Erregung äußern kann:

»Wenn Manie mit Freude gepaart ist, kann es sein, dass der Patient lacht, spielt, Tag und Nacht tanzt und bekränzt zum Markte geht, als hätte er einen Wettkampf gewonnen. Die Patienten hegen unendlich viele Gedanken. Sie halten sich für Kenner der Astronomie, Philosophie und Dichtkunst!« (Nach Akiskal 2002)

Auch im 19. Jahrhundert wurde, vor allem in der französischen Psychiatrie, der Zusammenhang zwischen wiederkehrenden manischen und depressiven Schüben beschrieben. Man sprach damals von »folie circulaire«, einem zirkulär verlaufenden »Irresein«, oder von »folie à double forme«, einem »Irresein« mit zweifachem Erscheinungsbild, einem manischen und einem depressiven.

Der Begriff »manisch-depressive Erkrankung« wurde Ende des 19. Jahrhunderts vom deutschen Psychiater Emil Kraepelin, einem der Begründer der modernen Psychiatrie, geprägt. Er beschrieb die manisch-depressive Erkrankung als erblich bedingt und ihren Verlauf als sehr unregelmäßige Aufeinanderfolge von Höhen und Tiefen.

Kraepelin zufolge erlebten manisch-depressive Patienten – anders als schizophrene – nach einem Schub eine Phase völliger Beschwerdefreiheit. Darin sah er einen bedeutenden Unterschied zwischen den beiden Krankheitsbildern.

Kraepelins Überzeugung nach waren »normale« Depressionen Teil der manisch-depressiven Erkrankung. Erst seit den 1960er-Jahren ist man in Fachkreisen darüber anderer Ansicht und unterscheidet klar zwischen »unipolaren Depressionen« (bei Patienten, die nie eine Hypomanie oder Manie – siehe Kapitel 2 – hatten) und »bipolaren Depressionen« (bei Patienten, die bereits eine (Hypo)Manie hatten). Man ist sich heute einig, dass es sich um zwei verschiedene Krankheiten handelt, die sich auch hinsichtlich der Erblichkeit unterscheiden.

In den letzten Jahrzehnten hat sich erwiesen, dass es Erscheinungsformen mit unterschiedlich ausgeprägten Hochs und Tiefs gibt

Störung	Wichtigstes Merkmal
Bipolar-I-Störung	Der Patient hatte mindestens einmal eine Manie.
Bipolar-II-Störung	Der Patient hat hypomanische Episoden und Depressionen.
Bipolar-III-Störung	(Hypo)Manie wird von Antidepressiva hervorgerufen.
Zyklothyme Störung (Zyklothymie)	Lang anhaltende Hypomanie und leichte Depression
Rapid Cycling	Mindestens vier Hochs und/oder Tiefs pro Jahr
Ultra Rapid Cycling	Mindestens vier Hochs und/oder Tiefs pro Monat
Schizoaffektive Störung (siehe Kapitel 4)	Auch Psychosen zwischen den Schüben

Tabelle 1: **Bipolare und verwandte Störungen**

(auf die später in diesem Kapitel eingegangen wird). Deshalb spricht man heute von einem »Spektrum der bipolaren Störungen«.

Welche Formen der bipolaren Störung gibt es?

Es gibt verschiedene Formen der bipolaren Störung. Die beiden wichtigsten sind die Bipolar-I- und die Bipolar-II-Störung.

Patienten mit einer *Bipolar-I-Störung* hatten mindestens einmal eine voll ausgeprägte manische Phase. Somit kann ab dem ersten Auftreten einer Manie die Diagnose »manisch-depressive Störung« gestellt werden. Im weiteren Krankheitsverlauf kommt es meist zu mehreren manischen Schüben. Außerdem treten auch Depressionen auf. Die Bipolar-I-Störung ist sozusagen die klassische Form der manisch-depressiven Störung. Etwa ein Drittel aller bipolaren Patienten leidet an dieser Form.

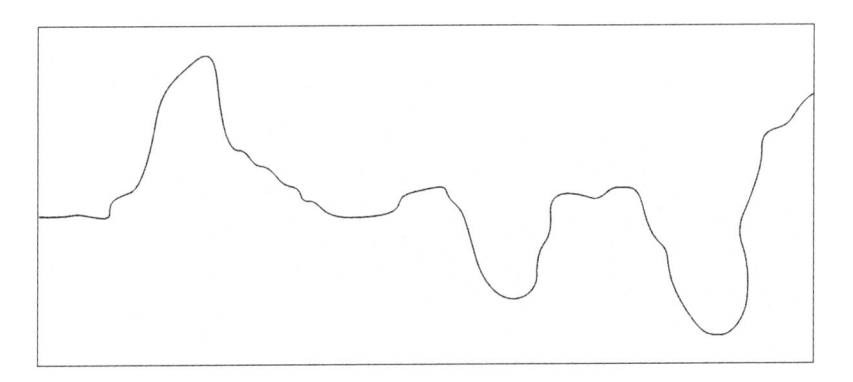

Abbildung 2: **Bipolar-I-Störung**

Etwas weniger als die Hälfte aller bipolaren Patienten hat die Variante *Bipolar-II-Störung*. Dabei kommen keine ausgeprägten manischen Schübe, sondern lediglich hypomanische Episoden vor, das heißt nur leicht ausgeprägte Hochphasen (siehe Kapitel 2) und dazwischen Depressionen.

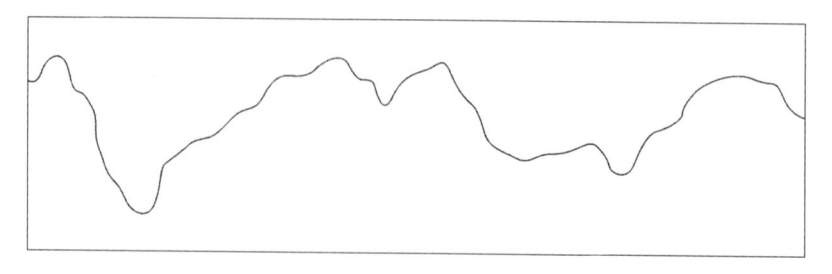

Abbildung 3: **Bipolar-II-Störung**

Es können leichte, aber auch sehr schwere Depressionen auftreten. Oft wird die Bipolar-II-Störung als eine leichtere Form der manisch-depressiven Störung betrachtet, aber dem ist nicht so. Bipolar-I-Patienten haben zwar ausgeprägte Hoch- und Tiefphasen, sind aber – bei angemessener Behandlung – in den Zeiten dazwischen oft beschwerdefrei und können arbeiten. Bipolar-II-Erkrankte sind öfter und länger depressiv und erleben dadurch weniger und kürzere gute Phasen.

Gibt es noch weitere Formen der bipolaren Störung?

Es gibt noch etliche weitere Formen, die sich alle mehr oder weniger ähneln. Die *Bipolar-III-Störung* etwa ist dadurch gekennzeichnet, dass eine hypomanische Episode von Antidepressiva hervorgerufen wird – der Patient wird dann aus einem depressiven Tief regelrecht in ein manisches Hoch katapultiert.

Es mutet seltsam an, dass Menschen, bei denen eine erste Hypomanie von Antidepressiva hervorgerufen wurde, danach fast immer weitere spontane, also nicht von Medikamenten bewirkte Schübe haben. Eine von Antidepressiva ausgelöste Hypomanie kann also meist als Hinweis auf eine Anlage für eine bipolare Störung betrachtet werden. Somit besteht die Möglichkeit, dass bei Vorliegen einer Bipolar-III-Störung die Diagnose früher oder später Bipolar-I- oder Bipolar-II-Störung lautet.

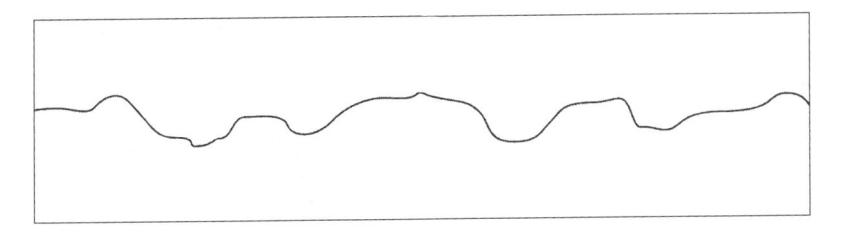

Abbildung 4: **Zyklothyme Störung (Zyklothymie)**

Eine weitere Variante ist unter dem Namen *zyklothyme Störung* bekannt. Sie ist durch zahlreiche Phasen mit hypomanischen beziehungsweise depressiven Symptomen gekennzeichnet, wobei Letztere jedoch weniger stark ausgeprägt sind. Die Diagnose »zyklothyme Störung« setzt voraus, dass der Patient seit mindestens zwei Jahren Beschwerden hat und in dieser Zeit nie länger als zwei Monate am Stück beschwerdefrei war. Vereinfacht gesagt, ist eine zyklothyme Störung eine leichte Form der manisch-depressiven Störung, bei der man allerdings nur selten beschwerdefrei ist. Zudem kann sie in eine »echte« bipolare Störung übergehen.

Treten vier oder mehr Schübe – depressiver oder manischer Art – pro Jahr auf, so spricht man von *Rapid Cycling*, gekennzeichnet durch einen schnellen Wechsel der Episoden. Manche Ärzte betrachten Rapid Cycling als eigenständiges Krankheitsbild, die meisten aber vertreten die Ansicht, dass es sich dabei um eine Krankheitsphase handelt. Sie kommt bei etwa einem Fünftel der Patienten mit bipolarer Störung vor. Es kann also passieren, dass man einige Jahre lang schnelle Wechsel erlebt, denen dann eine ruhigere Phase folgt.

Rapid Cycling ist ausgesprochen schwierig zu behandeln, da die Medikamente während solcher Phasen offenbar weniger gut anschlagen. Es ist daher sehr wahrscheinlich, dass der Patient mit verschiedenen Medikamenten in unterschiedlichen Kombinationen behandelt wird.

Bei Patienten mit noch schnellerem Phasenwechsel (vier oder mehr Episoden pro Monat) spricht man von *Ultra Rapid Cycling* und bei Verläufen mit Phasenwechseln innerhalb eines einzigen Tages von *Ultradian Cycling*.

Depressive Patienten fühlen sich morgens oft sehr viel schlechter als abends. Das so genannte Morgentief ist typisch für Depressionen und demzufolge liegt kein »echter« Stimmungswechsel vor. Ein solcher ist nur dann gegeben, wenn dem Tief ein tatsächliches Hoch folgt.

Wenn die Stimmung mit den Jahreszeiten wechselt, man also im Winter depressiv ist und sich im Sommer gut fühlt, ist man dann manisch-depressiv?

Sehr wahrscheinlich nicht. Bei vielen Menschen zeigt sich ein jahreszeitlicher Einfluss auf die Stimmung: Sie fühlen sich im Sommer besser als im Winter. Um echte Stimmungsschwankungen handelt es sich dabei jedoch nicht. Wenn sich regelmäßig in den Wintermonaten eine Depression einstellt, so spricht man von einer saisonal abhängigen Depression, auch Winterdepression genannt. Mit Stimmungsschwankungen, wie sie für bipolare Störungen typisch sind, hat das aber nichts zu tun.

Bei bipolar Erkrankten kann sich allerdings, genau wie bei anderen, ein Einfluss der Jahreszeiten manifestieren. So ist beispielsweise nachgewiesen, dass im Herbst etwas mehr Patienten mit bipolaren Depressionen in Kliniken aufgenommen werden, während im Sommer die Aufnahmen aufgrund von Manien leicht überwiegen.

Wie verläuft eine bipolare Störung?

Die ersten Anzeichen einer bipolaren Störung können schon in sehr jungen Jahren auftreten. Meist beginnt die Störung zwischen dem 20. und 25. Lebensjahr. Dass sie erst in fortgeschrittenem Alter – also jenseits der 50 – zutage tritt, ist eher die Ausnahme. Mitunter heißt es, je niedriger das Ersterkrankungsalter, desto höher das Risiko, dass die Störung einen ernsten Verlauf nimmt.

Wird eine gezielte medikamentöse Behandlung eingeleitet und der Patient hält sich an die Vorgaben des Arztes, so besteht eine 50-prozentige Chance, dass in den folgenden fünf Jahren keine neuen Schübe auftreten. Bei unregelmäßiger Einnahme der Medikamente verringert sich diese Chance auf 20 Prozent. Patienten, die nicht angemessen behandelt werden oder die die vorgeschlagene Behandlung nicht befolgen, erleben oft mehr als zehn Episoden nacheinander. Viele Episoden bedeuten aber nicht grundsätzlich, dass die Behandlung falsch ist, denn es gibt immer auch Patienten, die auf die Medikamente schlecht ansprechen. In diesem Zusammenhang wird von »pharmakologischer Therapieresistenz« gesprochen.

Wie oft im Leben Schübe auftreten, lässt sich nicht vorhersagen. Es hängt von der Anfälligkeit ab, davon, wie gut die Behandlung anschlägt und wie der Patient mit Stress umgeht. Die in zwei Studien genannten Zahlen variieren zwischen drei Schüben binnen zehn Jahren und zwölf Schüben binnen 25 Jahren.

Für viele bipolar Erkrankte verläuft die Störung leider tödlich. Mindestens fünf Prozent aller Menschen, die an einer Stimmungsstörung leiden, sterben durch Suizid. Das Suizidrisiko liegt für bipolare Patienten 20-mal höher als für Menschen ohne diese Störung. Am höchsten ist es bei gleichzeitigem Missbrauch von Alkohol und anderen Suchtmitteln (was häufig gegeben ist). Eine erhöhte Suizidgefahr besteht auch bei Patienten, die sowohl depressive als auch manische Merkmale (einen Mischzustand) aufweisen, möglicherweise, weil dabei eine gefährliche Kombination aus depressiven Todesgedanken und manischer Getriebenheit, diese tatsächlich umzusetzen, entsteht.

Welche Ursachen hat eine bipolare Störung?

Die Ursachen von bipolaren Störungen sind nach wie vor nicht genau bekannt. Fest steht jedoch, dass es nicht nur eine einzige Ursache gibt, sondern dass verschiedene Faktoren eine Rolle spielen. Es handelt sich, kurz gesagt, um eine Kombination aus Verletzlichkeit (Anfälligkeit) und Stress. Die Verletzlichkeit ist zu einem großen Teil erblich bedingt. Der Betreffende hat also eine Art »Anlage« für die Erkrankung. Bekannt ist, dass bei Menschen mit dieser Anlage Veränderungen im Gehirn stattfinden, die dazu führen, dass die Betroffenen bei Stress zu einem manischen oder depressiven Schub neigen.

Wie Stress und Verletzlichkeit zusammenwirken, ist in Kapitel 6 näher erläutert.

Gibt es sichtbare Veränderungen im Gehirn?

Auf fotografischen Abbildungen des Gehirns kann man nicht feststellen, ob eine bipolare Störung vorliegt. Dennoch gibt es Veränderungen. Deren genaue Bedeutung ist jedoch größtenteils unbekannt. Zudem hat man festgestellt, dass sie – mehr oder weniger ausgeprägt – auch bei anderen Erkrankungen vorkommen.

Die Oberfläche unseres Gehirns ist stark gefaltet. Im Inneren des Gehirns befinden sich Kammern, so genannte Ventrikel. Sowohl zwischen den Falten an der Oberfläche als auch in den Ventrikeln befindet sich Gehirnflüssigkeit. Bei bipolar Erkrankten sind die Faltenzwischenräume wie auch die Hirnkammern um rund 15 Prozent vergrößert.

Des Weiteren hat man auf Hirnscans von bipolaren Patienten kleine weiße Flecken in der grauen Hirnmasse entdeckt. Solche Flecken wurden zwar auch auf Hirnscans nicht Erkrankter gefunden, bei Menschen mit einer bipolaren Störung kommen sie jedoch sehr viel häufiger vor (gut dreimal so oft). Ihre genaue Bedeutung ist bislang allerdings noch nicht erforscht.

Man vermutet, dass diese Abweichungen mit einer Verminderung von bestimmten Hirnzellen zusammenhängen. Bei bipolar Erkrankten finden sich in manchen Hirnbereichen weniger Gliazellen als üblich. Die Gliazellen unterstützen als eine Art Helferzellen sozusagen die Nervenzellen, indem sie dafür sorgen, dass Letztere genug Nährstoffe erhalten, und indem sie sie vor Infektionen und Schadstoffen schützen.

Was läuft im Gehirn schief?

Die Nervenzellen im Gehirn senden mittels bestimmter Botenstoffe Signale aneinander. Die Botenstoffe, die man als Neurotransmitter

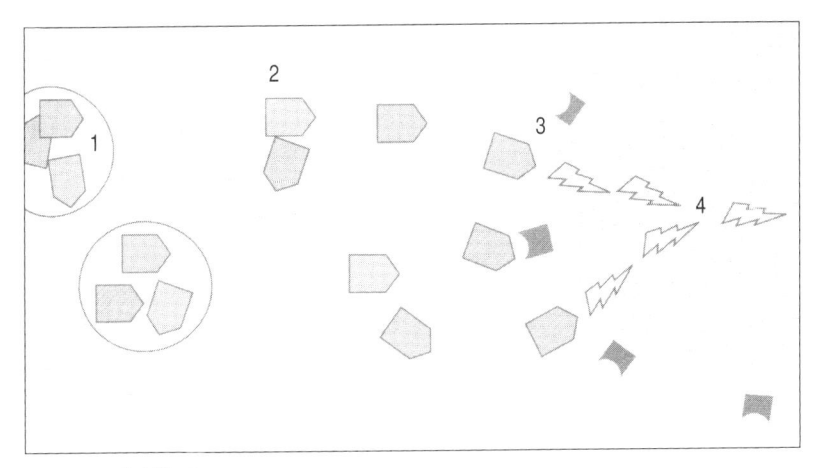

Abbildung 5: **Reizübertragung**

bezeichnet, sind in Abbildung 5 als kleine Fünfecke dargestellt. Bekannte Neurotransmitter sind beispielsweise Serotonin, Noradrenalin und Dopamin. Diese Substanzen werden in der Nervenzelle gebildet (1) und dann freigesetzt (2). Sie heften sich an passende Rezeptoren (3) von benachbarten Nervenzellen – ähnlich, wie ein Stecker in eine Steckdose geschoben wird. Wenn dann »der Stecker in der Dose steckt«, wird das Signal weitergegeben (4).

Bei bipolaren Störungen kommt es zu Abweichungen in der Signalübertragung, weil Ungleichgewichte bei den Neurotransmittern auftreten. Vereinfachend könnte man sagen, dass bei einer Depression ein Mangel an manchen Botenstoffen entsteht, sodass die Signale stark verlangsamt weitergegeben werden. Bei einer Manie wiederum sind zu viele Neurotransmitter aktiv und das System wird »überlastet«. Medikamente können das Gleichgewicht bei den Botenstoffen wiederherstellen.

Wie häufig sind bipolare Störungen?

Bipolare Störungen kommen sehr viel häufiger vor, als man lange Zeit vermutete, wobei die Zahlen davon abhängen, welche Formen der Erkrankung man berücksichtigt. Zählt man nur die Personen, deren Erkrankung den Kriterien im engsten Sinne entspricht, leiden etwa 1,5 Prozent der Gesamtbevölkerung an einer Bipolar-I-Störung. Zählt man auch die Bipolar-II-Störung und die verwandten Erkrankungsformen des »bipolaren Spektrums« mit, ist eine weitaus größere Gruppe betroffen. Nach neuesten Untersuchungen handelt es sich um fünf bis acht Prozent der Gesamtbevölkerung!

Sind Frauen häufiger betroffen als Männer?

Obwohl Depressionen bei Frauen doppelt so häufig auftreten wie bei Männern, haben die Geschlechter in etwa das gleiche Risiko, an einer Bipolar-I-Störung zu erkranken. Von der Bipolar-II-Störung sind etwas mehr Frauen als Männer betroffen.

Gibt es Unterschiede im Krankheitsverlauf bei Männern und Frauen?

Solche Unterschiede gibt es tatsächlich. Zunächst einmal ist der erste Schub bei Frauen öfter eine Depression und bei Männern öfter eine Manie. Frauen erleben im Gesamtverlauf der Erkrankung häufiger depressive Episoden. Bei Manien ist ihre Stimmung öfter gedrückt (»dysphorische Manie«) als gehoben (»euphorische Manie«).

Zeiten mit schnellem Phasenwechsel (Rapid Cycling) kommen auffallend öfter bei Frauen vor. Die Gründe dafür kennt man bisher allerdings noch nicht. Vermutet wird unter anderem die Schilddrüse als Ursache, da Frauen öfter als Männer an Schilddrüsenfunktionsstörungen leiden. Eine andere Hypothese basiert auf der Tatsache, dass Frauen mehr Antidepressiva verschrieben bekommen als Männer. Bei bipolar Erkrankten sind Antidepressiva daher grundsätzlich sehr vorsichtig zu dosieren.

Häufiger Stimmungswechsel könnte auch mit dem Menstruationszyklus zusammenhängen. In der medizinischen Fachliteratur finden sich Fälle von Frauen, die pro Zyklus einen Schub erleben. Wissenschaftliche Untersuchungen, bei denen die Stimmung täglich aufgezeichnet wird, haben bisher jedoch noch keinen nachweisbaren Zusammenhang zwischen manisch-depressiven Stimmungswechseln und dem Menstruationszyklus ergeben. Das bedeutet jedoch nicht, dass der Zyklus keinerlei Einfluss auf den Krankheitsverlauf haben kann.

Weshalb kann es so lange dauern, bis die richtige Diagnose gestellt wird?

Es ist bedauerlich, aber wahr: Die richtige Diagnose bei bipolar Erkrankten wird meist relativ spät gestellt. Durchschnittlich vergehen zehn Jahre vom Auftreten erster Anzeichen bis zur Diagnose, und dafür gibt es eine ganze Anzahl von Gründen. In der Regel ist es so, dass der Patient im Zeitraum bis zur Diagnose mehrere Ärzte und Therapeuten konsultiert hat, die jeweils nur ein Stück seiner Krankengeschichte mitbekommen.

Gängige Untersuchungsmethoden wie zum Beispiel Bluttests oder Scans können zur Diagnosestellung nicht herangezogen werden. Die Ärzte sind viel mehr auf das Gespräch angewiesen, also auf das, was die Patienten ihnen erzählen. Wenn beispielsweise jemand wegen einer Depression den Arzt aufsucht, informiert er ihn zu dem Zeitpunkt in den meisten Fällen nicht über eine oder eventuell auch mehrere vorangegangene hypomanische Episoden, und das auch nicht auf Nachfragen hin. Untersuchungen in den Niederlanden haben ergeben, dass viele Patienten, die eine Hypomanie erlebt haben, mit ihrem Arzt nicht darüber sprechen, denn hypomanische Episoden werden – anders als Manien – vom Patienten als »normal« betrachtet. Infolgedessen bleibt insbesondere die Bipolar-II-Störung sehr häufig unerkannt.

Als hilfreich hat sich ein Fragebogen erwiesen, wie ihn auch die Deutsche Gesellschaft für Bipolare Störungen (DGBS e.V.) verwendet (siehe Seite 48 f.): ein einfacher, kurzer Fragebogen, den man selbst ausfüllt und interpretiert und dadurch binnen weniger Minuten mit einiger Wahrscheinlichkeit weiß, ob man an einer bipolaren Störung leidet oder nicht. Hat man zum Beispiel sieben der Fragen unter I. mit »Ja«, die Frage unter II. ebenfalls mit »Ja« und die Frage unter III. mit »problematisch« beantwortet, dann ist die Wahrscheinlichkeit relativ hoch, dass eine Form der bipolaren Störung vorliegt. Selbstverständlich ist der Test nicht »wasserdicht«, aber wenn das Ergebnis auf eine bipolare Störung hindeutet, ist es auf jeden Fall ratsam, mit einem Arzt darüber zu reden.

Die Erkrankung beginnt zumeist in jungen Jahren, und zwar mit Anzeichen, die man nicht sofort einer bipolaren Störung zuordnet, sondern eher als Wesenszüge interpretiert. Auffallend oft ist dies auch in Familien der Fall, in denen mehrere Personen an einer bipolaren Störung leiden. Wenn beispielsweise ein 16-jähriger Junge impulsiv viel Geld ausgibt und ganze Nächte lang an einem bizarren Computerprogramm bastelt, dann heißt es oft: »Der Junge kommt ganz nach seinem Vater, der macht auch öfter so seltsame Dinge und ist genauso impulsiv.« Dass der betreffende Vater bereits drei manische Schübe hatte und deshalb auch schon längere Zeit in der Klinik war, tritt komplett in den Hintergrund. Für Eltern ist es anscheinend oft schwierig, bestimmte Verhaltensweisen ihrer heranwachsenden Kinder als Krankheitssymptome zu sehen.

Das klassische manisch-depressive Krankheitsbild ist zwar klar definiert, entspricht aber oft nicht dem, wie der Arzt seinen Patienten erlebt – sehr häufig ist dies eine Mischung aus Erregung, Gereiztheit, Angst, Depression und Psychose.

Psychotische Symptome (siehe Kapitel 4) kommen bei fast der Hälfte der Patienten vor und führen die Ärzte sozusagen auf die falsche Spur, insbesondere dann, wenn sie den schleichenden Beginn eines Schubs nicht mitbekommen, sondern nur die ausgeprägteste Phase: die (manische) Psychose. Das war auch bei Els der Fall. Sie beschreibt in den folgenden Kapiteln einen manischen Schub, der zu einer Klinikeinweisung führt, als sich mehr und mehr psychotische Symptome zeigen. Els wird mit Antipsychotika behandelt und schließlich mit der Diagnose »Psychose« wieder entlassen.

Sehr oft liegt bei Menschen mit einer bipolaren Störung Drogen- und/oder Alkoholmissbrauch vor – Faktoren, die die Symptome der Störung verschleiern können.

DGBS e.V. – Fragebogen zu bipolaren Störungen

var. nach Mood Disorder Questionnaire der Depression
and Bipolar Support Alliance (DBSA)

Die nachstehenden Fragen können Ihnen zur Selbsteinschätzung Ihres persönlichen Befindens dienen.
Bitte lesen Sie die folgenden Fragen sorgfältig durch und kreuzen Sie jeweils die Antwort an, die auf Sie am besten zutrifft.

I. **Gab es einmal einen Zeitabschnitt in Ihrem Leben, in dem Sie anders fühlten und handelten als sonst und in dem ...**

1. ... Sie so gehobener Stimmung waren, dass Ihre Mitmenschen den Eindruck hatten, Sie seien anders als sonst *oder* ❏ Ja ❏ Nein

   ... Sie aufgrund Ihrer gehobenen Stimmung Schwierigkeiten mit Ihren Mitmenschen bekamen? ❏ Ja ❏ Nein

2. ... Sie sich so gereizt fühlten, dass Sie Mitmenschen anschrien oder in Streitigkeiten oder Handgreiflichkeiten verwickelt wurden? ❏ Ja ❏ Nein

3. ... Sie sich sehr viel sebstbewusster fühlten als gewöhnlich? ❏ Ja ❏ Nein

4. ... Sie weniger Schlafbedürfnis hatten? ❏ Ja ❏ Nein

5. ... Sie mehr Rededrang verspürten oder schneller sprachen als sonst? ❏ Ja ❏ Nein

6. ... Ihre Gedanken zu rasen begannen? ❏ Ja ❏ Nein

7. ... Sie so schnell abgelenkt wurden von äußeren Ereignissen, dass Sie sich nicht mehr konzentrieren konnten? ❏ Ja ❏ Nein

8. ... Sie viel mehr Energie hatten als sonst und sich leistungsfähiger fühlten? ❏ Ja ❏ Nein

9. ... Sie deutlich mehr Aktivitäten durchführten als gewöhnlich? ❏ Ja ❏ Nein

10. ... Sie geselliger waren als sonst *oder* ❏ Ja ❏ Nein

   ... Sie weniger soziale Hemmungen hatten
   (zum Beispiel mitten in der Nacht einen Freund anriefen)? ❏ Ja ❏ Nein

11. ... Sie mehr Interesse an Sex hatten als sonst? ❏ Ja ❏ Nein

12. ... Sie Dinge taten, die für Sie untypisch sind beziehungsweise von denen Mitmenschen sagten, sie seien übertrieben, leichtsinnig oder riskant? ❏ Ja ❏ Nein

13 ... Sie so viel Geld ausgaben, dass Sie sich selbst oder Ihre Familie in finanzielle Schwierigkeiten brachten? ❏ Ja ❏ Nein

II. **Haben Sie mehr als eine Frage mit »Ja« beantwortet? Wenn ja: Sind manche der oben genannten Symptome innerhalb desselben Zeitabschnitts aufgetreten?** ❏ Ja ❏ Nein

III. **Wie problematisch schätzen Sie die Schwierigkeiten ein, die Ihnen durch diese Erlebens- und Verhaltensweisen erwachsen sind, zum Beispiel familiäre Schwierigkeiten, finanzielle oder rechtliche Probleme, Streitigkeiten oder Handgreiflichkeiten?**

   ❏ nicht problematisch
   ❏ problematisch

Sollten Sie Ihre persönliche Einschätzung als »problematisch« bewerten, möchten wir Ihnen empfehlen, mit Ihrem Hausarzt oder einem Arzt für Nervenheilkunde oder einem Psychologen Kontakt aufzunehmen.

© Deutsche Gesellschaft für Bipolare Störungen e.V., www.dgbs.de

Hendrik ist 40 Jahre alt, Geschäftsmann und allein lebend. Seit geraumer Zeit ist er wegen wiederkehrender Depressionen und wegen eines Alkoholproblems in Behandlung; zweimal war er bereits in der Klinik. Wenn es ihm eine Weile »gut geht« und er weniger trinkt, nimmt er sich viel mehr vor, engagiert sich in der Lokalpolitik und treibt exzessiv Sport. Als er über längere Zeit ein »Life-Chart«-Protokoll führt (siehe Kapitel 7), stellt sich heraus, dass er immer wieder hypomanische Episoden erlebt, in diesen Phasen zu trinken beginnt und anschließend in eine Depression verfällt. Nach etlichen Jahren Behandlung aufgrund seines Alkoholproblems kennt er nun das zugrunde liegende Problem: eine bipolare Störung.

Bipolar Erkrankte greifen häufig – als eine Art »Selbstmedikation« – zu Alkohol oder anderen Suchtstoffen, weil sie sich damit »besser fühlen« oder die als positiv empfundene hypomanische Phase verlängern können. Wie im Fall von Hendrik lässt sich dann nur sehr schwer feststellen, dass in Wirklichkeit eine bipolare Störung vorliegt. Alkohol »maskiert« quasi die Stimmungsstörung. Auch andere Erkrankungen wie Angststörungen treten oft gemeinsam mit einer bipolaren Störung auf und können die Diagnose erschweren. Somit ist nachvollziehbar, dass die Diagnose zumeist nicht nach einem einzigen Gespräch mit dem Arzt gestellt werden kann.

Ein wichtiger Grund, weshalb die Diagnose oft so spät gestellt wird, ist der Umstand, dass die Patienten nicht langfristig bei ein und demselben Arzt oder Psychiater in Behandlung sind. In Els' Fall wurde die Diagnose erst möglich, als ihr Psychiater Zeuge eines manischen Schubs wurde, der die zuvor diagnostizierten Psychosen und Els' lang anhaltende, von Angst geprägte depressive Phasen in einen völlig anderen Kontext stellte.

Eine Diagnose ist also erst dann möglich, wenn ein Schub sich als »Teil eines Ganzen« offenbart – wie das entscheidende Puzzleteil, das das Bild plötzlich erkennbar macht.

2 Der manische Sturm kommt auf

Über Manie und Hypomanie

> »... mit dem Versuch, ein ganzes Leben
> an einem einzigen Tag zu leben.«
> ANDY BEHRMAN: ELECTROBOY

Fast zehn Jahre, bevor letztendlich die Diagnose gestellt wird, beginnt die Geschichte von Els' Suche: die Suche nach einer Erklärung für ihre wechselnden und oft schwer nachvollziehbaren Stimmungen.

Els' Geschichte ist keine Ausnahme. Wie bei vielen anderen Frauen kommt der erste manische Sturm im Trubel nach der Geburt eines Kindes auf. Und wie bei den meisten Menschen mit dieser Erkrankung dauert es viele Jahre, bis klar wird, worin das Problem genau besteht.

Die Schwangerschaft, die für viele bipolar erkrankte Frauen eine relativ stabile Phase ist, erwies sich für Els als ausgesprochen schwierige Zeit. Ihre Stimmung war depressiv gefärbt. Sie machte sich Sorgen über das, was auf sie zukommen würde: »Wie werde ich die Geburt überstehen? Kann ich die Schmerzen wohl aushalten? Werde ich mein Baby stillen können? Und kann ich es wohl richtig von Herzen lieben?« – Solche Fragen hat sich Els gestellt. Und dann sind da plötzlich die schmerzhaften Wehen, eine nach der anderen. Und noch eine letzte – dann ist da ein Kind. Ein Wirbelsturm von Gefühlen und Gedanken jagt durch den Kopf der jungen Mutter; sie möchte schließlich alles richtig machen. Die ersten Tage geht es hoch her: Besucher geben sich die Klinke in die Hand, der Arzt schaut vorbei und gibt dem Baby eine Spritze. Mit dem Stillen will es nicht so recht klappen. »Hat das

Kleine wohl genug bekommen?«, fragt sich die junge Mutter. »Warum schreit es nur so?« Und dann, wenn alles ruhig ist, das Baby schläft und man selbst endlich eingedämmert ist, taucht eine Schwester mit dem Thermometer in der Hand auf. »Ist doch normal, dass man als frisch gebackene Mutter empfindlich reagiert«, sagt ein Besucher vielleicht. Und eine Tante: »Das hatte ich auch, das geht allen jungen Müttern so.« Und die Mutter traut sich kaum zu sagen, wie sie sich fühlt. »Ich darf doch jetzt nicht traurig sein«, sagt sie sich. »Froh und glücklich muss ich sein.« Die Nächte sind unruhig, das Stillen dauert jedes Mal eine halbe Ewigkeit und der Schlaf will einfach nicht kommen. Und plötzlich sieht alles anders, besser aus. Die Sonne scheint. Die Müdigkeit verfliegt. Die junge Mutter hat jetzt blendende Laune und redet wie ein Buch.

April 1992: Der manische Sturm kommt auf

Vor zehn Jahren wurde mein erstes Kind geboren, am Sonntag, den 5. April, noch mitten in der Nacht. Die darauf folgenden Tage sind in meiner Erinnerung eine turbulente, gefühlsbetonte Zeit, ein Chaos, in dem ich einfach keine Ordnung schaffen konnte. Erst am Samstagmorgen, ein paar Stunden vor der Entlassung aus der Klinik, konnte ich mich zum ersten Mal all den Emotionen stellen, und das setzte sich danach fort. Tagelang schrieb ich auf, was ich in der letzten Zeit erlebt hatte, aber auch Ereignisse aus meiner Vergangenheit brachte ich zu Papier. Die Gedanken flossen mir nur so aus der Feder, manchmal ohne Ende. Nachstehend folgt die authentische Wiedergabe meiner Aufzeichnungen; sie sind unverändert und daher oft etwas wirr.

Samstag, 11. April

Es ist zwei Uhr. »Sehen Sie mal!!!« Matthias liegt in den Händen der Gynäkologin und gleich darauf auf meinem Bauch. Mein liebes, schönes, stilles Baby. Für dich habe ich gekämpft. Für dich werde ich weiter kämpfen. Ich liebe dich,

Matthias. Du kannst dich auf mich verlassen. Was ich durchstehen musste, soll dir erspart bleiben.

Ich war überglücklich nach der Geburt. Mit Matthias, meinem wunderbaren Baby, würden die schlimmen Wehen bald vergessen sein. Ich wollte alle Gefühle auf mich einwirken lassen, denn noch nie zuvor war mir – für mein Empfinden – etwas so Besonderes widerfahren. Unglaubliche Momente erlebte ich damals, in jener Nacht, die ich allein im Entbindungszimmer zubrachte. Ein tiefes, warmes mütterliches Gefühl erfüllte mich ganz und gar und zugleich machte ich mir Sorgen wegen meiner Vergangenheit. Auf der Entbindungsstation wurden diese ersten warmen Gefühle gründlich zunichte gemacht. Keinen Moment war ich allein. Ich konnte weder das Zusammensein mit meinem Baby genießen, noch mir über meine Schwangerschaft und die Geburt Gedanken machen, sondern fand mich in einem Chaos wieder und wurde ständig von den Krankenschwestern und von Besuchern in Beschlag genommen. Die Zeiten meines Problemkindchens (etwa zehn Stunden pro Tag war ich mit Stillen beschäftigt) und der Terminplan der Stillschwester passten nicht zusammen. Zudem brauchte ich eine Menge Zeit für meine Körperpflege. Resultat: Ich schlief nachts viel zu wenige Stunden und war tagsüber ständig von allem Möglichen in Anspruch genommen. Hätte ich die Besucher denn wegschicken sollen? Wenn sie fort waren, ging es mir jedes Mal etwas besser. Abends versuchte ich Ruhe zu finden. Aber selbst dann war noch jede Menge zu tun: Abendessen, Stillen um neun und um zwölf Uhr, ein wenig mit Bert allein reden (das heißt: mein Herz ausschütten und mich dabei wieder aufregen). Die Schwestern hatten keinen Blick für all diese Probleme. Zu keiner Zeit konnte ich mich ausweinen, nie richtig zur Ruhe kommen. »Sie sollen sich hier ausruhen, Frau Dahl.« Genau das hatte ich ja gewollt. Aber ich brauchte nicht nur Schlaf, ich sehnte mich auch nach ein klein wenig Zeit für mich selbst, ohne Störungen von außen. Allein schon der Gedanke, ich könnte gestört werden, verhinderte, dass ich meinen Tränen freien Lauf ließ. Ich stand unter Hochspannung. Jedes Mal, wenn ich dachte: »Jetzt kann ich mich ein wenig hinlegen«, fing Matthias zu schreien an oder sie störten mich mit dem Essen, mit einer Untersuchung oder mit Gesprächen über meinen »psychischen Zustand«.

Es wäre auch anders gegangen: Ein Einzelzimmer wäre in meiner Situation ein lebensnotwendiges Muss gewesen. Weil meine Zimmergenossin die ersten Tage viel Besuch bekam, hatte ich keinerlei Privatsphäre. Ich musste mir regelrecht einen Weg zwischen ihren Besuchern hindurch bahnen (manchmal waren zehn gleichzeitig da!), um die Milchpumpe zu holen, die ständig irgendwo im Einsatz war, sodass ich oft unverrichteter Dinge den Rückweg antreten musste. Wenn ich mich bei Bert mal ausheulen wollte – ich hatte ohnehin nicht oft Besuch –, zogen sie den Trennvorhang auf, weil sie irgendwas aus dem kleinen Kühlschrank holen wollten. Meine Zimmergenossin hätte den Vorhang am liebsten immer auf gehabt. Dann fiel der Blick ihrer Besucher direkt auf mich. Nie konnte ich für mich sein und ich zeige nun mal nicht gern meine Gefühle im Beisein anderer. Schon gar nicht Gefühle, die ich selbst noch nicht verarbeitet habe.

Als Matthias sich am Dienstag und Mittwoch zu einem echten Problemkind entwickelte, hätten die Schwestern mehr Rücksicht auf unseren chaotischen Rhythmus nehmen müssen. Zu Hause wäre ich besser zurechtgekommen, jedenfalls mit Berts Hilfe. Die Schwestern hätten mir auch klar sagen müssen, wie ich Matthias zum Trinken bringe. Aber das war nicht der Fall, im Gegenteil: Jede behauptete etwas anderes und sie änderten ständig ihre Meinung. Zudem hätten ein paar grundlegende Störfaktoren ausgeschaltet werden können. Ohne mit der Wimper zu zucken, machten sie mein Bett, während ich gerade Milch abpumpte. Den Kaffee brachten sie genau dann, wenn ich in der nächsten halben Stunde keine Hand frei hatte. Und wenn ich dann endlich – mal wieder viel zu spät – mein Frühstück runterschlang, kam die Visite.

Irgendwie merkten die Schwestern dann doch, dass ich Probleme hatte und total aufgeregt sprach. Sie machten sich allmählich Sorgen: »Was fehlt Ihnen denn nur? Werden Sie mit der Situation zu Hause klarkommen?« Tausendmal die gleiche Geschichte. Immer wieder musste ich mich rechtfertigen: dass ich mich zu Hause besser fühlen würde, dass ich dort alles in den Griff kriegen würde. Immer wieder versuchte ich zu erreichen, dass die Schwestern Verständnis zeigten – und verlor auf diese Weise wieder Zeit. Resultat: Ich wurde immer aufgeregter und kam überhaupt nicht mehr zur Ruhe (wirklich, denn Matthias beanspruchte sehr viel von meiner Zeit). Mich zwischendurch entspannen, das konnte ich nicht, mir meine Zeit einteilen, das durfte ich nicht, weil ich fortwährend gestört wurde. Die Schwestern und alle anderen hätten meiner Überzeugung, dass zu Hause alles besser laufen würde, nicht so misstrauisch begegnen dürfen. »Womöglich brechen Sie da zusammen, Frau Dahl. Wird Ihnen das nicht alles zu viel werden?« Nein, denn zu Hause kann ich allein sein. Schließlich bin ich jemand, der keinen Rummel mag und sehr gern allein ist.

Nacht von Samstag auf Sonntag, 11./12. April

Eine ganze Woche lang habe ich unter Hochspannung gestanden, weil ich ständig gestört wurde – von den Schwestern, der Gynäkologin, dem Sozialdienst –, und dann waren da auch noch die Probleme mit Matthias. Ich bekam keine klare Auskunft, wie ich ihn füttern sollte. Alle drei Stunden war ich eineinhalb Stunden lang intensiv mit ihm beschäftigt. Das strengte mich ungeheuer an, denn ich wollte ja immer liebevoll mit ihm umgehen. Weil ich keinerlei Privatsphäre hatte, um mal zur Ruhe zu kommen – sie stempelten mich als »Fall für den Psychiater« ab –, wagte ich es nicht, meine Tränen fließen zu lassen. Am Tag vor meiner Entlassung habe ich morgens um sieben ein Weilchen geheult, weil um diese Zeit niemand kommt und stört. Danach habe ich mich in die Toilette eingeschlossen, um mich wieder einigermaßen zu fassen. Da kommt nämlich keiner rein, es wird allenfalls geklopft. Aber das Erlebte auf mich wirken lassen, das ging einfach nicht.

Alle glaubten, mein Problem sei es, dass ich keinen Druck aushalten könnte. Sie hatten teilweise Unrecht: Zu Hause kam ich sehr wohl zur Ruhe. Die Stille im Haus tat mir gut und ich machte mich gleich daran, die Babysachen zu ordnen. Schließlich kann man ja nicht alles schleifen lassen. Körperlich ging es mir aber gar nicht gut. Weil ich unter Hochspannung gestanden hatte, war mir nicht bewusst geworden, dass ich total geschwächt war. Das Resultat: In der Nacht von Mittwoch auf Donnerstag (noch in der Klinik) wachte ich nachts auf und hatte Schwindelgefühle. Meinem Eindruck nach war ich eine Weile bewusstlos (geht so was?!?). Blöd, wie ich war, bat ich eine Schwester darum, mir den Blutdruck zu messen. Ich dachte, er sei viel zu niedrig. Er war aber völlig normal. Also wieder die Nerven. Die falsche Diagnose bestätigte sich. Auch in den folgenden Nächten wachte ich kurz auf und fühlte mich schwindlig, vor allem, als ich zum ersten Mal einen schmerzhaften Milchstau bekam. Ich motivierte mich selbst, das gab mir Kraft. Auch heute Nacht bin ich wieder mit Schwindelgefühlen wach geworden. Kurz darauf hörte ich Stimmen: »Sie wird ohnmächtig!« Ich hatte das Gefühl wegzugleiten. Mit aller Kraft wehrte ich mich dagegen und wankte dann nach unten. Dort aß ich einen Joghurt und trank einen Milchshake.

Ich musste Matthias stillen und da habe ich plötzlich einen ganzen Liter Wasser getrunken und hinterher noch einen halben. Matthias hat dabei wohl gespürt, dass es mir nicht gut ging, denn anschließend war er total unruhig, und es kostete mich viel Zeit und Kraft, ihn zu beruhigen. Ich hielt aber durch und inzwischen hatte ich zwei Liter Wasser intus, außerdem einen Joghurt, zwei Milchshakes und einen Apfel. Ich hoffe, dass ich mich richtig entschieden habe: essen oder schlafen. Ich habe gedacht: Es gibt Menschen, die wenig schlafen und denen das nichts ausmacht. Aber niemand hält eine strenge Diät oder einen Hungerstreik durch.

Nacht von Sonntag auf Montag, 12./13. April

Traum im Tiefschlaf nach beruhigendem Bad. Matthias wird wach. Ich lege ihn an und nach kurzer Zeit ist er satt. Ich bin ganz ruhig. Er liegt bei mir im Bett. Im Traum bekomme ich einen Orgasmus und wache auf. Wo ist Matthias? Wo ist sein Bettchen? Wir haben ihn am Abend zum ersten Mal in das hübsche Bettchen in seinem Zimmer gelegt. Ich wecke Bert. Er ist sofort hellwach und beruhigt mich: Matthias würde schlafen. Wir legen uns wieder hin. Gleich darauf will ich mich selbst befriedigen. Zum zweiten Mal das Gefühl, dass ich bei Bert ganz gelöst bin und ihn so sehr liebe. Ich kann gar nicht genug vom Streicheln bekommen. Jetzt wird geschlafen, ganz entspannt.

Später in der Nacht

40 Minuten lang Matthias gestillt. Eine Sensation. Zufrieden schläft er ein. Selbst auch gleich eingeschlafen. Wieder aus dem gleichen Traum aufgewacht. Aufgestanden, denn Bert war noch nicht so weit. Eigentlich gut. Ich beschließe die Dinge selber in die Hand zu nehmen. Zur Toilette. Ich lasse die

Badezimmertür offen. Konzentration. Kaffee, nein, erst Ofen, dann Kaffee, Ofen mit Streichholz. Ach je, haben wir gestern also doch vergessen, den Stapel Wäsche in die Maschine zu stecken. Jetzt erledigen. Das neue Hemd, das in Essigwasser eingeweicht ist, nicht vergessen. Ich verspüre den unwiderstehlichen Drang, das Esszimmer umzuräumen. Die Babytragetasche muss auf das Gestell. Dann haben die Stühle, auf denen sie jetzt steht, wieder einen Zweck. Aufregung. Das Gestell will nicht. Uff. Geschafft. Tragetasche drauf. Die vier Schrauben müssen rein. Mir wird warm. Katze Cleo will ins Haus. Erst füttern. Noch mal die Schrauben probieren. Es geht! Aber ... das Gestell war nicht richtig aufgeklappt und jetzt hängt die Tasche schief. Noch mal von vorn. Mein Herz schlägt schneller. Ich nehme die Tasche runter und klappe das Gestell richtig auf. Nun die Tasche drauf. Toll. Ich bin stolz. Jetzt muss der Kinderwagen an die andere Tischseite. Rums. Der Tisch muss verschoben werden. Mit aller Kraft. Schließlich hat der Kinderwagen seinen endgültigen Platz. Ich fange an, das Bettzeug zu wechseln. Der Bezug ist schon runter, da kommen mir Zweifel, ob das Bettzeug nicht doch frisch war. Auf dem kleinen Ölofen liegt Babybettwäsche. Ist das die alte von gestern, die Bert abgezogen hat? Wann war das doch gleich? Ich frage ihn. Ich vergesse, die Abdeckung wieder anzubringen. (Oben) Oder nein, was ich da in der Hand habe, das ist die schmutzige Bettwäsche. Also Bert doch nicht wecken und die Bettwäsche ins Bad legen. Soll ich jetzt was essen? Nein, erst entspannen. Pinkeln. Ganz locker die Muskeln. Kurz nach Matthias sehen. Ich ziehe die Vorhänge auf, auch den Vorhang in seinem Zimmer. Cleos grüne Augen starren mich an. Wann habe ich etwas falsch gemacht? Cleo rausgeschmissen. Soll ich mich schon waschen? Und was, wenn Matthias mir dann die Zeit zum Frühstücken stiehlt? Nein. Ich gehe runter. Versuche zur Ruhe zu kommen und zu essen. Unten liegt Cleo im Kinderwagen. Kurz wieder nervös. Ich putze die Haare mit einer Kleiderbürste weg oder, besser gesagt, ich versuche es. Es bleiben nämlich noch mehr Katzenhaare am Bettzeug haften. Bloß nicht aufgeben. Ruhig bleiben. So, jetzt sind keine Haare mehr da.

Ich kann Bert in aller Ruhe erzählen, was ich erlebt habe. Ich bin noch beim Frühstück, da schreit oben Matthias. Nicht sehr laut. Ich wechsle seine Windeln und stille ihn unten. Friedlich.

Langsam komme ich immer besser zurecht. Mit Sachen, die Bert nicht kann oder konnte (waschen ...). Hinterher muss ich mich ausruhen, mich gehen lassen. Ich masturbiere. Seltsam. Ob Bert sich darüber wundern würde? Aber es entspannt mich so. Ein herrliches Gefühl, sich so total gehen zu lassen. Ich liebe meinen Körper.

Mittags unterhalten wir uns. Wir beide fühlen uns als Eltern, als zwei Menschen, die Verantwortung tragen. »Sollen wir ihm mit Mamas Scheck einen Kindersitz von Maxi Cosi kaufen?« Ein tolles Gefühl. Binnen acht Tagen ist uns klar geworden, dass da jemand ist, der uns dringend braucht und nicht ohne uns sein kann.

Die Sonne scheint. Beginn des Frühlings im Leben von Matthias ...

Nacht von Montag auf Dienstag, 13./14. April

Zwei Stunden nach dem letzten Stillen wache ich auf. Matthias liegt bei mir. Ich bin glücklich. Ich wecke Bert. Schau mal! Oje, wo ist Matthias hingekommen? Ich suche ihn überall. Bert, liegt Matthias da irgendwo? Allmählich komme ich zu mir. Ich habe geträumt. Matthias liegt in seinem Bettchen in seinem eigenen Zimmer. Wahrscheinlich hat der Milchstau den Traum bewirkt. Dann habe ich offenbar die Neigung, Matthias anzulegen und ihm Zärtlichkeit zu geben.

Später in der Nacht

Noch mal der gleiche Traum. Jetzt dient Berts Arm als Ersatz für Matthias. Ich streiche im Traum Matthias' Köpfchen, aber beim Aufwachen merke ich, dass es Berts Schulter ist. Bert ist schon halb wach und lacht darüber. Was kann ich doch manchmal komisch sein! Aber der Verarbeitungsprozess wird milder. Ich lockere die Muskeln und schlafe schnell ein. Auch tagsüber hinlegen wirkt Wunder. Noch nie waren meine Muskeln so locker. Ich liebe meinen Körper. Meine Beine und Arme wirken schlanker denn je.

Dienstag, 14. April, 10:10 Uhr

Kristel angerufen, die Sozialschwester, mit der ich in der Klinik geredet habe. Bert ist zurück. Ich hatte mich sehr gut unter Kontrolle. Konnte ihr viel über meine Erfahrungen berichten. Sie wusste offenbar nicht so recht, was sie sagen sollte. Vielleicht brauche ich jemand Qualifizierteren, Dr. van Dijck, den Psychiater, der letzte Woche in der Klinik an mein Bett kam und endlich zugab, dass ich mich selbst gut genug kenne und keine postnatale Depression habe. Mein Blutdruck ist jetzt niedrig, glaube ich. Ich bin euphorisch und würde am liebsten ein Buch schreiben. Noch nie war ich so ruhig, so schön und so schlank.

Jetzt aber Klartext. Ich will, dass Sie, Dr. van Dijck, mir bestätigen, dass man durchaus sein eigener Psychologe sein kann. Und ich will, dass es in den Medien bekannt gemacht wird: Missstände in der Universitätsklinik – Frau wird aufgrund von akutem Personalmangel völlig falsch eingeschätzt. Körperliche und seelische Erschöpfung als Folge. Mit letzter Kraft zog sie sich selbst aus dem Tief.

Ich will, dass die Politiker etwas gegen diesen Personalmangel unternehmen. Ich fordere Schadensersatz, denn jemand, der durch Missstände derart fertig gemacht wird, der kann sterben! Helfen Sie mir, Dr. van Dijck, suchen Sie eine Lösung!

Momentan sitze ich ganz ruhig da, schreibe und kann nicht aufhören. Ist auch nicht nötig. Matthias schläft, Bert läuft irgendwo hier rum. »Life is beautiful!« Ich werde euphorisch. Ich bin neu geboren, jemand anderes. Noch nie habe ich mich so entspannt gefühlt.

Ich höre jetzt auf. Oben wartet ein Berg Bügelwäsche. Da mache ich mich gleich dran.

Bert hat jetzt alles gelesen. Erkennt mich praktisch nicht wieder. »Das Einzige, was ich noch nicht weiß, ist die Sache mit meinen Eltern.« Was ich aber weiß: Niemand kann mir mehr etwas anhaben. Der ganze Stress aus meiner Kindheit ist weg. Ich bin ein neuer Mensch, fühle mich zehn Jahre jünger, will hüpfen, tanzen, springen.

»Wenn ich hier sitze und schreibe«, sage ich zu Bert, »habe ich das Gefühl, dass ich jemand anderes geworden bin. Ist das positiv oder negativ?«

»Fertig. Bert, bringst du diese Aufzeichnungen heute Nachmittag zu Dr. van Dijck? Und sag ihm, er soll mich mal anrufen, egal, wann.«

Ich gucke mich um. Nirgendwo ist mehr Unordnung. Wahrscheinlich bekommt Matthias demnächst Hunger. Ich will Bert, der mir müde gegenübersitzt, in den Arm nehmen, mit ihm schmusen. Matthias, durch dich beginnt der Frühling in unserem Leben neu ...

Nacht von Dienstag auf Mittwoch, 14./15. April
Schlaf ist manchmal nicht so wichtig. Wichtiger ist es, entspannt und ruhig zu sein. Und so fühle ich mich auch: entspannt, erfüllt, wichtig, verantwortlich. Für Matthias würde ich alles hingeben. Niemand hat sich da einzumischen, allenfalls Menschen, die es gut mit uns meinen. Warum nur glauben manche nach wie vor, ich hätte eine postnatale Depression gehabt? Wie kann ich denen nur klar machen, was Sache ist? Nur Bert versteht mich vollkommen. Ich merke, dass ich dringend mit Dr. van Dijck reden will. Immer noch will ich jemandem ins Gesicht schreien, dass ich falsch eingeschätzt worden bin, dass mein Aufenthalt in der Klinik die Hölle war, dass die Zeit danach, zu Hause, ein ganz langsamer Abbau von körperlichem und seelischem Druck war. Ich will Verständnis für meine Situation. Dr. van Dijck muss mir unbedingt bestätigen, dass ich in der Klinik misshandelt worden bin. Und all die anderen, die mich falsch eingeschätzt haben, müssen das auch. Ich kenne mich doch selbst. Ich habe mich von jeher gut gekannt. Schließlich bin ich nicht dumm?!? Ich habe etliche Bücher über Psychologie gelesen und habe mit Sicherheit psychologisches Gespür. Warum wollten sie mir nicht glauben? Furchtbar war das! Eine Art Konzentrationslager. Ich hätte ohne weiteres sterben können. Und was wäre dann aus Matthias und seinem Papa geworden? Ich allein hatte Recht im Kampf um Matthias' Leben. Bert, der Gute, hat inzwischen begriffen, was ich alles durchgemacht habe. Er war wohl ziemlich platt. Plötzlich ist ihm klar geworden, wie ich körperlich und seelisch »ausgesaugt« wurde (nur Matthias hatte das Recht dazu). Ich will, dass alle Schwestern mich für ihre Fehler um Verzeihung bitten. Aber ... und das ist wichtig: Sie haben es ja gut gemeint, sie können auch nichts dafür, dass dort Personalmangel herrscht. Aber wie kann es so weit kommen?!? Eigentlich würde mir wirklich Schadensersatz zustehen. Hätte ich nicht an mich selbst geglaubt, dann wäre ich gestorben. Es muss allen Ernstes Anklage erhoben werden gegen diese fabrikmäßige Abfertigung in der Uniklinik, wo eine Frau, die doch mit beiden Beinen fest im Leben steht, durch akuten Personalmangel körperlich und seelisch ausgelaugt

wurde. Nur die Liebe zu ihrem Kind und ihrem Mann hielt sie aufrecht. Vielleicht doch ein Thema für die Medien? Oder gehe ich damit zu weit? Eventuell besser ein Gerichtsverfahren, bei dem wir Schadensersatz fordern? Wenn ich Schadensersatz bekomme, brauche ich Dr. van Dijcks Unterstützung nicht mehr. Denn damit gibt die ganze Fabrik zu, dass sie einen groben Verstoß gegen die Menschenrechte begangen hat.

6:45 Uhr
Wieder der gleiche Traum. Ich streichle Matthias. Ich bin ruhig. Dann träume ich, dass es Matthias schlecht geht. Er stirbt. Mit eigenen Augen sehe ich Beinchen und seltsamerweise einen Schwanz (?) abfallen. Bert! Bert! Bert! Ich habe Todesängste. Wo ist Matthias? Wieder wache ich auf.»Matthias liegt in seinem Bettchen«, sagt Bert. Langsam wird mir klar, dass nicht der Milchstau mir zu schaffen macht, sondern immer noch die Angst um Matthias. Ich will Matthias die ganze Zeit hegen und pflegen, weil ich so große Sorgen um mein hilfloses, liebes Stillkindchen ausgestanden habe, das kaum etwas getrunken hat. Aber Matthias braucht nicht gehegt und gepflegt zu werden. Er schläft immer vier Stunden lang! Ich habe ihn mit größter Anstrengung durchgebracht. Also brauche ich wirklich keine Angst zu haben. Ich höre Bert aufstehen. Er seufzt, wahrscheinlich todmüde. Tut mir Leid, dass ich dich so oft störe. Ich kann tagsüber ausruhen und werde das auch machen. Du dagegen bist wirklich müde. Noch ein wenig Geduld. Dann bekommst du deine verdiente Ruhe, weil ich dann alles wieder selbst schaffe.

Nacht von Mittwoch auf Donnerstag, 15./16. April
Papa hatte beiläufig gefragt, wann wir Matthias taufen lassen wollen. Bert hat sich deswegen aufgeregt. Wie schon öfter, stand ich zwischen den Fronten und litt darunter. Allmählich beschäftigte ich mich mehr mit meiner Vergangenheit, mit meinen Eltern, mit den Spannungen von früher. Immer stärker drängte es mich, alle Probleme in meiner Familie anzugehen und sogar zu lösen. In Briefen und Telefonaten versuchte ich alles und jeden psychologisch zu ergründen und auf seine beziehungsweise ihre Fehler hinzuweisen. Ich wollte, dass wir einander besser verstehen, dass es keine Rei-

bungen mehr gibt. Und ich hoffte, dass damit auch das Problem mit der Taufe vom Tisch war.

Für Bert schrieb ich in der Nacht eine lange Geschichte, über meine Mama, deren Kindheit, über mich, über unsere wechselseitige Beziehung, über meine Beziehung zu ihm und die Probleme, die daraus erwuchsen.

...

Bert, ich hoffe, du hörst dir das alles ruhig an und versuchst meine Eltern etwas besser zu verstehen. Wenn du jetzt kein Verständnis für sie aufbringst, dann wird es, was mich betrifft, ebenso laufen. Ich liebe dich nämlich so sehr, ich liebe Matthias so sehr. Ich will, dass du meine Eltern ein klein wenig schätzt, so wie ich auch deine Mutter schätze. Versuch doch heute mit ihnen zu einer Einigung zu kommen. Und über die Taufe reden wir noch. Vielleicht sagen sie ja selbst, dass es nicht nötig ist, nun, da sie so zufrieden mit mir sind.

Matthias versteht mich. Er wartet jetzt. Er brabbelt leise vor sich hin. Bis ich Zeit für ihn habe.

Ich denke, ich sehe jetzt alles klar. Der Kreis hat sich geschlossen.

Draußen kreischt Cleo. Sie war so nervös, weil ich nie Zeit für sie hatte. Ich habe schon ganz friedlich mit ihr gespielt. Weißt du, dass ich früher über sie geschimpft und sie verscheucht habe? Jetzt freut sie sich. Weißt du, dass wir bei ihrer Erziehung auch viel zu hektisch waren, gestresst, wie ich war? Jetzt werden alle ganz ruhig in meiner Nähe. Früher war ich ziemlich asozial. Ich bin sehr sozial geworden. Du warst doch auch so, als du jünger warst, oder?

Donnerstagvormittag, Anruf von Dr. van Dijck

Er fragt, ob ich am Nachmittag in die Sprechstunde kommen kann, damit wir über die Briefe reden, die Bert ihm gebracht hat. Eigentlich geht das nicht. Meine Eltern kommen nachher zu Besuch. Wie soll ich denen erklären, dass sie heute Nachmittag nur zwei Stunden statt vier bleiben dürfen? Mit ein paar Anrufen lässt sich das wohl regeln.

Mama angerufen.

Habe mit ihr über früher, über ihre Vergangenheit, über meine Kindheit gesprochen. Habe ihr gesagt, sie könnte mit zum Psychiater kommen. Sie WOLLTE! Sie hat geweint und will vorbeikommen, um mit mir zu reden.

Papa angerufen.

Ich habe ihm ganz schön zugesetzt. Wollte, dass er für Mamas Depressionen von früher Verständnis hat. Er wurde ärgerlich. Er versteht ihre Depressionen immer noch nicht.

Noch mal Papa angerufen.

»Ich habe mich nicht richtig ausgedrückt, weil ich kurz davor mit Mama telefoniert habe. Aber im Grunde genommen habe ich dich immer sehr gern gehabt. Wir haben damals, als ich auf dem Gymnasium war, viel miteinander ausdiskutiert. Du hast nichts falsch gemacht. Damals haben wir oft gesagt, Mama würde sich merkwürdig verhalten und wäre oft hässlich zu uns. Ihre Depressionen haben mir damals auch sehr wehgetan. Aber ich bin kein Fall für den Psychiater! Das weißt du doch.«

Habe ihm gesagt, dass ich mit dem ganzen Depri-Kram nichts zu schaffen haben will. Dass ich ihn, mit seiner realistischen Art, immer am liebsten hatte. Dass wir gut reden konnten, wenn Mama es mal wieder hatte. Dass ich nicht depri bin, sondern ein Buch schreiben will. Dass ich im Krankenhaus eben durcheinander war. Ich musste ja mein eigener Psychologe sein.

Nacht von Freitag auf Samstag, 17./18. April, 2:00 Uhr

Ich bin zu der Erkenntnis gekommen, dass ich eine sehr gute Psychologin bin. Ich gehe nach der Methode »Nimm den Platz des anderen ein« vor. Das heißt, ich versuche mir vorzustellen, was eine bestimmte Person zu einer bestimmten Zeit denkt oder gedacht hat. Ich versetze mich sozusagen in denjenigen hinein. Bei mir selbst schaffe ich es bereits bis in die Gebärmutter. Wenn ich ruhig dasitze und nachdenke, läuft meine ganze Kindheit wie ein Film vor mir ab. Auch für meinen Pa und meine Ma sehe ich diesen Film vor mir. Manchmal noch etwas chaotisch, aber letztlich kann ich die Gefühle der beiden ergründen. Irgendwie gruselig. Manchmal erspüre ich sehr intime Dinge. Bleiben nur noch Inge, Tom, Walter und natürlich Bert.

Er ist momentan auch etwas überlastet. Durch den körperlichen und seelischen Druck der letzten Monate und vor allem der letzten zwei Wochen stand er heute Nacht regelrecht neben sich. Er konnte nichts mehr richtig einschätzen. Sonst ist er sehr selbstsicher und ruhig, aber jetzt läuft er total müde rum. Er zweifelt an seiner Vaterrolle. Das äußert sich in der Bemerkung, es sei ihm egal, was nachts ist, dann sei er nämlich müde. Ist das die Mutter nicht auch? Es zeigt sich weiterhin in der Tatsache, dass er nicht mehr gern mit Matthias spielt, sich bedrängt fühlt. Er kritisiert an den Stillzeiten herum und stört Matthias in einem fort.

4:30 Uhr

Er ist eifersüchtig auf die Mutter. Das äußert sich in der Tatsache, dass er sagt, Els macht alles falsch. Donnerstag bekommt er eine richtige Wut auf Els, weil angeblich nichts mehr normal läuft. Freitag, weil sie behauptet, sie kann sich jetzt endlich in Matthias einfühlen. Er knallt mit den Türen und dann brennen bei ihm alle Sicherungen durch. Els versucht ihn zu beruhigen, aber er kann nicht beweisen, dass er sich unter Kontrolle hat. Das größte Problem sind die Nächte. Es geht ihm vor allem um das Stillen. Einerseits will er Vater sein, andererseits zweifelt er stark an seinen Fähigkeiten als Vater. Er ist ruhelos, gehetzt. Vorhin wollte ich Bert auf psychologische Weise klar machen, dass er durcheinander ist und so nicht zu sich selbst finden kann. Er hat ganz klar Probleme. Manchmal erkennt er mich nicht mal. Er hat irgendwie Angst, denkt, ich hätte zu hohe Erwartungen. Aber eins muss er bedenken, nämlich, dass ich psychisch auch noch nicht wiederhergestellt bin. Er war schlimmer durcheinander als ich derzeit. Allerdings hat er die Neigung, die Dinge aus einer falschen Perspektive zu sehen. Mit allem Möglichen nervt er mich, obwohl wir was ganz anderes abgemacht hatten. Dann kommt er und sagt mir, er würde sich doch ziemlich Sorgen um mich machen. Er spielt auch kaum mehr mit Matthias, sondern ist völlig verkrampft, weil er merkt, dass er sich nicht in seinen Sohn einfühlen kann. Irgendwie ist er eifersüchtig, weil Els Matthias schon so gut kennt oder so tut als ob. Er läuft abwesend durch die Wohnung. Donnerstag (Besuch bei Dr. van Dijck) wirft er Els vor, sie würde Matthias' Rhythmus durcheinander bringen. Freitagnacht kam er zweimal wütend ins Bad gerannt, weil er meinte, Els soll jetzt nicht stillen. Trotzdem kann sie sich seit heute Nacht noch besser in Matthias einfühlen und hat zum ersten Mal den intensiven, warmen Drang verspürt, ihn zu stillen. Aber Bert kann das nicht schätzen. Er regt sich auf, wenn ich sage, dass ich mich zum ersten Mal richtig in Matthias einfühlen kann: Eifersucht?

Jetzt fragt er, was mit »diesem Kind« los sei. »Mit Matthias?«, frage ich zurück. »Nichts, dieses Kind ist ungeheuer glücklich. Dieses Kind hat eine sehr liebevolle Mutter. Dieses Kind hat noch nichts Unrechtes getan. Zusammen schaffen wir alles. Aber diesem Kind fehlt der Vater. Guck doch, er will spielen. Nun nimm ihn doch endlich und spiel mit ihm!!! Was ist bloß in dich gefahren?!?« Schweigen. Ich lasse Bert allein. Er soll sich in aller Ruhe klar machen, dass er jetzt Vater ist. Seit 14 Tagen und ein paar Stunden ... eine Ewigkeit. Eine Wiedervereinigung der drei wichtigsten Menschen in meinem Leben: mein lieber Papa, mein lieber Bert und mein wunderbarer Matthias.

Samstag, 18. April

Im Badezimmer, 11:10 Uhr: Ich denke über den Anruf heute Früh um 6:30 Uhr aus der Telefonzelle nach.

Was hat Papa gleich wieder gesagt? Erst hatte ich Mama an der Strippe. Sie wollte nicht reden und sagte, ich solle schlafen. Ich schnauzte sie an. »Du bist krank, geh schlafen!«, sagte sie. Ich: »Halt den Mund!« Papa hört am anderen Apparat mit. Ich bin sehr hässlich zu ihr. Sage, das sei ein persönlicher Anruf und ich wolle mit Papa reden. Es knackt in der Leitung. Papa sagt: »Was ist denn nur los? Mein Himmel, ich bin doch kein Psychologe!« Er ist sehr lieb und ruhig. Ich sage, sie würden behaupten, dass ich krank sei. Alle, sogar Bert, den ich trotzdem liebe. »Papa, du weißt doch, dass es nicht so ist. Du kennst mich doch als das unglückliche Mädchen, das für alles eine psychologische Erklärung gesucht hat. Ich bin gefestigt. Und ich will meine Ruhe haben. Ich habe sie gehasst und ich will sie noch nicht sehen. Dich schon, du frisch gebackener Großvater. Und die Taufe? Du weißt doch, dass wir nicht an Gott glauben, warum muss es dann unbedingt sein? Matthias ist doch bei der Gemeinde gemeldet. Ohne alberne Rituale, warum darf er sich denn nicht selbst entscheiden?« »Ganz ruhig«, sagt Papa, »meinetwegen ist das nicht nötig. Und sei versichert, dass wir euch in Ruhe lassen.«

Er besteht nicht mehr auf die Taufe. Das Problem ist gelöst. Bert kann zufrieden sein.

Ein paar Stunden später klingelte das Telefon. Ich ging ran. Eine zarte, freundliche Stimme: »Elschen und Inge!« Mamas Stimme aus der Zeit, als ich noch ein Baby war. »Wer spricht da?« Es wurde aufgelegt. Verwirrt und ängstlich nahm ich den Hörer gleich wieder in die Hand. Ich wählte die Nummer meiner Eltern. Mama nahm ab. »Warst du das, gerade eben am Telefon?«, fragte ich. »Nein«, sagte sie, »ist was passiert? Geht's dir gut?« Ich traute der Sache nicht, es geschehen so seltsame Dinge.

Wie äußert sich ein manischer Schub?

Das Krankheitsbild der Manie wirkt auf den ersten Blick recht klar. Laut DSM-Handbuch* (Kasten 1 auf Seite 68) befindet sich der manische Patient in einem Zustand permanenter Erregung. Er redet wie ein Wasserfall, springt von einem Thema zum anderen, ist extrem schnell abgelenkt – das kleinste Detail erregt seine Aufmerksamkeit –, ständig beschäftigt und zudem anscheinend durch nichts zu ermüden. Andy Behrman beschreibt den Zustand in seinem Buch *Electroboy* sehr treffend: »Manie hat damit zu tun, dass man sich verzweifelt bemüht, auf einer leidenschaftlichen Ebene zu leben, sich beim Essen eine zweite und dritte Portion zu genehmigen, dazu Alkohol, Drogen, Sex und Geld, mit dem Versuch, ein ganzes Leben an einem einzigen Tag zu leben.«

---

* *Zur Beschreibung psychischer Störungen wird weltweit ein und dasselbe »Diagnosehandbuch« benutzt. Es handelt sich um ein Klassifizierungssystem aller psychischen Störungen, in dem sämtliche Symptome aufgezählt sind, die der Betreffende aufweisen muss, damit eine bestimmte Diagnose gestellt werden kann. Das Buch heißt DSM-IV, Diagnostic and Statistical Manual of Mental Disorders (Diagnostisches und Statistisches Manual Psychischer Störungen, DSM-IV-TR) und liegt seit 1994 in vierter Auflage vor.*

Der manische Mensch erlebt ein Stimmungshoch, und zwar so ausgeprägt, dass er nicht mehr mit beiden Füßen auf dem Boden steht. Er hat so viel Energie und Selbstvertrauen, dass er die unwahrscheinlichsten Pläne schmiedet, viel zu viel Geld ausgibt und insbesondere seine eigenen Möglichkeiten maßlos überschätzt.

Somit ist die Diagnose nicht schwierig. Allerdings nur manchmal, denn eine solche »reine« Manie macht nur etwa die Hälfte aller Schübe aus. Längst nicht immer ist der Betroffene euphorisch gestimmt; oft wechselt seine Stimmungslage und mitunter ist sie auch depressiv gefärbt. Bei etwa 80 Prozent der Maniepatienten liegt zudem eine ausgesprochene Reizbarkeit vor. Die Stimmungslage hängt teils von der Ausprägung der Manie ab. Menschen mit einer Hypo-

Symptom	Häufigkeit (in Prozent)
Gehetztes Sprechen	98
Übermäßiger Rededrang (Logorrhö)	89
Psychomotorische Agitiertheit/Hemmung	87
Vermindertes Schlafbedürfnis	81
Reizbarkeit	80
Übersteigertes Selbstwertgefühl	78
Depressive Stimmung	72
Euphorie	71
Rasende Gedanken (Ideenflucht)	71
Wechselnde Stimmung	69
Erhöhte Ablenkbarkeit	68
Psychotische Anzeichen	66
Verstärkter Sexualtrieb	57
Neigung zu ungewöhnlichen Unternehmungen	55
Gewaltanwendung	49
Verstärkte Religiosität	39

Tabelle 2: **Symptome der Manie (Goodwin & Jamison 1990)**

manie fühlen sich eher euphorisch, bei einer echten Manie dagegen kommen öfter »Verstimmungen« wie Wutanfälligkeit vor.

Die verschiedenen Symptome der Manie sind in Tabelle 2 auf Seite 67 aufgelistet. In der zweiten Spalte ist jeweils der Prozentsatz von Patienten angegeben, die das entsprechende Symptom aufweisen, wenn sie eine Manie erleben.

A. Eine deutliche Phase einer abnorm und anhaltend gehobenen, expansiven oder reizbaren Stimmung, die mindestens eine Woche andauert (oder beliebige Zeitdauer, wenn eine stationäre Behandlung erforderlich ist).

B. Während der Phase der Stimmungsstörung sind anhaltend drei oder mehr der folgenden Symptome (vier Symptome, wenn nur Gereiztheit vorliegt) in signifikanter Ausprägung bemerkbar:
 1. Übersteigertes Selbstwertgefühl oder Größenideen
 2. Vermindertes Schlafbedürfnis (man fühlt sich erholt nach nur drei Stunden Schlaf)
 3. Außergewöhnliche Gesprächigkeit oder Rededrang
 4. Ideenflucht oder der subjektive Eindruck, dass die Gedanken rasen
 5. Erhöhte Ablenkbarkeit (die Aufmerksamkeit wird sehr leicht durch unwichtige oder irrelevante äußere Reize stimuliert)
 6. Erhöhte Betriebsamkeit (sozial, beruflich, in der Schule, sexuell) oder psychomotorische Unruhe
 7. Excessive Beteiligung an lustvollen Unternehmungen, die mit großer Wahrscheinlichkeit unangenehme Konsequenzen nach sich ziehen (hemmungslose Kauforgien, sexuelle Ausschweifungen, sinnlose Geschäftsinvestitionen).

C. Die Symptome erfüllen nicht die Kriterien einer gemischt bipolaren Episode.

D. Die Stimmmungsstörung ist so ausgeprägt,
 - dass berufliche oder alltägliche soziale Aktivitäten oder Beziehungen mit anderen Menschen schwer beeinträchtigt werden,
 - oder dass eine stationäre Behandlung zum Schutz vor Eigen- oder Fremdgefährdung erforderlich ist,
 - oder es liegen psychotische Merkmale vor.

E. Die Symptome beruhen nicht auf direkten körperlichen Wirkungen von Substanzen.

Kasten 1: **DSM-IV-Kriterien einer manischen Episode**

Wie unterscheiden sich Manie und Hypomanie?

Eine Hypomanie ist eine abgeschwächte Form der Manie (die griechische Vorsilbe »hypo« bedeutet »unter«). Ihre Symptome sind denen einer Manie vergleichbar (im Diagnosehandbuch *DSM-IV* sind die gleichen Symptome verzeichnet). Der wesentliche Unterschied besteht darin, dass eine Hypomanie den Alltag, das Berufs- und Sozialleben des Betroffenen nicht gravierend beeinträchtigt. Im Gegenteil: Hypomanische Episoden können sehr kreative und produktive Phasen sein. Das Selbstvertrauen ist erhöht und alles gelingt – subjektiv empfunden – besser. Man braucht weniger Schlaf, sprüht vor Energie und das Blut scheint schneller durch die Adern zu pulsieren. Der Terminkalender des hypomanischen Menschen ist voll: Jeden Abend geht er aus oder hat eine Verabredung.

Flüchtige Bekannte des Betreffenden gewinnen den Eindruck, einen lebhaften, gut gelaunten Menschen vor sich zu haben. Personen, die ihn aber besser kennen, stellen fest, dass er anders ist als sonst. Letzteres kann als Anhaltspunkt dienen: Will man herausfinden, ob man hypomanisch ist oder nicht, kann man beispielsweise den Partner oder besten Freund fragen. Bestätigt dieser, dass man tatsächlich »anders ist als sonst« oder »in letzter Zeit ein ungewöhnliches Tempo vorlegt«, so ist das ein wichtiger Hinweis.

Die häufigsten Symptome der Hypomanie sind in Tabelle 3 aufgeführt.

Vermindertes Schlafbedürfnis	Mehr Freude an der Arbeit	Verstärkter Rededrang
	Mehr soziale Aktivitäten	Gesteigerter Sexualtrieb
Mehr Energie	Zu hohe Geldausgaben	Sehr optimistische Haltung
Mehr Selbstvertrauen	Mehr Pläne als sonst	Mehr Neigung zu lachen
Mehr Aktivitäten	Weniger Zurückhaltung	Beschleunigtes Denken

Tabelle 3: **Die häufigsten Symptome der Hypomanie (nach Angst 1998)**

Laut DSM-Handbuch muss eine hypomanische Episode mindestens vier Tage anhalten. Forschungen haben jedoch ergeben, dass bei relativ vielen Patienten die hypomanischen Episoden sehr kurz sind und zumeist nur einen Tag bis drei Tage dauern.

Eine Hypomanie kann wieder abklingen oder aber sich zu einer Manie steigern. Mitunter kündigt sie auch eine Depression an.

Von den Betroffenen selbst wird die Hypomanie vielfach nicht als Beeinträchtigung empfonden, sodass sie keinen Anlass sehen, den Arzt aufzusuchen. Daher bleiben die meisten hypomanischen Episoden unbehandelt. Ist man bereits wegen einer bipolaren Störung in Behandlung und tritt eine Hypomanie auf, so braucht die Behandlung nicht notwendigerweise gravierend verändert zu werden, zumal dann, wenn der Patient bisher keine Manie hatte und frühere hypomanische Phasen ohne größere Probleme vorübergegangen sind.

Wie verläuft ein manischer Schub?

Ein manischer Schub verläuft typischerweise in drei aufeinander folgenden Stadien: von Hypomanie über Manie bis zur Psychose.

Im *ersten Stadium* hebt sich die Stimmung des Betroffenen, er wird aktiver und hat deutlich mehr Selbstvertrauen. Er denkt zwar noch zusammenhängend, doch oft beschleunigt sich der Gedankenfluss und es zeigt sich eine gewisse Reizbarkeit. Dieses erste Stadium entspricht in etwa der Hypomanie.

Im *zweiten Stadium* steigert sich die Aktivität weiter, der Patient spricht viel und schnell und ist unablässig mit allem Möglichen beschäftigt. Behrman beschreibt diesen Zustand so:

»Ich habe eine Unmenge Energie, die ich nicht bezähmen und nicht steuern kann. Ich erstelle zwanghaft Listen mit Dingen, die ich erledigen muss, Jobs, die ich machen könnte, Leuten, die ich anrufen will, Sachen, die ich kaufen muss, und Arztterminen. Erledigen kann ich davon nichts. Mir schwirrt der Kopf – ich kann das alles nicht mehr erfassen.«

Die Stimmung wechselt und zeigt sich oft als eine Mischung aus Euphorie und Dysphorie. Die im ersten Stadium aufgetretene Reizbarkeit kann nun in Feindseligkeit und Wut umschlagen. Das Denken beschleunigt sich weiter, die Gedanken springen unkontrolliert hin und her und sind für andere kaum mehr nachzuvollziehen. Hinzu kommen oft Größenideen oder Misstrauen.

In manchen Fällen setzt sich die Manie mit einem *dritten Stadium* fort, einem eindeutig psychotischen Zustand (siehe Kapitel 4), in dem der Patient oft nicht mehr gehobener Stimmung ist, sondern Ängste hat und sich bedroht fühlt. Das Denken, das bereits im vorangegangenen Stadium schwer nachvollziehbar war, ist nun völlig unzusammenhängend und wirr. Es können akustische und optische Halluzinationen auftreten, sprich: Der Patient hört Stimmen oder sieht Dinge, die gar nicht da sind. Oder es kommen bizarre Wahnvorstellungen auf.

An dieser Stelle sei noch einmal darauf hingewiesen, dass die Manie bei Menschen mit einer Bipolar-II-Störung nie über das erste Stadium hinausgeht, während bei der Bipolar-I-Störung oft alle drei Stadien auftreten. Wie lange sie jeweils andauern, ist sehr unterschiedlich; in der Regel ist ein manischer Schub jedoch nach ein paar Wochen überstanden. Manchmal klingt die Manie schrittweise ab (vom dritten über das zweite und erste Stadium), sehr oft aber fallen die Betroffenen ganz plötzlich in ein »tiefes Loch«.

In Els' Geschichte sind vor allem die ersten zwei Stadien dieses klassischen Verlaufs einer Manie erkennbar. Die ersten Anzeichen zeigen sich unmittelbar nach der Geburt. Was Els erlebt, lässt sich als dysphorische Erregung bezeichnen. »Dysphorisch« bedeutet in etwa »gedrückt« oder »verstimmt« und somit das Gegenteil von euphorisch (hochgestimmt). An den Tagen, die dem Schub vorangehen, lässt sich daher oft nicht sagen, ob nun eine Depression oder eine Manie bevorsteht. Els' Stimmung ist jedenfalls eher gedrückt. Sie fühlt sich gehetzt und angespannt, findet kaum Ruhe und bricht des Öfteren in Tränen aus. Die Gespräche mit ihrem Mann steigern ihre Erregung nur noch – nichts und niemand kann sie mehr beruhigen. Für Els wird es immer schwieriger, ihre Aufgaben als junge Mutter zu überschauen und zu bewältigen. Es fehlt ihr jegliche Struktur. Dass sie von den Krankenschwestern in Bezug auf das Stillen widersprüchliche Ratschläge bekommt, verwirrt sie noch mehr. Els sieht immer mehr Probleme. Sie verfällt in Hektik und kann sich kaum noch von dem, was um sie herum passiert, distanzieren. Die Schwestern, die »zur Unzeit« in ihr Zimmer kommen, sieht Els zunehmend als Verursacherinnen ihres Zustandes an.

Als sie wieder zu Hause ist, geht die »dysphorische Erregung« nach wenigen Tagen plötzlich in das zweite Stadium über: einen manischen Erregungszustand. Els' Aufmerksamkeit erhöht sich und zugleich ist sie sehr schnell abgelenkt und mit allem zugleich beschäftigt: »Kaffee, nein, erst Ofen, dann Kaffee … das neue Hemd, das in Essigwasser eingeweicht ist, nicht vergessen … die Babytragetasche muss auf das Gestell.« Els redet mehr und schneller und schreibt auch anders. Die kurzen Sätze ihrer nächtlichen Aufzeichnungen spiegeln das Tempo, mit dem der manische Sturm aufkommt. Und dann läuft auf einmal alles wie am Schnürchen. Matthias' Schreien macht sie nicht mehr nervös. Els ist allem gewachsen und fühlt sich gut. Sie liebt das Leben und sich selbst, sie hat wieder Interesse an Sex. »Die Sonne scheint.«

Zugleich wächst ihr Ärger auf die Klinik. Els sieht sich als verkanntes und misshandeltes Opfer: »Ich hätte ohne weiteres sterben können.« Erst verspürte sie lediglich Unmut, jetzt ist sie mehr und mehr davon überzeugt, das Personal hätte sie um Verzeihung bitten müssen. Und später meint sie, dass ihr doch eigentlich Schadensersatz zustehe. Mehr noch: Ihre Geschichte scheint ihr »ein Thema für die Medien«, denn was ihr passiert ist, sei letztendlich »ein grober Verstoß gegen die Menschenrechte«. Der anfängliche Unmut wird durch das manische Denken auf nahezu groteske Weise aus dem Zusammenhang gerissen. Schon bald bestimmt die Manie Els' Leben so sehr, dass sie im Alltag kaum mehr zurechtkommt. Sie wird in eine Klinik eingewiesen.

Was sind Mischzustände?

Eine Manie ist, wie bereits erwähnt, längst nicht immer ein Zustand extremer Hochstimmung, wie gemeinhin angenommen. In etwa der Hälfte der Fälle zeigen sich bei einem manischen Schub nicht nur typische Merkmale der Manie, sondern auch der Depression. Die zwei Pole – der manische und der depressive – bilden in der folgenden Abbildung 6 die zwei Achsen.

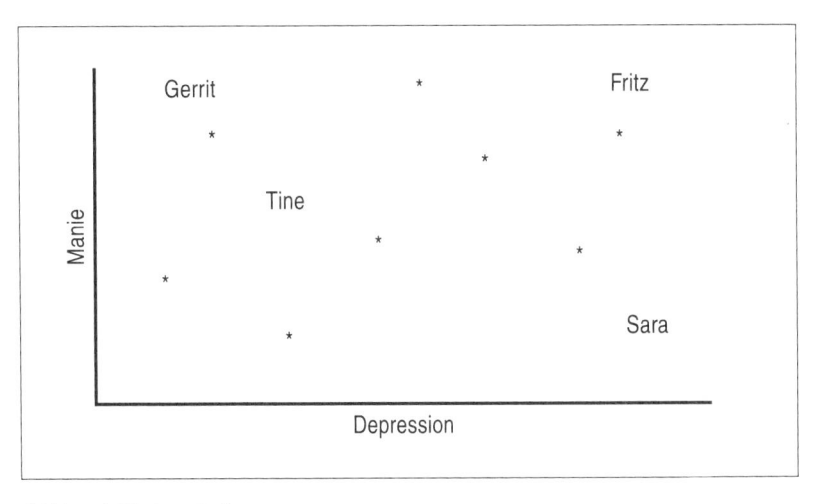

Abbildung 6: **Mischzustände**

Auf der Abbildung 6 ist Gerrit ausgeprägt manisch und Sara schwer depressiv. Fritz wiederum ist manisch und depressiv zugleich: Er zeigt die typische »gemischte Episode« mit sämtlichen Symptomen der Manie sowie der Depression. Bei Tine liegen eindeutig manische

Symptome vor und dazu, wenn auch in geringem Umfang, depressive. Diesem Modell zufolge zeigen sich bei einem Schub stets Merkmale beider Pole, und zwar mehr oder weniger stark ausgeprägt; für diese Zustände existiert – neben Hypomanie und Manie – eine Vielzahl von Begriffen wie gemischte Manie, »état mixte«, »mixed state«, euphorische Manie, dysphorische Manie, depressive Manie ...

Zwischen den verschiedenen Formen zu unterscheiden ist wichtig, weil es künftig unterschiedliche Behandlungsmethoden dafür geben könnte. Bekannt ist zum Beispiel schon, dass das klassische Krankheitsbild – die euphorische Manie – besser auf eine Behandlung mit Lithium anspricht als die Mischzustände.

Folgt auf einen manischen grundsätzlich ein depressiver Schub?

Keineswegs immer, aber sehr häufig folgt der Manie eine Depression. Zum einen bringt die Erkrankung physiologische Schwankungen mit sich, zum anderen stellt sich nach der Manie eine schmerzliche Ernüchterung ein. Oft gilt es auch, Scherben zusammenzufegen, sei es im sozialen, beruflichen oder finanziellen Bereich. Die Frustration darüber ist groß, sodass eine Depression nahe liegt.

Bei der manisch-depressiven Störung folgen nicht immer, wie viele glauben, Manie und Depression in ständigem Wechsel aufeinander. Es gibt Patienten, die ein einziges Mal eine Manie und ansonsten ausschließlich depressive Phasen erleben. Bei anderen wieder folgt dem manischen Schub eine lange stabile Periode, bevor sie erneut manisch werden und danach eine Depression erleben. Wieder andere sind im Verlauf von Jahren mehrmals depressiv und erleben erst danach eine hypomanische Episode. Die Aufeinanderfolge von Hochs und Tiefs (»himmelhoch jauchzend, zu Tode betrübt«) kommt natürlich auch vor.

Welche Ursachen hat eine Manie?

Manien sind Teil der manisch-depressiven Störung. Ihre Ursachen sind hauptsächlich genetisch, aber auch umweltbedingt. Manisch kann also nur werden, wer eine entsprechende Anfälligkeit für eine bipolare Störung hat.

Ein erster manischer Schub wird meist von starkem Stress ausgelöst. Für viele Frauen ist die Geburt eines Kindes ein solcher Stressfaktor – der Stress muss somit nicht notwendigerweise mit negativen Ereignissen zusammenhängen. Auch eine Heirat, ein Umzug oder eine Reise können Stressfaktoren sein. Oft wird der erste Schub von einem eindeutig auszumachenden Stressereignis verursacht, während die im weiteren Verlauf der Erkrankung auftretenden Schübe sich oft nicht ursächlich zuordnen lassen.

Was ist eine sekundäre Manie?

Eine Manie kann, wenn auch selten, von bestimmten Medikamenten oder körperlichen Krankheiten verursacht werden. Eine bipolare Störung im eigentlichen Sinne liegt dann nicht vor. Die Manie ist viel eher eine »Nebenwirkung«. Bipolar Erkrankte sind in der Regel besonders anfällig für Manien, die von Medikamenten herrühren – daher ist bei der Verordnung Vorsicht geboten.

Tritt beispielsweise bei einem über 35-jährigen Patienten, der wegen körperlicher Beschwerden in der Klinik liegt, eine Manie auf und hat er keine bipolar erkrankten Verwandten, liegt sehr wahrscheinlich eine sekundäre Manie vor. Eine eingehende körperliche Untersuchung sowie ein Bluttest sind dann erforderlich. Bei einer sekundären Manie muss an erster Stelle die Ursache beseitigt werden. Zugleich wird meist auch eine Behandlung mit einem Stimmungsstabilisierer, etwa Valproinsäure, oder einem Antipsychotikum eingeleitet.

Medikamente

Levodopa	Medikament gegen die Parkinson'sche Krankheit
Phenylephrin	Medikament, das das Abschwellen der Nasenschleimhaut fördert
Bronchodilatoren	Medikamente, die die Luftwege erweitern
Corticosteroide	Medikamente mit entzündungshemmender Wirkung
Adrenocorticotropes Hormon	Hormon, das die Nebennierenrinde stimuliert
Antidepressiva	Medikamente gegen Depressionen

Stoffwechselstörungen

Hyperthyreose	Überfunktion der Schilddrüse

Neurologische Störungen

Temporale Epilepsie	Bestimmte Form der Epilepsie
Multiple Sklerose	Krankheit, bei der in Gehirn und Rückenmark Entzündungen auftreten
Verletzungen/Infarkte in der rechten Hirnhälfte	Blutungen oder Gerinnsel in der rechten Hirnhälfte

Manche Gehirntumore

Tabelle 4: **Die häufigsten Ursachen für sekundäre Manien (McDaniel & Sharma 2002)**

Wie wird ein manischer Schub behandelt?

Bei der Behandlung einer Manie geht es zuallererst darum, dass der manische Sturm möglichst schnell abflaut. Rasches und zielgerichtetes Handeln ist geboten, damit keine Zeit verloren geht. Wenn es sich

```
                            MANIE
                              |
            ┌─────────────────┴─────────────────┐
            ▼                                   ▼
       ERSTE MANIE                         ERNEUTE
            |                               MANIE
            ▼                                   |
       Stimmungs-                               ▼
       stabilisierer                  Dosierung der Stimmungs-
            |                          stabilisierer anpassen
            |                                   |
            └─────────────────┬─────────────────┘
                              ▼
             + Antipsychotikum, falls ausgeprägt
             + Schlafmittel bei Schlafstörungen oder Unruhe
                              |
                              ▼
                    2 Stabilisierer oder
                 Stabilisierer + Antipsychotikum
```

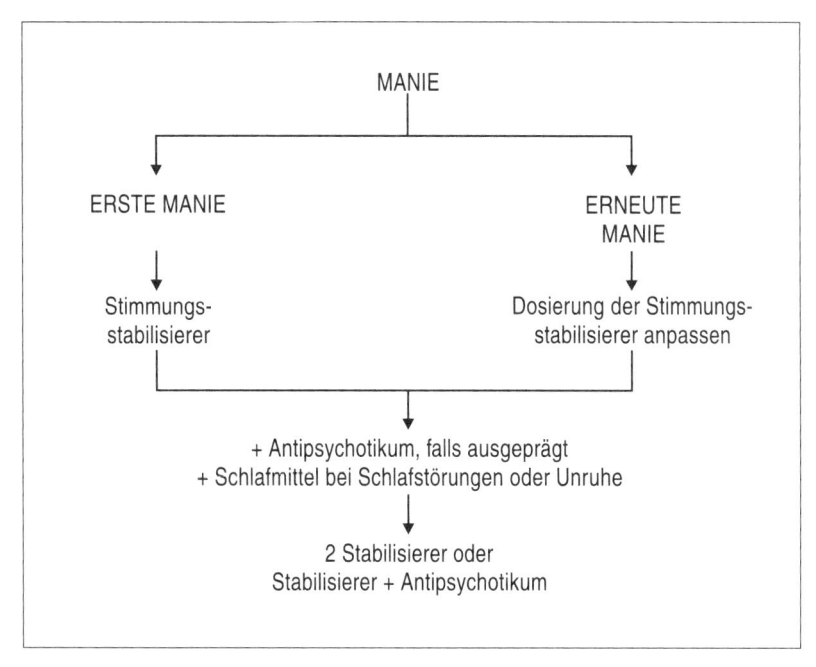

Abbildung 7: **Behandlung der Manie**

um einen ersten Schub handelt, stellt sich das Problem, dass weder der Betroffene noch seine Angehörigen beziehungsweise seine Umgebung sich über den Zustand im Klaren sind. Meist wird deshalb erst dann eingegriffen, wenn die Situation außer Kontrolle gerät. Daher werden die meisten erstmals manischen Patienten in eine Klinik eingeliefert, und zwar oft gegen ihren Willen (siehe Kapitel 3).

Der erste Schritt bei einer erstmals auftretenden Manie ist die Gabe eines Stimmungsstabilisierers wie Lithium oder Valproinsäure. Die Wirkstoffe, die Dosierung der Mittel und ihre Nebenwirkungen sind in Kapitel 8 ausführlich beschrieben.

Nimmt der Patient bereits einen Stabilisierer und wird er dennoch erneut manisch, so wird zunächst die Konzentration der Medikamente im Blut geprüft und, wenn nötig, die Dosis erhöht.

Wirkt der Stabilisierer unzureichend, kann zusätzlich ein zweiter gegeben werden. Eine weitere Möglichkeit ist die Kombination eines Stabilisierers wie Lithium oder Valproinsäure mit einem Antipsychotikum, etwa Olanzapin oder Risperidon (Antipsychotika sind antimanisch wirksam).

Wenn der Patient eine leichte Manie erlebt, werden Antipsychotika (siehe Kapitel 9) manchmal allein, das heißt ohne Stimmungsstabilisierer, eingesetzt. Dies war bei Els' letztem manischen Schub der Fall. Sie bekam sofort ein Antipsychotikum (Olanzapin), das sie rasch beruhigte und besser schlafen ließ. Nachdem sie zur Ruhe gekommen war, konnte ein Gespräch über ihre Diagnose und über eine langfristige Behandlung mit einem Stimmungsstabilisierer geführt werden.

Bei schweren Schlafstörungen und großer Unruhe werden oft auch Beruhigungs- und Schlafmittel (siehe Kapitel 9) verschrieben, und zwar mit der Maßgabe, dass diese nach kurzer Zeit niedriger dosiert und abgesetzt werden.

Muss eine Hypomanie behandelt werden?

Ob eine Hypomanie behandlungsbedürftig ist, hängt vom Krankheitsbild insgesamt ab. Bei Menschen, die beispielsweise noch nie eine Manie, aber schon öfter Depressionen und tageweise Hypomanien hatten – das heißt: an einer Bipolar-II-Störung leiden –, ist eine Behandlung der Hypomanie nicht grundsätzlich nötig. Ebenso wenig muss die Behandlung (so sie bereits eingeleitet ist) zwingend geändert werden.

Wichtig ist aber, dass der Arzt kontrolliert, ob sich im Blut eine ausreichend hohe Konzentration des Wirkstoffs des Stimmungsstabilisierers befindet, beziehungsweise dass er diesen eventuell etwas höher dosiert. Möglicherweise müssen die verordneten Antidepressiva niedriger dosiert oder sogar ganz abgesetzt werden, insbesondere bei sehr häufigem Wechsel zwischen Hochs und Tiefs, denn Antidepressiva können Manien begünstigen und einen noch schnelleren Phasenwechsel bewirken.

Hat der Betreffende bereits eine Manie hinter sich – und ist damit Bipolar-I-Patient –, dann ist die Hypomanie als Alarmzeichen zu werten, zumal sie Vorbote eines manischen Schubs sein kann. In diesem Fall muss die Behandlung unbedingt angepasst werden.

Als Erstes wird gegebenenfalls der verordnete Stimmungsstabilisierer höher dosiert, nachdem seine Konzentration im Blut ermittelt wurde. Prägt sich die Hypomanie aus, müssen die Antidepressiva niedriger dosiert oder abgesetzt werden. Eventuell verschreibt der Arzt auch nur ein Schlafmittel, damit der Patient nachts Ruhe findet und keine Manie ausbricht. Oft wird auch ein Antipsychotikum (etwa Olanzapin oder Risperidon) gegeben, das beruhigend und damit einer Manie entgegenwirkt.

Eine Hypomanie ist somit nicht immer ein Grund zu großer Besorgnis; wenn der Betroffene jedoch an einer Bipolar-I-Störung leidet, muss bedacht werden, dass sie eine Manie ankündigen kann.

3 Festgebunden

Einweisung in die Psychiatrie

Die Einweisung zur stationären Behandlung in eine Klinik ist kein Vergnügen. Sie wird immer als belastend empfunden, insbesondere wenn es sich um eine psychiatrische Klinik handelt.

Auch für Els war der erste Klinikaufenthalt eine traumatische Erfahrung. Sie erlebt die Klinik nicht als sichere, sondern als feindliche Umgebung. Zunächst ist ihr völlig unklar, was passiert ist. Sie wacht in einem fremden Bett auf, ihre Handgelenke sind festgebunden. Wie – um Himmels willen – ist sie hier gelandet?

Die erste Einweisung: Els' Geschichte

Sonntag, 19. April

Als ich aufwachte, merkte ich sofort, dass ich mich in einer fremden Umgebung befand. Alles war weiß. Ungewohnte Laute drangen an mein Ohr. Auf einem Tischchen neben mir stand eine Apparatur. Lichtchen blinkten und eine Art Summen war zu hören. Weiter weg sah ich ein Waschbecken. Ich selbst lag in einem Bett unter einer schneeweißen Decke. Mein Atem ging schwer; mir war, als würde ich keine Luft kriegen. Als ich den Blick hob, bemerkte ich ein Röhrchen. Es war offenbar an meiner Nase festgemacht. Daher die Atemnot. Ich wollte es abreißen. Vergeblich versuchte ich meine Arme zu bewegen. Meine Hände waren am Bett festgebunden! Panik kam in mir hoch. Um mich zu beruhigen, sagte ich mir, das Ganze müsse ein Traum sein. Kühlen Kopf bewahren und die Gurte abmachen. Eigentlich waren es keine Gurte, eher eine Art Baumwollstreifen, wie von einem Bettlaken abgerissen. Ich zerrte, es tat weh. Die Streifen schnitten mir in die Handgelenke. Langsam lockerten sie sich. Da fiel mir plötzlich auf, dass der Apparat nicht mehr summte. Ein rotes Lämpchen blinkte rhythmisch und ein Alarmton setzte ein. Mein Gott, was für ein irrer Traum! Wieder lockerten sich die Gurte ein wenig. Mühsam zwängte ich meine Hände heraus. Ich betastete meine Nase. Das Röhrchen war anscheinend mit einem Pflaster festgemacht. Ich riss das Ding ab und konnte wieder durchatmen. Etwas hinderte mich daran, meinen rechten Arm frei zu bewegen. Wie ich feststellte, war da eine Infusion! Ohne zu überlegen, zog ich die Kanüle heraus. Es tat kurz weh und ein Tropfen Blut quoll aus der kleinen Wunde. Der Alarmton war jetzt durchdringend. Nachdem ich auch noch meine Füße von den Gurten befreit hatte, konnte ich aufstehen. Erst wurde mir schwindlig, ich fühlte mich wie benebelt. Ich machte die Tür auf und ging in den Flur. Links von mir war eine offene Tür. Im Zimmer eine Reihe Betten, dazwischen Trennwände. In den Betten lagen Menschen, die schrien und stöhnten. In einem Glasverschlag saß ... die Krankenschwester von gestern. War ich etwa im Krankenhaus?!?

Ich wurde in einen engen Raum getragen. Das Fenster war abgedunkelt. Nur ein Bett stand da. Sie waren zu sechst. Lauter unbekannte grinsende Gesichter. Sie hielten mich mit Gewalt fest. Ich sträubte mich. Schließlich gab ich meinen Widerstand auf. Sechs gegen einen, das war nicht fair. »Es war abgemacht, dass Sie Ihre Medikamente nehmen, Els.« Der Blick der Frau war eiskalt. Ich schätzte sie ein paar Jahre jünger als ich. Völlig perplex starrte ich sie an, mit offenem Mund. Dann lachte ich los: »Was, um Himmels willen, machen Sie da mit mir? Das ist ein Spiel, ich weiß es genau. Aber damit ist jetzt Schluss, ich will nach Hause. Bert und Matthias brauchen mich. Alles soll wieder so sein wie gestern. Da waren wir so glücklich.« »Hören Sie, Els. Sie müssen vernünftig sein und uns unsere Arbeit tun lassen. Wenn Sie Schwierigkeiten machen, muss ich Ihnen eine Spritze geben.« Der Griff der Frau wurde fester und ich spürte einen Einstich an der Pobacke. »Ihr Blödmänner«, rief ich, »hört auf mit dem Unsinn!« Sie hörten nicht auf mich und gingen einer nach dem anderen weg. Der Schlüssel drehte sich im Schloss. Ich war eingesperrt. Ich zerbrach mir den Kopf, warum dieser irre Traum einfach nicht aufhörte.

Jemand kam mit einem Koffer, meinem Koffer, in den kleinen Raum. »Wollen Sie nicht Ihr Nachthemdchen anziehen, Els?« Es war die gleiche Frau wie zuvor. Ich lachte sie aus. »Erstens ist das kein Nachthemd*chen*, sondern ein Nachthemd. Reden Sie nicht mit mir, als wäre ich ein Kleinkind. Und zweitens sehe ich nicht ein, was das für einen Sinn haben soll. Wozu ein Nachthemd? Zu Hause wartet meine Familie auf mich. Ich behalte meine Kleider an. Die habe ich gestern auch angehabt.« Ich fuhr über meinen weichen pastellfarbenen Pulli. »Ich will, dass alles wieder so ist wie gestern. Was machen Sie mit mir?« »Sie wissen sehr gut, dass Sie eine Weile hier bleiben müssen, Els, zu Ihrem eignen Besten. Und jetzt lassen Sie mich bitte nach Ihrer Brust sehen. Sie müssen doch Schmerzen haben.« Da erst wurde mir bewusst, dass ich schlimme Brustschmerzen hatte. Die Brüste waren steinhart. Milchstau natürlich. Wann hatte ich Matthias zum letzten Mal gestillt? Wütend sah ich die Frau an. »Sie haben mir mein Baby weggenommen! Wo ist Matthias?« Die Frau schwieg. Sie stand auf, ging zur Tür und zog sie hinter sich zu. Völlig verwirrt blieb ich zurück. Konnte das denn noch ein Traum sein? Er dauerte so ungewöhnlich lange. Allmählich wurde mir klar, dass es hier um die harte Wirklichkeit ging. Die Brustschmerzen bestätigten es und wurden zudem unerträglich. Ich wickelte die Binde ab und pumpte ab. Die Milch floss über das Bettzeug. Mir war das egal. Schließlich war es nicht mein Bett.

Montag, 20. April

Ich ging durch den langen Flur. Ein hässlicher, schlecht beleuchteter Flur. Eine Tür neben der anderen. Wohin führten diese Türen? Wer oder was befand sich dahinter? Ganz hinten ein Aufenthaltsraum. Klo, Klo, Dusche, Badezimmer, Abstellraum, ein Telefon an der Wand. Als ich zurückging, öffnete sich eine der interessanten Türen. Ein junger Mann kam, nein, schlurfte heraus. Er war unrasiert, sah stumpfsinnig und grau aus. Wie ein Zombie. Apathisch, abwesend guckte er mich an. Fast hätte ich die Fassung verloren ... wo war ich hier nur?

Als ich wieder in mein Zimmer kam, wartete dort Peter auf mich. Wer war Peter überhaupt? Mit seinem vollen Gesicht, dem blonden Haar und dem schelmischen Blick wirkte er zwar sympathisch, aber ich traute ihm nicht. Er war dabei gewesen, als sie mir eine Spritze gegeben hatten. Sogar festgehalten hatte er mich. Er stellte sich als Psychiatriepfleger vor. »Schön für Sie«, sagte ich, »aber was hab ich damit zu tun?« Ich wurde pampig. »Ich weiß sehr wohl, dass ich im Irrenhaus bin. Gerade eben hab ich so einen Verrückten aus einem Zimmer kommen sehen. Der arme Kerl, total schlecht sah der aus. Merken Sie denn nicht, dass ich hier nicht hergehöre? Ich bin völlig gesund. Lassen Sie mich nach Hause.« Peter lachte verständnisvoll. »Sie müssen noch ein Weilchen hier bleiben, Els.« Erst wollte ich aufbrausen. Woher nahmen die das Recht, mich einfach mit dem Vornamen anzusprechen? Dann sah ich ihn bestürzt an. »Warum muss ich hier bleiben?« »Weil es nötig ist.« Lachhaft. Warum drückten die sich nicht klar aus? Warum erklärte mir keiner den Grund dafür, dass ich im Irrenhaus war? Peter gab mir zu verstehen, dass er jetzt mit mir reden wollte. Ich war einverstanden. »Sie sind eine recht energische Person, Els, stimmt's?« Was sollte ich darauf antworten? Worauf wollte er überhaupt hinaus? Was tat das zur Sache? »Ja, und deshalb will ich sofort nach Hause, damit ich mich um Bert und Matthias kümmern kann!« Er sagte, ich solle mich nicht aufregen, Bert und Matthias kämen schon zurecht. Ich sei diejenige, die Hilfe brauchte. Spöttisch sah ich ihn an. Ich hatte genug von dem Blödsinn. Dieses Theater hing mir allmählich zum Hals raus. »Hören Sie jetzt auf mit dem dämlichen Spiel und lassen Sie mich nach Hause.« Er stand auf, klopfte mir ermunternd auf die Schulter und meinte, darüber würden wir ein andermal reden. Machtlos sah ich zu, wie er das Zimmer verließ. Niemand hörte mir zu.

Dienstag, 21. April

Nach dem Frühstück ging ich eine Weile in meinem Zimmer auf und ab. Es stand bereits fest: Auch heute würde sich meine Lage nicht wesentlich ändern. Nachdem sie mir am Morgen Medikamente aufgezwungen hatten, war mir das klar. Mit saurer Miene hatte ich den Sirup getrunken. Die Pille hatte ich unter der Zunge behalten und später in den Abfalleimer gespuckt. Aber abfinden wollte ich mich mit meiner Lage nicht. Ich würde selbst dafür sorgen, dass ich hier rauskam. Die Schwestern und Ärzte würde ich schon so weit kriegen und Bert sowieso. Ich war mir sicher, dass Bert mich zu Hause haben wollte. Das würde also kein Problem werden.

Weshalb in aller Welt die Klinik? Ich bin kerngesund. Warum stellt ihr mich auf die Probe? Wenn Bert nachher kommt, dann beeinflusst ihn bloß nicht. Redet ihm bloß nicht ein, es sei nötig, dass ich hier bleibe. Schließlich geht es mir gut. Ich will wieder am Leben teilhaben.

Die Zeit drängt! Bert und Matthias brauchen mich. Behandelt mich nicht mehr wie ein Tier, indem ihr mich in dieses Loch sperrt. Ich bin ein Mensch. Ich habe ein Recht auf Freiheit.

Ich sehne mich so danach, Matthias wieder zu stillen. Aber das habt ihr mir genommen. Ihr habt mir Matthias genommen. Wo ist er? Er hat hier zu sein, bei seiner Mama!

Gerade eben habe ich mit Bert telefoniert. Ich habe ihm gesagt, dass mit mir alles in Ordnung ist. Er soll mich hier abholen, zusammen mit Matthias. Er will nichts lieber, als mich mit nach Hause nehmen. Ich komme zu Hause schon zurecht. Ich werde eine gute Mutter sein. Wir müssen nur etwas zur Ruhe kommen. Uns an die neue Situation gewöhnen.

Was muss ich denn noch beweisen, damit ich hier rauskomme? Ich bin doch völlig entspannt und gesund.

Die Zeit drängt. Hört mir doch zu. Alle haben Angst, Bert, meine Eltern, alle anderen. Sie haben Angst, ich sei verrückt geworden. Das habt ihr ihnen doch eingeredet. Lasst mich hier raus, bevor ich wirklich verrückt werde!

Ich schreckte aus meinen Grübeleien hoch. Jemand kam ins Zimmer. Wieder einmal merkte ich, wie schon mehrfach die letzten Tage, dass ich alle meine Gedanken aufgeschrieben hatte. Das passte gut. Ich würde sie dem Mann, der sich zu mir an den Tisch gesetzt hatte, zu lesen geben. Erst jetzt sah ich ihn an. Er wirkte nicht direkt sympathisch. Mürrisch, bleich, müde und mit Ringen unter den Augen. Kein Typ, der einem Mut macht, sondern eher abschreckt mit seiner Gaunervisage. »Ich heiße Dr. Peters«, sagte der Mann, »ich bin Ihr Supervisor.« Tolle Wörter hatten die hier! Immerhin hatte ich es diesmal offenbar mit einem Fachmann zu tun. Nachdem er mir auch noch anvertraut hatte, er sei Psychiater, schien mir der Moment gekommen, ihm meine Aufzeichnungen zu übergeben. Viel zu schnell fing er wieder an zu reden. Meine Gedanken interessierten ihn überhaupt nicht. »Wir sollten über Ihre Gefühle sprechen. Wie fühlen Sie sich?« Ich verweigerte die Antwort. Was bildete der sich ein? Meine Gefühle standen auf dem Papier, er brauchte sie nicht noch mal zu hören. Wütend fuhr ich ihn an: »Ich wäre als Psychiater viel besser als Sie! Wenn ich sehen würde, dass ein Patient nicht hierher gehört, wenn er mir beweist, dass er kerngesund ist, dann würde ich ihn gehen lassen. Ich würde seinen Wunsch respektieren!« Offenbar hatte ich zu viel gesagt. Der Mann stand auf und sah mit kaltem Blick auf mich herab. Ohne ein weiteres Wort verließ er das Zimmer. Ich starrte die geschlossene Tür, die nackten Wände an.

»Schau mal, ist er nicht süß?« Matthias lag in der Tragetasche und hatte einen kleinen Skianorak an. Er sah so niedlich aus. Ich zog ihm die Jacke aus und hob ihn heraus. Innig drückte ich ihn an mich. »Haben wir den Anorak geschenkt bekommen?«, fragte ich naiv. Nach wie vor lebte ich in dem Wahn, alles wäre ein Spiel. Ich glaubte, dass mein Leiden nach der Entbindung die ganze Uniklinik auf die Missstände aufmerksam gemacht hätte und die Situation inzwischen drastisch verändert sei. Dass wir entschädigt würden. Ein wenig mitleidig sah Bert mich an. »Wir bekommen nichts geschenkt.« Noch einmal erklärte er mir alles. Wie ich hierher gekommen sei, dass ich an einer postpartalen Psychose litte und Betreuung brauchte, dass ich viele Medikamente nehmen müsse und Matthias deshalb nicht mehr stillen dürfe, dass ich allen Leid täte und sie mir alles Gute wünschten. Ich solle mich jetzt nicht weiter stur stellen, ich sei in guten Händen. Mein Kopf hämmerte. Wie konnte das nur sein? Eine postpartale Psychose – dabei fühlte ich mich blendend. Ungläubig sah ich ihn an. »Glaubst du diesen Unsinn etwa?«, fragte ich. Er schwieg. Wieder hielt ich ein Plädoyer für mich selbst. Wir kamen zu dem Schluss, dass ich besser mit nach Hause gehen sollte. Nachdem wir uns darüber einig waren, würde alles ganz einfach sein. Bert musste nur noch die Erlaubnis einholen, dass ich gehen konnte. Schließlich war es ein Verbrechen, eine Ehefrau so mir nichts, dir nichts festzuhalten. Sie hatten kein Recht, mich hier zu behalten, wenn mein Mann damit nicht einverstanden war.

Beruhigt wandte ich mich wieder meinem süßen Matthias zu. Ich herzte und küsste ihn. Die Tränen liefen mir über die Wangen. Warum lassen sie mich nicht mir dir zusammen sein? Habe ich denn noch nicht genug gelitten? Warum wird mir das große Glück, das du in mein Leben gebracht hast, nicht gegönnt? Weil es selten vorkommt, dass eine Mutter nach der Geburt überglücklich ist, stempeln sie das als Psychose ab. Und dann, so meinen sie, müsse die Mutter in Behandlung. Postnatale Depressionen wiederum sind »in«. Frauen, die damit zu kämpfen haben, sind auf freiem Fuß, obwohl sie für ihre Babys eine Gefahr darstellen. Ich dagegen habe gut für dich gesorgt und alles schön für dich hergerichtet. Mit so viel Liebe, und jetzt darf ich nicht mehr deine Mama sein. Ach, mein Matthias! Matthias guckte mich an. Er schmiegte sein Gesicht an meinen Pulli und begann mit offenem Mündchen zu suchen. Jetzt konnte mich nichts mehr abhalten. Die Spritzen, die ich bisher bekommen hatte, waren ja sowieso Placebos gewesen. Nur der Sirup und die Pillen waren echt, aber davon hatte ich ja nur am Morgen was bekommen. Entschlossen machte ich meine Brust frei. Matthias' Lippen schlossen sich sofort um die Warze. Gierig schmatzend trank er. Ein wohliges Gefühl überkam mich und der schmerzhafte Milchstau ließ langsam nach. Entspannt und liebevoll drückte ich Matthias' kleinen Körper an mich.

»Was fällt dir ein?«, rief Bert völlig außer sich vor Wut. Ich hatte die Tür nicht aufgehen hören. Angstvoll und sprachlos zugleich starrte ich ihn an. Wenn er so zornig war, musste es einen guten Grund dafür geben. Allmählich begann ich der Wirklichkeit ins Auge zu sehen: Ich durfte mein eigen Fleisch und Blut nicht mehr stillen, weil die Medikamente, die sie mir seit ein paar Tagen spritzten, echt waren. Das Ganze war kein Spiel, sondern harte Realität. Ich sei krank und müsse mich damit abfinden – die Worte drangen schmerzlich an mein Ohr. Krampfhaft drückte ich Matthias weiter an mich. Er hatte die Brustwarze losgelassen. Die Milch floss heraus. Ich weinte ohne Tränen.

Matthias war längst wieder weggebracht worden, als ich mich einigermaßen fasste. Mir wurde klar, dass Bert kein Wort über eine mögliche Rückkehr nach Hause gesagt hatte. Ich befürchtete das Schlimmste. Jetzt, da ich wieder allein war, kamen Zweifel auf. War es denn möglich, dass alle anderen sich irrten? Kannte ich mich selbst gut genug, dass ich mit Fug und Recht behaupten konnte, ich sei kerngesund? Waren da nicht doch merkwürdige Dinge mit mir passiert? Manchmal hatte ich den Eindruck, mich selbst nicht mehr zu kennen. Vorige Woche noch hatte ich das so empfunden. Und nach den Ereignissen der letzten Tage hatte ich nicht mehr über mich nachgedacht. Es war ja auch kaum möglich, dass ich mich mit mir selbst beschäftigte, wenn ich immerfort zu hören bekam, ich würde nicht mehr normal funktionieren. Was war in der Zwischenzeit alles geschehen? Meine veränderte Wahrnehmung der Dinge, der Eindruck, alles laufe wie am Schnürchen, alles sei schön und friedlich und jeder Mensch freundlich und einfühlsam, die Überzeugung, alles schaffen und auch tatsächlich in Angriff nehmen zu können, das Vorhaben, ein Buch zu schreiben, gegen die Missstände in der Klinik zu prozessieren und Schadensersatz zu fordern.

Samstag vor der Einweisung: Bert fühlte sich schlecht und müde und nahm Kontakt mit dem Dienst habenden Arzt auf. Der riet ihm, zur Notaufnahme zu gehen und dort einen Psychiater zu Rate zu ziehen. Ich war misstrauisch: »Sie werden dich dort behalten.« Das Gespräch mit Dr. van Dijck war mir ja noch gut in Erinnerung. Ich beschloss Bert zur Notaufnahme zu begleiten. Inzwischen war ich der festen Überzeugung, dass etwas Großartiges bevorstand. Auf einmal wusste ich es: Ich sollte zur Psychiaterin ernannt werden, einerseits, weil ich so ungeheuer viel von Psychologie verstand, und andererseits als Wiedergutmachung für den erlittenen Schaden. Deshalb also fuhren wir zur Notaufnahme; Bert und der Dienst habende Arzt steckten unter einer Decke.

Es war viel geschehen, auch viel Seltsames. Irgendwie hatte ich mich wohl verändert. Aber psychotisch? Hatte ich denn wirklich Wahnvorstellungen? Das konnte ich einfach nicht glauben. Zu viel von dem, was ich gesagt hatte, war ja eingetroffen. Vielleicht hatte ich das Ganze ein bisschen zu optimistisch gesehen, aber das war eben die Euphorie des Augenblicks gewesen.

Bert konnte nur kurz bleiben. Er musste zum x-ten Gespräch mit irgendeinem Psychiater oder einer Sozialschwester. Es ärgerte mich, dass sie über mich sprachen und ich nicht dabei sein durfte. Was sie da wohl aushecken? Schmiedeten sie womöglich ein Komplott gegen mich? Wollten sie mich loswerden – Bert, weil ich nicht mehr so war wie früher, und das Klinikpersonal, weil sie darin, dass ich bestimmte Dinge öffentlich machen wollte, eine Gefahr sahen? Im Grunde traute ich Bert nicht mehr. Er verhielt sich höchst seltsam. Einmal gab er mir vollkommen Recht, dann wieder redete er den Psychiatern nach dem Mund. Das Gespräch vorhin habe Klarheit gebracht, hieß es, ich dürfe tatsächlich nicht nach Hause und müsse noch lange Medikamente nehmen (»Mit einer Psychose ist nun mal nicht zu spaßen!«), die dann nach einem genauen Plan schrittweise wieder abgesetzt würden. Man denke ernsthaft darüber nach, Matthias zu mir in die Klinik zu bringen, denn so schnell käme ich ja doch nicht wieder raus. Aber dafür müsse ich erst ein wenig ausgeglichener werden. Machtlos hörte ich mir das Urteil an. Ich blieb weiterhin eingesperrt. Wie lange, darüber wurde nicht gesprochen. Ein Lichtblick immerhin: Matthias. Ich durfte, wenn auch in einer fremden und feindseligen Umgebung, wieder Mutter sein.

Wieder blieb ich allein zurück, allein mit meinen Gedanken. Hier liefen Dinge ab, die mir über den Verstand gingen. Sie hatten mir einen Stempel aufgedrückt, der diese ganze Behandlung in Gang gesetzt hatte. Und davon wichen sie nicht mehr ab. Was ich auch sagte, so sehr ich mich auch verteidigte, keiner hörte zu. Dieses starre kafkaeske System wollte mich um jeden Preis vernichten. Der Prozess hatte begonnen, es gab kein Entrinnen mehr. Selbst wenn ich all meine Kraft zusammennahm, um gegen dieses menschenfressende Monster anzugehen, selbst dann würde ich mich fügen müssen ...

Auf einmal wurde mir klar, dass das alles schlimme Folgen für Bert haben könnte. Wie war es überhaupt um seine Gemütsverfassung bestellt? Brauchte er denn keine Hilfe? Am Samstag hatte doch er das Gespräch mit dem Psychiater gewollt – und nicht ich. Ein unheimlicher Rollentausch.

Ich sprang auf und ging rastlos hin und her. Mich beschlich die Angst, dass die ganze Sache Bert letztlich schaden könnte. Er hatte sich am Samstag wirklich nicht gut gefühlt. Er brauchte psychische Betreuung. Ohne mich war er wieder nach Hause gegangen. Wie hatte er sich da wohl gefühlt? Wie fühlte er sich jetzt? Dem Anschein nach beruhigt, denn die Psychiater hatten ihm mein seltsames Verhalten erklärt und daran zog er sich hoch. Er fühlte sich besser, wenn er sich auf die Seite der Psychiater schlug und einfach allem zustimmte. Trotzdem musste er Zweifel haben. Er brauchte mich, wollte mich lieber zu Hause haben. Es war so herzlos, eine Familie, die versuchte, sich im Chaos nach der Geburt zurechtzufinden, einfach auseinander zu reißen. Armer Bert, armer kleiner Matthias. Nie wieder würde ich ihm die Brust geben können. Aber es gab keinen Ausweg. Von nun an wollte ich gehorchen.

Wie an den beiden Abenden zuvor wollte ich ein Bad nehmen. Bei der Nachtschwester holte ich mir den Schlüssel zum Badezimmer. Trotz der widrigen Umstände war es mir ein Bedürfnis, gepflegt auszusehen. Schließlich hatte ich erst vor kurzem entbunden und verlor noch Blut. Ich genoss es, mich in der Badewanne auszustrecken. Es war so herrlich entspannend. Für ein Weilchen alle Sorgen vergessen und sich einbilden, dass man schwebt. Trotzdem war mir der fremde Raum irgendwie unangenehm. Ein gewöhnliches Badezimmer konnte man das nicht nennen. Eher eine Art Untersuchungszimmer, allerdings mit Badewanne statt Liege. Die Wanne stand nicht, wie üblich, längs an der Wand, sondern mit der Schmalseite. So konnte ich zu beiden Seiten heraussteigen. Beim Gedanken daran sah ich schlimme Bilder vor mir: Patienten, die zwangsweise in die Wanne verfrachtet und von zwei Pflegern unsanft gewaschen werden. Zum Glück trauten sie mir inzwischen so weit, dass sie mich diese Privatsache allein erledigen ließen.

Sie meinte es ja gut mit mir, diese Karin. Schließlich machte sie nur ihren Job. Sie habe bei ihren Vorgesetzten ein gutes Wort für mich eingelegt, erzählte sie, damit ich wieder mit Matthias zusammen sein könne. Mit positivem Ergebnis: Ab morgen würde Matthias bei mir auf dem Zimmer sein. Sie sah mich ein wenig triumphierend an, als erwartete sie ein Dankeschön. Ich sagte aber nichts, denn schließlich hatten ja die anderen mich in diese üble Lage gebracht. Ich hatte nicht darum gebeten, von Matthias getrennt zu werden.

Mittwoch, 22. April

Heute sollte ich Matthias wiederbekommen. Die Energie, mit der ich dieses Ziel verfolgt hatte, schwand dahin. Die große Sehnsucht, wieder Mutter zu sein, war wie weggeblasen. Irgendwie unbeteiligt sah ich dem Kommenden entgegen. Was sollte ich mit einem Baby anfangen – hier? Ein Berg türmte sich vor mir auf. Erst wollte ich ihnen sagen, dass ich es ja doch nicht schaffen würde, dass Matthias nicht zu kommen brauche, aber ich hielt mich zurück. Dann käme ich nämlich nie mehr hier raus. Und Matthias würde mir vollkommen entfremdet. Irgendwie wusste ich nicht so recht, was nun Sache war. Ich hatte mich nicht mehr unter Kontrolle. Mein Körper fühlte sich schwer und träge an. Zum ersten Mal seit der Geburt war ich so richtig müde. Statt etwas zu tun, hätte ich mich lieber im Bett verkrochen. Aber mir stand ein anstrengender Tag bevor: die Vorbereitungen für Matthias. Ich machte die Tür auf und ging zum Schwesternzimmer. Brav bat ich um meine »Medikation« (ich hasste dieses Wort). Mir war jetzt klar, dass mein rebellisches Verhalten einfach nichts brachte, deshalb beschloss ich, künftig zu gehorchen und zu tun, was sie von mir verlangten. Eine schlimme Demütigung, und inzwischen begannen auch die Medikamente zu wirken. Ich spürte, wie mein Widerstand langsam erlahmte. Die Trägheit rührte eindeutig von dem alles verschlingenden Monster her. Es fraß an mir und setzte sich in den Gliedern fest. Mein Kopf war wie benebelt. Die große Vitalität der letzten Tage war unterdrückt. Die Krankenschwester gab 30 Tropfen Haldol in ein Plastikbecherchen und goss einen Schuss Orangensaft dazu. Ich zog eine Grimasse und trank das »Schnäpschen«. Auch die Tablette Etumine* schluckte ich mit etwas Flüssigkeit. Das Monster hatte mich im Griff. Widerwillig schlurfte ich in mein Zimmer zurück, in dem sie mittlerweile etliche Sachen für Matthias deponiert hatten. Typische Krankenhauskleidung, Bettwäsche, Handtücher, ein hässliches Wickelkissen, eine kleine Plastikbadewanne, die bessere Zeiten gesehen hatte. Außerdem noch ein Bettchen auf Rollen, das größer war, als ich es von der Entbindungsstation kannte. Ich lungerte so ein wenig herum und ging mehrmals auf die Toilette, aber meist ohne Resultat. Ich musste zwar, aber aus irgendeinem Grund konnte ich kein Wasser lassen. Meine Harnröhre schien verengt.

Mit offenem Mund starrte ich ihnen nach. Für wen oder was hielten die mich eigentlich? Für ein Kleinkind? Oder, noch schlimmer, für jemanden mit einem intellektuellen Niveau, das an Debilität grenzt? Wenn das Ganze nicht bitter ernst gewesen wäre, hätte ich darüber lachen können. Mir war, als befände ich mich immer noch in einer irrealen Welt, in einem Traum, der kein Ende nahm. Kurz kamen mir Zweifel, ob hier nicht doch eine Komödie aufgeführt wurde. Etwas Komisches hatte die Situation schon gehabt. Aber ich hatte sie nicht spöttisch geguckt und den Mund gehalten, weder Gift noch Galle gespuckt. Etwas sagte mir, dass mit der Sache nicht zu spaßen war, dass ich

---

* *In Deutschland und Österreich nicht zugelassen; in der Schweiz unter dem Handelsnamen »Entumin« erhältlich.*

mich dem System, das mich im Würgegriff hatte, fügen musste. Schließlich konnten sie Matthias als Druckmittel einsetzen. Beim geringsten Widerstand meinerseits würden sie ihn mir wegnehmen. Nach ein paar Minuten hatte ich mich wieder einigermaßen gefangen und sah nach Matthias, der in der Tragetasche lag. Mein liebes, süßes Baby! Glauben die denn wirklich, ich könnte mich nicht um dich kümmern? Ich, die ich die letzten zwei Wochen so perfekt mit dir zurechtgekommen bin? Sie behandelten mich, als hätte ich noch nie ein Baby in den Armen gehabt. »Immer die Hände waschen, bevor Sie den Kleinen anfassen, Els«, »Jeden Tag baden und frische Sachen anziehen«, »Das Fläschchen nach jedem Füttern ausspülen«, »Kontrollieren Sie öfter mal, ob er die Windeln voll hat«, »Knuddeln Sie ihn ab und zu ...« Weinend warf ich mich aufs Bett. Ich schluchzte herzzerreißend, ohne Tränen. Mir wurde schwarz vor Augen. Ich fühlte mich leer, war fix und fertig und versank in einen Taumel.

Matthias weckte mich. Er lag jetzt in dem Bettchen auf Rollen und gab kurze, durchdringende Schreie von sich. Ich wusste nicht so recht, was ich tun sollte. Was fehlte ihm? Ich konnte sein Schreien nicht mehr einschätzen, hatte keine Ahnung, was es bedeutete. Hunger? Schmerzen? Auf dem Blatt mit Anweisungen von der Kinderstation sah ich nach, wann er das nächste Fläschchen kriegen sollte. Erst in zwei Stunden. Hunger konnte es also nicht sein. Wollte er Zärtlichkeit? Wie sollte ich, in meinem Zustand, ihm die noch geben können? Mein Kopf fühlte sich an wie ein Ballon kurz vorm Platzen. Alle Gefühle waren erstarrt. Sie waren zwar noch da, wurden aber künstlich unterdrückt. Wie Schatten im Totenreich geisterten sie umher, verborgen vor der Außenwelt. Mein Gesicht war eine starre Maske, mein Mund verzog sich wie zu einer Grimasse. Ich wurde mir selbst immer fremder. Mit dem hilflosen, schreienden Wesen in dem Bettchen empfand ich keinerlei Verwandtschaft. Das kleine Zappelding war mir völlig fremd. Ich nahm Matthias hoch. Mein Blick fiel auf seine Knie, die aufgeschürft und blutig waren. Ich guckte in sein Bettchen. Die Tränen traten mir in die Augen. Sie hatten Matthias' Bettchen nicht richtig gemacht. Über der rauen Unterlage war kein Laken. Matthias hatte auf dem Bäuchlein geschlafen und dabei gestrampelt. Weinend kümmerte ich mich um seine zerschundenen Knie. Total verzweifelt, wie ich war, hätte ich meine Wut auf all die Besserwisser am liebsten herausgeschrien. Ich fühlte mich tief im Innersten verletzt. So sehr ging ich in meinen Gedanken auf, dass ich erst gar nicht merkte, wie Matthias, den ich inzwischen wieder in die Tragetasche gelegt hatte, mich mit großen, dunklen Augen ansah.

In Els' Geschichte wird deutlich, wie erschütternd und hart eine erste stationäre Behandlung in der Psychiatrie sein kann. Els fühlt sich allein und unverstanden, so gut es Ärzte und Pflegepersonal auch meinen mögen. Für Letztere ist eine Einweisung in die Psychiatrie etwas Alltägliches, daher können sie wohl oft schwer einschätzen, wie »der Patient« die Situation empfindet. Els hatte, wie viele andere, das Gefühl, dass man sie nicht ernst nahm, ihr nicht zuhörte. Und vielleicht lag sie damit sogar richtig. Möglicherweise hat man Els wirklich nicht richtig zugehört, auch wenn sie ansonsten gut betreut wurde.

Bei einem manischen oder psychotischen Schub geht es in erster Linie darum, dass der Patient möglichst schnell zur Ruhe kommt. Ohne Medikamente ist das so gut wie nicht machbar. Aber auch bei psychotischen Patienten ist es wichtig, dass man ihnen zuhört und ihren Zustand nicht einfach als Chaos von chemischen Stoffen im Gehirn abtut. Zuhören ist ein durchaus probates Beruhigungsmittel.

Wichtig ist außerdem, dass der manische Patient korrekt und verständlich über seinen Zustand informiert wird. Auch wenn er in der Regel nicht mit den Absichten des behandelnden Arztes einverstanden ist, sollte man ihm nicht verschweigen, welche Behandlung vorgesehen ist, welche Medikamente er bekommt und wozu sie dienen. Die Zeiten, in denen man Psychiatriepatienten heimlich Medikamente in den Tee träufelte, sind zum Glück endgültig vorbei.

Warum muss ich in die Klinik?

Die Gründe für eine stationäre Behandlung variieren. Allgemein kann man sagen, eine Einweisung in die Klinik ist dann erforderlich, wenn

Gefahr droht oder wenn die Situation zu Hause unhaltbar geworden ist.

Gefahr ist im Verzug, wenn jemand riskante Unternehmungen nicht mehr einschätzen kann und beispielsweise leichtsinnig über stark befahrene Straßenkreuzungen geht oder seine Aktivitäten so übertreibt, dass körperliche und seelische Erschöpfung drohen.

An einem Freitagabend wird Patrick von der Polizei in die Klinik gebracht. Er ist 21 und studiert Jura. In letzter Zeit war Patrick ungewöhnlich aktiv. Er hat sich verschiedenen Studentenvereinigungen und Sportklubs angeschlossen. Am Tag, bevor er in die Klinik kam, hatte er an einem 24-stündigen Staffellauf teilgenommen, der als Wohltätigkeitsveranstaltung gedacht war. Allerdings hatte Patrick das Staffelholz nicht ein einziges Mal abgegeben, sondern war über zwölf Stunden am Stück gelaufen. Seine Füße waren zerschunden, er war völlig erschöpft und ausgetrocknet. Und dabei redete er in einem fort.

Bei einer Manie besteht in der Zeit nach der Geburt oft auch Gefahr für das Baby. Die manische Mutter kann weder ihre eigenen Möglichkeiten einschätzen, noch was ihr Baby aushält. So kann es zum Beispiel vorkommen, dass sie einen ganzen Tag lang mit dem neugeborenen Baby im Auto oder – schlimmer noch – in der Einkaufstasche unterwegs ist.

Gefahr besteht auch bei einer Depression, wenn Selbstmordgedanken aufkommen, die dem Betreffenden keine Ruhe mehr lassen. Die sichere Klinikumgebung hilft dann die schlimmste Phase zu überbrücken.

Bei sehr schweren Depressionen sind die Patienten oft kaum noch in der Lage, etwas zu tun, und verbringen den größten Teil des Tages im Bett. Ein Klinikaufenthalt kann in diesen Fällen sinnvoll sein, weil der geregelte Tagesablauf dort dem Patienten hilft, wieder eine gewisse Struktur in sein Leben zu bringen.

Bei manischen Schüben erfolgt die Einweisung oft zum Schutz des

Patienten vor der Manie und deren Folgen. Gerät zum Beispiel eine Maniepatientin in einen so hochgradigen Erregungszustand, dass sie ihrem Chef das Fenster einwirft, weil sie glaubt, er stecke mit ihrem Ehemann unter einer Decke, und anschließend durch die Kneipen zieht und sich mit fremden Männern einlässt, um ihrem Mann ein Schnippchen zu schlagen, so kann das böse Folgen haben. Und der Geschäftsinhaber, bei dem eine Frau in einer manischen »Anwandlung« zehn Pelzmäntel bestellt hat, wird nicht unbedingt bereit sein, die Bestellung zu stornieren, weil die Kundin zum fraglichen Zeitpunkt krank war. Daher ist ein Klinikaufenthalt eine vorbeugende Maßnahme, zumal ein erster manischer Schub auf den Betreffenden und vor allem seine Angehörigen oft so befremdlich wirkt, dass sie im Umgang damit völlig überfordert sind.

Maniker wollen in der Regel nicht in eine Klinik – warum auch, sie fühlen sich doch ganz wunderbar! Daher kommt es öfter vor, dass sie zwangseingewiesen werden.

Kann ich zu einem Klinikaufenthalt gezwungen werden?*

Unter normalen Umständen nicht. Eine Zwangseinweisung, das heißt eine so genannte Unterbringung, ist nur dann möglich, wenn der Betreffende psychisch krank ist und eine Gefahr für sich selbst und/oder andere darstellt sowie wenn keine geeigneten Alternativen vorhanden sind. Die fehlende Bereitschaft, sich behandeln zu lassen, rechtfertigt allein keine Unterbringung. Die zwangsweise erfolgte Unterbringung eines Menschen in einem Krankenhaus ist somit nur in eng umrissenen Grenzen zulässig. Die gesetzlichen Grundlagen werden in Deutschland in jedem Bundesland in den »Unterbringungsgesetzen«

---

* *Die folgenden Abschnitte zum Thema Zwangseinweisung – bei uns als »Unterbringung« bezeichnet – wurden freundlicherweise von der Rechtsanwältin Frau Andrea Reitenspies, Nürnberg, an die juristischen Verhältnisse in Deutschland angepasst.*

(»PsychKG«) geregelt (= Gesetz über Hilfen und Schutzmaßnahmen bei psychischen Krankheiten). In Österreich wird die rechtliche Lage zur Zwangseinweisung im Unterbringungsgesetz geregelt (UbG), in der Schweiz existieren bisher keine einheitlichen Gesetzesgrundlagen auf eidgenössischer Ebene.

Eine Unterbringung des Betreuten durch den Betreuer, die mit Freiheitsentziehung verbunden ist, ist nur zulässig, solange sie zum Wohl des Betreuten erforderlich ist, weil
1. aufgrund einer psychischen Krankheit oder geistigen oder seelischen Behinderung die Gefahr besteht, dass er sich selbst tötet oder erheblichen gesundheitlichen Schaden zufügt, oder
2. eine Untersuchung des Gesundheitszustands, eine Heilbehandlung oder ein ärztlicher Eingriff notwendig ist, ohne die die Unterbringung des Betreuten nicht durchgeführt werden kann und der Betreute aufgrund einer psychischen Krankheit oder geistigen oder seelischen Behinderung die Notwendigkeit der Unterbringung nicht erkennen oder nicht nach dieser Einsicht handeln kann.

BGB, § 1906 (1), Genehmigung des Vormundschaftsgerichts bei der Unterbringung

Kasten 2: **Rechtliche Voraussetzung für eine Unterbringung in Deutschland**

Eine Unterbringung ist eine gerichtliche Maßnahme, die dazu dient, den Betreffenden zu schützen. Angeordnet werden kann sie nur vom Amts- beziehungsweise Vormundschaftsrichter. Der Partner, der Hausarzt oder eine andere Person aus dem Umfeld des Patienten – so auch der gesetzliche Betreuer – kann beim Amtsgericht einen Antrag stellen, dem ein ausführliches medizinisches Gutachten beizufügen ist. Das Gutachten muss ein Arzt mit Erfahrung in der Psychiatrie verfassen. Der Amtsrichter beurteilt aufgrund des Gutachtens, ob eine Einweisung erforderlich ist. In diesem Zusammenhang führt er ein Gespräch mit dem Patienten, die so genannte richterliche Anhörung.

Dabei kann – so vom Patienten gewünscht – ein Arzt oder eine Vertrauensperson, die der Patient selbst wählt, anwesend sein. Erst nach diesem Gespräch trifft der Richter seine Entscheidung.

Wie lange muss ich als zwangseingewiesener Patient in der Klinik bleiben?

Einer Unterbringung in die Klinik folgt in der Regel eine Beobachtungszeit von maximal sechs Wochen. Ist man früher genügend wiederhergestellt und kann problemlos die Klinik verlassen, so kann diese Frist verkürzt werden. Hält der zuständige Arzt jedoch mehr als sechs Wochen Beobachtung für erforderlich, so muss ein Antrag auf Verlängerung gestellt werden. Die Notwendigkeit wird erneut gerichtlich geprüft. Selbstverständlich kann der Patient gegen die richterliche Entscheidung ein Rechtsmittel einlegen; am besten geschieht dies nach Beratung mit einem Anwalt, der Auskunft geben kann, ob das Rechtsmittel Erfolg versprechend ist oder nicht. Wurde ein Verfahrenspfleger bestellt, kann das Rechtsmittel auch von diesem eingelegt werden.

In den Niederlanden kann der Bürgermeister in Dringlichkeitsfällen eine Zwangseinweisung oder Sicherheitsverwahrung anordnen, und zwar aufgrund einer ärztlichen Erklärung. In diesem Fall bekommt der Patient einen Anwalt zugewiesen, der unentgeltlich seine Interessen vertritt. Anschließend führt der Richter binnen drei Werktagen nach der Einweisung ein Gespräch mit dem Patienten. Bestätigt er daraufhin die vom Bürgermeister angeordnete Maßnahme, so dauert diese noch drei Wochen. Ist kein Dringlichkeitsverfahren nötig, kann eine richterliche Genehmigung beantragt werden; der Richter fasst dann aufgrund eines psychiatrischen Gutachtens seinen Beschluss. Der Patient wird daraufhin zusammen mit seinem Anwalt zu einer Anhörung geladen. Eine richterliche Genehmigung gilt für maximal ein halbes Jahr.

Kasten 3: **Zwangseinweisung in den Niederlanden**

Kann ich bei einer Zwangseinweisung meine Finanzen noch selbst verwalten?

Soll ein gesetzlicher Betreuer eingesetzt werden, der die Finanzen des Patienten (vorübergehend) verwaltet, so ist dafür ein gesondertes Gerichtsverfahren erforderlich, nämlich die Bestellung eines Betreuers. Zudem muss auch ein Antrag beim Amtsrichter gestellt werden, der den Patienten daraufhin lädt oder aufsucht. Befindet er, dass (vorübergehend) ein Betreuer zu bestellen ist (da der Patient seine Angelegenheiten nicht selbst regeln kann), wählt er dafür eine Vertrauensperson des Patienten, etwa den Partner oder einen nahen Familienangehörigen; mitunter wird auch ein Anwalt mit dieser Aufgabe betraut.

Stimmt es, dass zwangseingewiesene Patienten mit Spritzen ruhig gestellt und festgebunden werden?

Nur wenn Gefahr besteht und der Patient unter allen Umständen ruhig gestellt werden muss und dies mit anderen Mitteln nicht zu erreichen ist, bekommt er möglicherweise gegen seinen Willen Spritzen. Das ist heute jedoch eher die Ausnahme. Schnell wirkende Tabletten machen die Spritzen in vielen Fällen überflüssig. Auch das Isolieren von Patienten hinter verschlossener Tür oder das Festbinden am Bett sind Schutzmaßnahmen für Ausnahmefälle, das heißt, sie werden nur dann angewendet, wenn Gefahr besteht. Eigengefährdung liegt vor, wenn der Patient zum Beispiel so stark manisch ist, dass er ohne Isolation nicht mehr zur Ruhe kommt oder wenn er sich selbst zu erschöpfen droht. Fremdgefährdung ist dann gegeben, wenn etwa ein Maniepatient extrem misstrauisch ist und aggressiv wird. Bei ausgeprägter Manie oder manischer Psychose kann eine ruhige, reizarme Umgebung in Kombination mit Medikamenten dazu beitragen, dass der Sturm abflaut.

Es geht also nicht um das Ruhigstellen um der Sache willen, sondern darum, dass die Erregung, die Unruhe und oft auch die Angst, die mit der manischen Psychose einhergehen, möglichst schnell verringert werden. Medikamente, die schrittweise aufdosiert werden, eignen sich hierfür nicht, da ansonsten zu viel Zeit verloren ginge. Der Patient bekommt das entsprechende Medikament meist hoch dosiert, was neben den gewünschten beruhigenden und antimanischen oder antipsychotischen Effekten auch Nebenwirkungen verursacht. Manche Patienten fühlen sich extrem schlecht, wenn sie nach der manischen Hochstimmung hart in der Realität landen.

Wie läuft ein Klinikaufenthalt ab?

Der Klinikaufenthalt soll in erster Linie den Zustand des Patienten verbessern, also die akute Manie beziehungsweise Depression zum Abklingen bringen. Wie gesagt, eine Einweisung ist nur dann erforderlich, wenn es nicht mehr anders geht, das heißt, wenn der Erkrankte außerhalb der Klinik Gefährdungen ausgesetzt ist oder solche verursacht oder wenn die Situation für ihn und seine Angehörigen untragbar geworden ist. In der Klinik kann der Patient zudem schneller auf Medikamente eingestellt werden als außerhalb. Der zuständige Arzt bespricht mit ihm seinen Zustand und die vorgesehene Medikation. Hinzu kommen Gespräche mit Klinikpsychologen oder Sozialbetreuern, die dazu dienen, Klarheit über die Lebensumstände und das Umfeld des Patienten zu gewinnen und ihm Rat und Unterstützung bei Fragen zum Umgang mit der Erkrankung zu geben, beispielsweise, wie er künftige Schübe vermeiden kann und wie der Partner oder die Familie dazu beitragen können. Oft finden auch Gruppengespräche statt, die den Austausch mit anderen Patienten mit ähnlichen Problemen ermöglichen.

Da Ärzte und Therapeuten nicht rund um die Uhr für Gespräche zur Verfügung stehen können, gibt es meist noch weitere Behandlungs- oder Beschäftigungsangebote wie zum Beispiel Ergotherapie, psychomotorische Therapie und manchmal auch Musiktherapie. Gemeinsam mit seinem Psychotherapeuten kann der Patient überlegen, was ihm – neben den therapeutischen Gesprächen – Entspannung und Erleichterung verschaffen könnte. Für manche ist das der kreative Ausdruck (Malen, Schreiben oder Musizieren), für andere körperliche Betätigung.

Wie geht es nach dem Klinikaufenthalt weiter?

Der Klinikaufenthalt hat zum Zweck, akute und somit sehr schwierige Phasen der Erkrankung zu überbrücken und dem Patienten Ratschläge zum Umgang mit der Störung an die Hand zu geben. Ob er die Klinik nach kurzer oder erst nach längerer Zeit wieder verlässt – er braucht auf jeden Fall eine weitere Behandlung und Betreuung. Wichtig ist daher, dass schon in der Klinik besprochen wird, welcher Psychiater die Behandlung übernimmt, ob eventuell eine Gesprächstherapie sinnvoll ist, ob der Partner beziehungsweise die Familie Unterstützung braucht, etwa im Rahmen einer Paar- oder Familientherapie, ob der Patient seine Berufstätigkeit wieder aufnehmen kann, und wenn ja, ob sofort voll oder besser schrittweise.

Die Nachbetreuung ist oft ein »wunder Punkt«. Die oben genannten Fragen werden in der Klinik des Öfteren nicht hinreichend geklärt, sodass der Patient sich allein gelassen fühlt. Er nimmt seine Medikamente noch eine Weile, versäumt es dann eventuell, sich beim Hausarzt ein neues Rezept zu besorgen und fühlt sich dabei relativ gut ... bis ein nächster Schub auftritt. Um dies zu vermeiden, ist eine gezielte Langzeitbehandlung nötig.

4 Gott und Satan

Über manische, schizophrene und andere Psychosen

Psychotische Patienten haben, vereinfacht gesagt, den Bezug zur Realität verloren. Ihr Denken, Fühlen und Erleben stimmt nicht mehr oder nicht mehr ganz mit der Wirklichkeit überein. Das kann bedeuten, dass sie Personen oder Gegenstände sehen, die gar nicht da sind, oder Stimmen hören, obwohl niemand spricht. Möglicherweise riechen, schmecken oder spüren sie Dinge, die in Wirklichkeit nicht vorhanden sind – sprich: Sie haben Halluzinationen. Das heißt nun aber nicht, dass der Patient sich all das »einbildet«. Hat er beispielsweise Hörhalluzinationen, dann hört er die betreffenden Stimmen tatsächlich, allerdings nicht mit den Ohren, sondern quasi mit dem Gehirn. Ähnliches kann beim Denken passieren. Der Patient stellt dann Zusammenhänge her, wo in Wirklichkeit keine sind; er denkt zum Beispiel, dass sein Chef, die Ehefrau und der Nachbar gemeinsame Sache machen, um ihm zu schaden. Kennzeichnend für eine Psychose ist, dass sowohl das Denken als auch das Sprechen unzusammenhängend und wirr sind.

Psychosen können bei verschiedenen Krankheitsbildern auftreten. Oft sind sie Anzeichen für Schizophrenie, sie kommen aber auch bei Manien, Depressionen oder schizoaffektiven Störungen vor. Drogen können ebenfalls Psychosen hervorrufen und Halluzinogene wie LSD lösen Halluzinationen aus.

Kommen Psychosen bei manisch-depressiven Störungen häufig vor?

Psychosen gehen, wie erwähnt, mit einem Verlust des Realitätsbezugs einher, sodass man etwas vereinfacht sagen kann, dass Menschen mit einer akuten Manie immer auch leicht psychotisch sind, weil sie ihre Möglichkeiten maßlos überschätzen und somit den Bezug zur Wirklichkeit verloren haben. Das ist zum Beispiel der Fall, wenn jemand glaubt, an einem einzigen Nachmittag einen Bestseller schreiben zu können. Etwa die Hälfte aller bipolar Erkrankten weist während eines manischen Schubs neben der Selbstüberschätzung auch deutlich psychotische Züge wie Wahnvorstellungen und Halluzinationen auf, die sich allerdings nicht notwendigerweise bei jedem neuen Schub zeigen.

Der Zusammenhang zwischen Psychose und Manie ist seit langem bekannt und auch beschrieben worden. Aretaeus von Kappadokien hat den Verlauf einer Manie bis hin zur Psychose so festgehalten:

»Der Patient wird reizbar und misstrauisch. Sein Gehör schärft sich, er hört Geräusche, die nicht vorhanden sind. Gleiches gilt für das Sehen. Am Ende kann er ganz und gar irre werden, seine Bewacher töten und sich selbst gewaltsam das Leben nehmen ...« (Nach Akiskal 2002)

Die postpartale Psychose ist eine Sonderform der Psychose mit speziellem Bezug zur bipolaren Störung. Es handelt sich um einen psychotischen Schub, der im Zeitraum von wenigen Tagen bis einigen Monaten nach einer Entbindung auftritt, und zwar bei ein bis zwei von 1 000 Frauen. Die Experten sind sich noch nicht einig, ob es sich dabei um eine eigenständige Erkrankung oder um einen bipolaren Schub handelt. Vermutlich trifft beides mehr oder weniger zu. Bei etwa der Hälfte der Frauen, die eine postpartale Psychose erleben, wird später eine bipolare Störung diagnostiziert. Anders gesagt: Bei 50 Prozent der betroffenen Frauen stellt die postpartale Psychose den ersten Schub der bipolaren Störung dar.

Mareike wurde kurz nach der Geburt ihrer ersten Tochter plötzlich psychotisch und in den darauf folgenden Monaten schwer depressiv. Nach der zweiten Entbindung bekam sie vorbeugend Antipsychotika. Es kam zwar zu keiner erneuten Psychose, allerdings erlitt Mareike eine Depression und drei Jahre später einen manischen Schub. Sie hat somit eine bipolare Störung.

Derzeit ist sie mit Lithium und einem Antidepressivum stabil. Sie hat zwei gesunde Töchter und führt zusammen mit ihrem Mann ein kleines Unternehmen.

Wie verläuft eine postpartale Psychose?

Die ersten Anzeichen können kurz nach der Geburt auftreten, mitunter aber auch erst nach einigen Monaten. Zeigt sich die Psychose wenige Tage nach der Entbindung, so handelt es sich meist – was sich allerdings erst später erweist – um den ersten Schub einer bipolaren Störung. Beginnt die Psychose erst nach einigen Monaten, so ist die Wahrscheinlichkeit einer schizophrenen Psychose höher.

Die postpartale Psychose äußert sich oft noch ausgeprägter als andere Psychosen. Sie beginnt mit einer Phase der Gleichgültigkeit und Verwirrung, der starke Ängste folgen, die meist mit dem Wohl des Babys zu tun haben: Die Mutter fragt sich beispielsweise unablässig, ob denn mit ihrem Kind auch alles in Ordnung sei. Damit verbunden sind Wahnvorstellungen und Halluzinationen, die von einem Moment zum anderen auftreten und wieder verschwinden können. Mitunter entwickelt sich bei den betroffenen Frauen eine Art Schuldwahn, der sich so steigern kann, dass die Gefahr der Selbsttötung und der Tötung des Kindes besteht – zum Glück kommt dies aber nur sehr selten vor.

Auch Els macht nach ihrer ersten Entbindung eine postpartale Psychose durch. Viel später stellt sich heraus, dass dies ihr erster manischer Schub war. Nach Jahren – Els hat bereits drei Kinder – tritt erneut eine sehr ausgeprägte Episode auf, die Kennzeichen einer Manie und in zunehmendem Maße psychotische Merkmale aufweist.

Ich war in Topform. Als ich beim Bäcker meine Bestellung aufgab, war mir leicht wirr im Kopf. Es fiel mir schwer, mich zu konzentrieren. Ich war hyperaktiv. Wieder zu Hause, aßen wir und danach wollte ich eigentlich etwas Hausarbeit machen und mich mit den Kindern beschäftigen. Aber es gab Probleme: Charlotte hatte schweren Durchfall. Ich machte mir Sorgen. Sonderbar, dieser Durchfall. Gab es da womöglich einen Zusammenhang mit der nachlassenden Anspannung bei Charlotte? Ich bekam irgendwie Angst – was hatte das zu bedeuten? Gestern noch hatte die Hausärztin gesagt, es sei nichts Ernstes, und sie hatte ein leichtes Medikament verschrieben, das ich Charlotte auf eigene Faust schon seit ein paar Tagen gab. Jetzt aber ging es ihr schlechter. Irgendwann zog ich sie aus und ließ sie ein Weilchen so herumlaufen, denn der Windelausschlag war so schlimm geworden, dass ihr sogar die Windel wehtat. Charlotte tapste durchs Zimmer und plötzlich hörte ich ein Plätschern. Das Kind stand in einer großen braunen, übel riechenden Pfütze. So etwas hatte ich noch nie erlebt. War das noch normal? Charlotte kam mir sehr krank vor. Ich bekam Angst, immer mehr Angst. Was war nur los mit dem Kind? Woher kam diese Krankheit? War da etwas jenseits meines Verstands? Je mehr ich darüber nachdachte, desto ängstlicher wurde ich. Zu Bert traute ich mich nichts zu sagen, denn er musste sich ja auf seine Arbeit konzentrieren. Aber ich hatte solche Angst! Ich fühlte mich allein. Die Hausärztin konnte ich nicht erreichen und die Privatnummer meines Psychiaters kannte ich nicht. Und meine Eltern wollte ich bei so was nicht ins Vertrauen ziehen. Was tun?

Je mehr ich grübelte, desto mehr hatte ich das Gefühl, ich müsse in höheren Sphären suchen, im Spirituellen vielleicht. Hier im Haus ist was. Eva und Matthias sind bei der Gemeinde gemeldet und geschützt. Aber Charlotte nicht. Sie ist ungetauft! Charlotte muss getauft werden! Ich verfiel komplett in Panik. Nur an Charlotte kann der Teufel heran! Da fasste ich einen Entschluss: Ich würde Charlotte taufen oder besser, taufen lassen. Zu Bert sagte ich, ich ginge zum Bereitschaftsarzt. Matthias wollte mit, aber ich ließ ihn nicht, weil das lange Warten beim Arzt nichts für Kinder ist. Ich nahm also Charlotte, setzte mich ins Auto und wir fuhren in Richtung Kirche. Einen Parkplatz in der Nähe fand ich nicht, denn auf dem Dorfplatz war immer noch Kirchweih. Ich parkte das Auto weiter weg, sodass ich ein Stück gehen musste. Panik! Immer mehr Panik! Mir brach der Schweiß aus. Ich hyperventilierte. Gut zehnmal klingelte ich beim Pfarrer. Als er aufmachte, klammerte ich mich an ihn: »Herr Pfarrer, Herr Pfarrer, bitte helfen Sie mir! Es ist etwas Schreckliches passiert. Sie müssen Charlotte taufen!« Ich erzählte ihm alles. Meine Angst, dass der Teufel uns verfolgte. Aber er ging nicht auf meine Bitte ein. So einfach sei das nicht, sagte er. Er riet mir, zum Arzt zu gehen. Aber nein, der Teufel ist hinter uns her! Er hat es auf uns abgesehen, Charlotte geht es sehr schlecht. Aber der Pfarrer wollte sie nicht taufen. Ich fragte, ob ich kurz in die Kirche dürfe. Dort geschah das Unglaubliche. Ich fiel in eine Art Trance. Mir wurde schwindlig und ganz leicht im Kopf. Ich konnte sogar die Aura um meinen Kopf spüren. Ich fühlte mich zu Höherem berufen. Am Mikrofon hielt ich vor imaginären Menschen in der Kirche eine Predigt. Ich sei berufen, sagte ich, ich sei der zweite Messias. Zum Glück merkte ich aber rechtzeitig, dass ich nicht zu hoch hinausdurfte, kein Übermut. Schon die alten Griechen haben Mäßigkeit gepredigt. Ich sang ein Lied, mit klarer, schallender Stimme. Beim Verlassen der Kirche kam ich am Weihwasserbecken vorbei. Ich tauchte die Hand hinein und benetzte Charlottes Stirn. Ich taufe dich im Namen des ...

Als ich ins Freie kam, wusste ich, dass uns nichts mehr geschehen konnte. Ich war befreit, geschützt. Die Leute auf der Straße merkten natürlich nichts davon. Ich aber hatte ein ganz unglaubliches Gefühl – als wäre ein Wunder geschehen. Aber damit war es nicht getan, ich musste jetzt weitermachen, denn die gefährlichen Täter liefen ja noch frei herum.

Wie unterscheiden sich die manische und die schizophrene Psychose?

An sich ist der Unterschied nicht sehr gravierend. Momentaufnahmen einer manischen und einer schizophrenen Psychose können durchaus identisch sein. Jemand, der glaubt, er werde demnächst berühmt, weil er mit seinen Gedanken die Weltwirtschaft beeinflusst, kann manisch sein, aber auch an Schizophrenie leiden. Bei der manischen Psychose treten häufiger Vorstellungen auf, die mit Macht, Wissen und Berühmtheit zu tun haben. Zudem empfinden Maniker oft so viel Klarsicht und Stärke, dass sie über extreme oder übernatürliche Kräfte oder Gaben zu verfügen glauben. Bei Schizophrenen dagegen kommt es häufiger zu bizarren Gedankengängen und Wahnvorstellungen, etwa, dass jemand Gift in das Wasserversorgungssystem eingeleitet hat oder mit Strahlen ihre Gedanken zu beeinflussen versucht.

Der größte Unterschied liegt im Verlauf. Von einer manischen Psychose erholt sich der Patient in der Regel so gut, dass er danach wieder »der Alte« ist. Bei schizophrenen Psychosen ist das oft nicht der Fall, sondern es kommt zu einem »Knick in der Lebenslinie« (Rümke). Schizophrenie ist eine tief greifende psychische Erkrankung mit wiederkehrenden psychotischen Episoden, die das Leben der Patienten oft dauerhaft beeinträchtigen.

Auch die Behandlung unterscheidet sich. Während des psychotischen Schubs werden in beiden Fällen Antipsychotika gegeben, danach werden bei der manischen Psychose – also im Fall einer diagnostizierten bipolaren Störung – die antipsychotischen Medikamente abgesetzt und ein Stimmungsstabilisierer verschrieben. Bei Schizophrenie dagegen ist eine langfristige Behandlung mit Antipsychotika unumgänglich.

Zählt die schizoaffektive Störung zu den bipolaren Störungen?

Die schizoaffektive Störung ist eine Art Mischform zwischen Schizophrenie und manisch-depressiver Erkrankung. Laut DSM-Handbuch muss der Krankheitsverlauf sowohl Symptome von Manie oder Depression als auch Symptome von Schizophrenie (Wahnideen, Halluzinationen, unzusammenhängende Sprache, starke Verwirrtheit und eine Verflachung des Gefühlslebens) aufweisen. Der Betroffene ist also psychotisch und manisch beziehungsweise depressiv zugleich. Zudem kommen bei diesem Krankheitsbild Phasen vor, in denen der Patient psychotisch, aber nicht gleichzeitig manisch oder depressiv ist.

Die Diagnose »schizoaffektive Störung« ist in Fachkreisen umstritten. Es gibt die Meinung, ein Patient leide *entweder* an Schizophrenie *oder* an einer bipolaren Störung und das Krankheitsbild »schizoaffektive Störung« als solches gebe es nicht. Viele bipolar Erkrankte weisen während einer manischen oder depressiven Phase psychotische Symptome auf, was aber nicht notwendigerweise bedeutet, dass eine schizoaffektive Störung vorliegt.

Kann man depressiv und zugleich psychotisch sein?

Depression und Psychose gehen relativ oft Hand in Hand – man spricht dann von einer »psychotischen Depression«. Mit anderen Worten: Die Depression ist so ausgeprägt, dass sie mit psychotischen Symptomen einhergeht. Letztere sind oft depressiv gefärbt. Depressive Menschen haben häufig weniger Appetit und entwickeln wegen ihrer Krankheit Schuldgefühle. Bei einem Patienten mit psychotischer Depression kann dann beispielsweise die Wahnvorstellung auftreten, er könne überhaupt keine Nahrung mehr schlucken oder habe gar keine Eingeweide mehr. Die Schuldgefühle wiederum können sich zu einem Schuldwahn steigern, der sich etwa darin äußert, dass der Betroffene meint, an allem Übel, das andere trifft, schuld zu sein. Hinzu kommt oft ein »Untergangswahn«: Der Patient ist dann felsenfest davon überzeugt, kein Geld mehr zu haben, um sich und seine Familie zu ernähren, sodass der Untergang bevorstehe.

Deuten psychotische Symptome auf einen höheren Erkrankungsgrad hin?

Nicht unbedingt. Wie in Kapitel 2 erwähnt, treten nur im dritten und am stärksten ausgeprägten Stadium der Manie psychotische Symptome auf. Richtig ist, dass schwere Manien öfter mit Psychosen einhergehen, aber auch bei leichten Manien und sogar Hypomanien kommen psychotische Symptome vor. Sie bedeuten nicht grundsätzlich, dass die Erkrankung einen ernsteren Verlauf nimmt, das heißt, sie haben nicht automatisch einen Vorhersagewert.

Die psychotische Manie wird im Wesentlichen nicht anders behandelt als »gewöhnliche« Manien, es wird lediglich schneller zu Antipsychotika gegriffen.

Bei einer psychotischen Depression dagegen ist die Behandlung anders, weil die Patienten weniger gut auf Antidepressiva ansprechen als bei der »normalen« Depression. Selbst Antipsychotika wirken in diesen Fällen oft nur unzureichend. Als wirksam hat sich die elektrokonvulsive Therapie (EKT), auch Elektrokrampftherapie genannt (siehe Kapitel 9), erwiesen. Bei mindestens 80 Prozent der an einer psychotischen Depression erkrankten Menschen zeigt sie gute Wirkung.

5 Gefangen in einem Panzer

Über unipolare und bipolare Depressionen

> »*Sie wollte aufstehen, aber das dumpfe Gefühl im Kopf zog sie wieder hinab.*«
> Toon Tellegen: De genezing van de krekel

Mit der manisch-depressiven Störung assoziiert man in erster Linie die manischen Zustände. Die hochgradige Erregung, das sprunghafte Denken und die ausschweifenden Unternehmungen sprechen die Fantasie an. Der manische Mensch geht aus, gibt Geld aus und redet mit jedem, der ihm über den Weg läuft, und über alles Mögliche. Die manischen Phasen bei der bipolaren Störung sind somit am augenfälligsten, am sichtbarsten.

Ein schwer depressiver Patient dagegen geht selten aus dem Haus und pflegt kaum Kontakte. Depressive neigen dazu, sich zu Hause, also in einer sicheren Umgebung, einzuigeln, und scheuen Sozialkontakte. Depressive Episoden sind daher viel weniger auffallend und werden von Außenstehenden oft gar nicht bemerkt.

Die Depression ist in vielerlei Hinsicht das exakte Gegenteil der Manie. Bezeichnet man die Manie als »Hoch«, so ist die Depression das »Tief«. Bei der Manie vollzieht sich alles ein paar Gänge schneller, bei der Depression ein paar Gänge langsamer. Denken und Handeln erstarren sozusagen.

Die Kriterien einer depressiven Episode sind in Kasten 4 zusammengestellt.

A. Fünf (oder mehr) der folgenden Symptome liegen während eines Zeitraums von zwei Wochen vor und werden als Veränderung des Funktionsstatus im Vergleich zum Zeitraum davor begriffen. Mindestens ein Symptom ist entweder gedrückte Stimmung (1) oder Interesselosigkeit beziehungsweise das stark eingeschränkte Vermögen, Freude zu empfinden (2). *Beachte:* Symptome, die eindeutig auf medizinische Krankheitsfaktoren oder stimmungsinkongruente Wahnvorstellungen oder Halluzinationen zurückgehen, sind ausgeschlossen.
 1. Die gedrückte Stimmung während der meisten Zeit des Tages, und das fast täglich, wird selbst (man fühlt sich traurig oder leer) oder von anderen bemerkt (der Betroffene wirkt weinerlich). *Beachte:* Bei Kindern und Jugendlichen kann eine reizbare Stimmung vorliegen.
 2. Das Interesse oder die Freude an fast allem oder fast allen Alltagsaktivitäten ist deutlich vermindert, während der meisten Zeit des Tages und fast täglich. Dies wird entweder selbst bemerkt oder von anderen beobachtet.
 3. Das Körpergewicht nimmt ohne Diät signifikant ab oder es nimmt zu (mehr als 5 Prozent Körpergewichtsveränderung innerhalb eines Monats) oder der Appetit nimmt fast täglich zu oder ab. *Beachte:* Bei Kindern kann es schwierig sein, eine erfolgreiche Gewichtszunahme zu erreichen.
 4. Schlaflosigkeit oder übermäßiger Schlaf (Hypersomnie) – fast täglich.
 5. Psychomotorische Unruhe oder Verlangsamung tritt fast täglich auf. Ruhelosigkeit oder Trägheit werden selbst bemerkt und auch von anderen beobachtet.
 6. Müdigkeit oder Antriebsschwäche treten fast täglich auf.

Kasten 4: **DSM-IV-Kriterien einer depressiven Episode**

Das wohl wichtigste Anzeichen für eine Depression ist der Verlust der Genussfähigkeit. Das Interesse an alltäglichen und ansonsten als durchaus angenehm empfundenen Aktivitäten schwindet. Man hat keine Freude mehr an schönen Dingen. Selbst das, was man bisher gern getan hat, erscheint jetzt öde und kann einen nicht mehr berühren. Das gilt auch für körperliche Betätigung sowie für Intimität beziehungsweise Sexualität; Letztere werden nicht mehr als beglückend empfunden, daher ist die Libido beeinträchtigt (siehe Kapitel 10).

Depressive Menschen sehen alles grau in grau. Bei vielen fließen

7. Das Gefühl, wertlos zu sein, oder übermäßige oder unangemessene Schuldgefühle (die wahnhaft sein können) treten fast täglich auf (nicht bloße Selbstvorwürfe oder Schuldgefühle, weil man krank ist).
8. Verminderte Denk- oder Konzentrationsfähigkeit tritt fast täglich auf. Sie wird selbst bemerkt oder von anderen beobachtet.
9. Wiederkehrende Gedanken an den Tod (nicht bloße Angst zu sterben), wiederkehrende Suizidvorstellungen ohne speziellen Plan oder ein Suizidversuch oder konkrete Suizidpläne.

B. Die Symptome erfüllen nicht die Kriterien einer gemischt bipolaren Episode.

C. Die Symptome verursachen eine klinisch signifikante Belastung oder Störungen der sozialen, beruflichen oder anderer wichtiger Funktionsbereiche.

D. Die Symptome beruhen nicht auf direkten körperlichen Wirkungen von Substanzen (etwa illegale Drogen, Arzneimittel) oder medizinischen Krankheitsfaktoren (etwa eine Schilddrüsenunterfunktion).

E. Die Symptome können nicht bloß auf den Verlust zum Beispiel eines geliebten Menschen zurückgeführt werden. Die Symptome dauern länger als zwei Monate an oder verursachen deutliche funktionelle Beeinträchtigungen, eine krankhafte Überzeugung der eigenen Wertlosigkeit, Suizidvorstellungen, psychotische Symptome oder psychomotorische Verlangsamung.

schnell die Tränen, etwa, weil eine Kleinigkeit schief geht, weil man merkt, dass nichts mehr so gelingt wie früher, oder auch einfach so, ohne besonderen Grund. Andere wiederum können überhaupt nicht weinen; sie haben vielmehr das Gefühl, ihr Kummer habe sich »verkapselt«, wie ein dicker Kloß im Hals ...

Anspannung, Steifheit, zusammengebissene Zähne, ein Kloß im Hals, das Gefühl, jeden Moment losheulen zu wollen, es aber nicht zu können. Weinen konnte ich einfach nicht.

Viele depressive Patienten haben Einschlafschwierigkeiten. Sie liegen wach, grübeln und starren die Leuchtziffern des Radioweckers an. Der Schlaf will einfach nicht kommen. Und ist man doch irgendwann eingeschlafen, dauert es nicht lange und der Blick fällt erneut auf den Wecker: »Halb drei … noch fünf Stunden liegen bleiben.« Das auffälligste Merkmal des Schlafs Depressiver ist das frühe Erwachen. Mitten in der Nacht wird man wach und kann einfach nicht wieder einschlafen. Herumwälzen, grübeln … bis zum Morgen.

Aber auch der umgekehrte Fall kann auftreten: Man hat das Gefühl, nie genug Schlaf zu bekommen. Schon vor den Abendnachrichten im Fernsehen nickt man ein, schläft die ganze Nacht, wird morgens nicht wach und bleibt bis mittags im Bett – ganz so, als wäre das Bett der einzige sichere Ort auf Erden.

Der Appetit wird ebenfalls beeinträchtigt. Meist lässt er nach; man hat keine Lust zu essen und schon gar nicht zu kochen. Alles schmeckt gleich. Nicht einmal das leckerste Gericht kann den depressiven Patienten locken. Damit ist ein allmählicher Gewichtsverlust verbunden. Nimmt der Patient stark ab, so fühlt er sich körperlich geschwächt, was der Genesung zusätzlich entgegensteht.

In anderen Fällen wiederum nimmt der Appetit zu, insbesondere die Lust auf oder besser der Drang nach Süßem, etwa Schokolade. Beim Naschen fühlt man sich für kurze Zeit besser, aber das depressive Gefühl stellt sich rasch wieder ein und dazu kommen Schuldgefühle, weil man mehrere Schokoladetafeln in sich hineingeschlungen hat.

Während einer Depression fühlt man sich am Morgen oft wesentlich schlechter als am Abend. Morgens steht der Tag wie ein unüberwindlicher Berg vor einem. Nur mit größter Mühe schafft man es aufzustehen. Waschen und anziehen scheinen nicht nötig, eine Tasse Kaffee und eine Zigarette sind gerade noch drin, aber frühstücken, ach, was soll's … Ist der Tag ein Stück fortgeschritten, bessert sich die Stimmung leicht, und am Abend zeigt sich die Welt in einem helleren Licht. Diese Tagesschwankungen können auch in umgekehrter Abfolge auftreten: Man fühlt sich dann morgens besser als abends.

Depressive verspüren kaum Antrieb zu irgendwelchen Unternehmungen und meist fallen selbst Routinetätigkeiten schwer. Der Haushalt stellt eine Überforderung dar und mancher depressive Patient schafft es kaum noch, für sich selbst zu sorgen, sich zu waschen und zu rasieren, zu essen und zu trinken.

Depressionen wirken sich auch auf das Denkvermögen aus. Es fällt schwer, sich auf etwas Bestimmtes zu konzentrieren. Das ist zwar auch bei Manien der Fall, aber aus einem anderen Grund: Die Gedanken des Manikers springen von einem Thema zum anderen, der Depressive dagegen hat größte Mühe, die Aufmerksamkeit überhaupt auf etwas zu lenken. Er denkt langsamer und jeglicher Versuch, sich zu konzentrieren, gerät zum Kraftakt. Er ist müde, zweifelt an jeder Entscheidung, kann sich Dinge schlechter merken. Viele Depressive sprechen von einer Art Nebel, der alles einhüllt – als würden sie die Welt aus großer Entfernung durch ein kaltes, beschlagenes Fenster sehen.

Es ist daher gut nachvollziehbar, dass depressive Patienten meist kein positives Selbstbild haben. Sie halten sich für Versager oder Schwächlinge und für nutzlos. Mitunter wird die Ansicht geäußert, eine Depression sei mit Durchhaltevermögen und Willenskraft zu überwinden und Menschen, die in ihrem depressiven Zustand verharren, fehle es eben an diesen Eigenschaften. »Depressionen treffen nur Schwächlinge, die nicht gegen ihre Probleme ankämpfen«, schrieb auch Els. Denkt man so über Depressionen, ist es nicht verwunderlich, dass man – als Betroffener – Schuldgefühle entwickelt. Man glaubt dann nicht das Recht zu haben, zu fühlen, was man fühlt. Alles, was man je falsch gemacht zu haben meint, läuft wie ein Film im Kopf ab: »Vielleicht ist die Depression ja eine Strafe, eine verdiente Strafe, eine Buße, die mir auferlegt wird.«

Und dann kommen Todesgedanken auf, anfangs als »Gedankenblitze« – etwa die Vorstellung, dass man das Auto durch einen kurzen

Ruck am Steuer an den Brückenpfeiler fahren oder sämtliche Tabletten auf einmal schlucken könnte. Zu Beginn sind diese Gedanken noch von der Angst begleitet, dass man die Kontrolle über sie verlieren könnte. Allmählich aber verliert die Vorstellung von Sterben und Tod ihren Schrecken und wird sogar als beruhigend empfunden – als wäre der Tod »das ultimative Betäubungsmittel« (Fuller Torrey 2002) gegen den unerträglichen Schmerz.

Bei den meisten bipolar Erkrankten überwiegen die depressiven Zustände und diese sind in der Regel weit schwerer zu ertragen als Manien.

Els' depressiver Panzer

Insgesamt war Els allenfalls ein paar Wochen hypomanisch beziehungsweise manisch, die depressiven Phasen hingegen nahmen einen sehr großen Teil der Zeit zwischen den manischen Schüben ein. Wie Els diese Phasen erlebt hat, erzählt sie nachstehend. Ihre Gedanken und Gefühle während der manischen Episoden schildert sie sozusagen im Schnellzugtempo, während die Beschreibung der depressiven Phasen gebremst und mühsam wirkt, wie die Depression selbst.

Schon lange vor Matthias' Geburt, eigentlich schon in der Pubertät, war mein Leben von langen Zeiträumen voller Anspannung und Stress geprägt. Ich spürte intuitiv, dass ich irgendwie »anders« war. Erst ab 1992, als Matthias geboren wurde, begann ich mehr über mich nachzudenken. Aber die Jahre nach seiner Geburt waren dennoch alles andere als rosig.

Das Wort »Depression« hatte ich nie in den Mund nehmen wollen. Weil ich es so hasste, war ich auch felsenfest davon überzeugt, dass ich nicht an so etwas litt. Depressionen treffen nur Schwächlinge, die nicht gegen ihre Probleme ankämpfen, die dem Leben nicht die Stirn bieten. Meine Mutter war in dieser Hinsicht ein abschreckendes Beispiel und weil ich nicht werden wollte wie sie, konnte ich auch keine Depression haben. Für mich stand fest: Ich war nicht depressiv.

Trotz dieser Überzeugung fühlte ich mich oft sehr schlecht. Ich konnte mich kaum jemals entspannen. Er war mir verhasst, dieser Zustand, der so typisch für mich war: Anspannung, Steifheit, zusammengebissene Zähne, ein Kloß im Hals, das Gefühl, jeden Moment losheulen zu wollen, es aber nicht zu können. Weinen konnte ich einfach nicht. Außerdem, in meinem angespannten Zustand hätten Tränen den Kummer ja doch nicht gelindert. Und Tränen herauspressen half auch nichts. Was war nur mit mir los? Wer oder was war ich? War ich etwa psychisch krank? Warum konnte ich bestimmte Gefühle nur ganz selten empfinden? Aus welchem Grund kamen sie hin und wieder hoch? Ohne diese Gefühle war das Leben so grau. Ich lebte nur auf mich selbst bezogen, in einem Kokon, nach innen gerichtet. Der Rest interessierte mich nicht und konnte mir gestohlen bleiben. Im Grunde genommen war es eine autistische Welt. Ich hielt mich mit Details und Belanglosigkeiten auf und mein Verhalten war irgendwie routiniert. Der tiefere Sinn des Lebens erschloss sich mir nicht.

Mein ganzes Leben war unecht. Ich lebte mit einer beschränkten Anzahl Gefühle und Wahrnehmungen – ein Teil fehlte einfach. Bestimmte Dinge konnte ich nicht so erfassen wie andere, weil mir eine tiefere Dimension abging. Das galt auch für Sinneseindrücke: Mein Gehör war nicht scharf, mein Geruchssinn nicht fein, alles fühlte sich hart an. Irgendwann hatte ich bestimmte Gefühle aufgegeben und lediglich ein paar Eigenschaften zurückbehalten, die mit Emotionen nichts zu tun hatten: Pünktlichkeit, Sorgfalt, Hektik, Putzwut – aber alles emotionslos, ohne Einfühlung. Zwanghaft. Immer das Gefühl zu müssen, niemals etwas aus Freude oder Spaß tun zu dürfen. Oft habe ich mich gefragt, was ich eigentlich da machte. Warum lebte ich? Was sollte ich hier auf dieser Welt und wie war das bei all den anderen Menschen? Was sahen sie im Leben? Wozu war das alles gut? Mir war natürlich nicht klar, dass für die meisten Menschen das Leben viel spannender war. Vor allem, was den Austausch mit anderen, das Einfühlungsvermögen anging. Ich kannte das nicht, verstand es nicht. Ich hielt mich für normal, dabei war alles, was ich machte, Imitation. Ich imitierte einfach die anderen, sogar deren Gefühlsäußerungen. Aber innerlich war ich unbeteiligt. Herzlich lachen und mich mal ausheulen, über etwas lauthals schimpfen – das machte ich zwar alles, aber es war unecht, kam nicht von Herzen. Alles Schwindel! Eine einzige große Maskerade! Was auch immer ich tat, ich tat es, weil es sich so gehörte, nie aufrichtig.

Seltsam, dass ich vom 12. bis zum 29. Lebensjahr nicht ahnte, dass ich mit einer psychischen Störung durchs Leben ging. Langsam und ohne dass ich es richtig merkte, schwanden bei mir die intensiven Gefühle, und als sie weg waren, fühlte ich mich schlecht, ohne den Grund zu kennen. Ich war ja auch noch ein Teenager und konnte das alles damals nicht begreifen. Aber es hat mir auch keiner was darüber gesagt. Immer habe ich unter schwerstem Druck, unter Stress gestanden. Müssen, immer nur müssen. Nie etwas gern tun. Genuss, das kannte ich nicht. Dabei ist Genießen doch das Wichtigste im Leben. Überlebensnotwendig. Ich aber konnte das nicht. Niemand merkte je, dass ich nicht normal war, nicht einmal meine Eltern. Zu Hause war die Atmosphäre auch nicht so, dass ich über meinen Zustand hätte sprechen können. Meine Mutter war oft mit ihren eigenen Problemen beschäftigt. Sie merkte nicht, dass bei mir etwas schief lief.

Dann die Verkrampfung, die Muskelverspannungen. Nie entspannen können. Das Leben war schmerzhaft für mich. Alles war schwierig, alles wog schwer, bleischwer. Das ist mir so richtig klar geworden, als ich meine Kinder hatte. Ein Kleinkind hochnehmen zum Beispiel fiel mir sehr schwer, umso mehr, wenn es sich sträubte. Meine Unruhe übertrug sich auf die Kinder. Sie spürten meine Anspannung. Schon als junges Mädchen hatte ich das Gefühl, dass es mir oft schlecht ging, aber ich wusste nicht, wie es anders hätte sein können. Bis Matthias geboren wurde. Da kam der Umschwung und die Erkenntnis, dass ich jahrelang bestimmte Gefühle unterdrückt hatte. Auch beruflich war mein Leben alles andere als interessant. Gute Erinnerungen daran habe ich jedenfalls nicht. Immer diese langweilige Büroarbeit, Probleme mit der Klimaanlage, die öden Abende, völlig ausgepumpt. Da war nichts, das mir Genuss hätte verschaffen können. Die Kollegen nervten mich nur, denn ich fand sie alle furchtbar blöd. Sie redeten nur oberflächliches Zeug. Ich fühlte mich ihnen überlegen. Im Nachhinein betrachtet, stand ich natürlich nicht über ihnen, denn mir fehlte eine Dimension, die sie wiederum hatten. Mir fehlte das Einfühlungsvermögen, ich wusste einfach nicht, was die Leute so beschäftigte. Ich wusste nicht einmal, was mich selbst beschäftigte. Wenn ich meine Vergangenheit ansehe, kann ich kaum glauben, dass ich all die Jahre einen solchen Beruf ausüben konnte. Heute könnte ich das nicht mehr. Es wäre für mich die schlimmste Demütigung. Ich würde verkümmern. Heute habe ich höhere Ambitionen.

So etwas wie Motivation kannte ich nicht. Ich arbeitete des Geldes wegen und um Leistung zu erbringen, daher freute ich mich über Lob. An der Arbeit selbst hatte ich keine Freude, Arbeiten war für mich eine Belastung. Ich wäre viel lieber Hausfrau und Mutter gewesen. Die Arbeit erfüllte mich nicht. Jeden Abend war ich völlig erschöpft. Das frühe Aufstehen morgens fiel mir ungeheuer schwer. Ich war total frustriert. Der Stress verhinderte meist, dass ich für die Gefühle der Kinder offen war. Oft wurde ich zu Unrecht wütend auf sie. Obwohl ich körperlich und seelisch wie zerschlagen war, ließ mich die innere Unruhe nicht los. In meinem Kopf arbeitete es ständig, die Gedanken überschlugen sich. »Dies muss ich noch machen und das und wie kriege ich nur jenes hin?« Deshalb hatte ich häufig Konzentrationsstörungen und die Arbeit ging mir nicht von der Hand. Ich hatte den Kopf nicht frei für die Dinge um mich herum. Um den Geist zur Ruhe zu bringen, schrieb ich Listen, die ich immer wieder abänderte oder um neue Punkte ergänzte.

Weil ich eine Kämpfernatur war, hielt ich diese negativen Gefühle vor der Außenwelt verborgen. Ich wollte nicht den Stempel »depressiv« aufgedrückt bekommen. Das hätte mein Stolz nicht zugelassen. Ich würde es schon schaffen, kämpfen bis zum Letzten. Ich glaubte im Übrigen nicht, dass die negativen Gefühle einfach so aus dem Nichts kamen. Die Unruhe deutete auf ein tiefer liegendes Problem hin, vielleicht verdrängte Traumata von früher. Deshalb wollte ich in die Vergangenheit zurück und die Ursache der Traumata suchen. Erst dann würde ich sie verarbeiten und das Leben langsam wieder positiver sehen können.

Im Sommer 1997, ein paar Monte nach Charlottes Geburt, erlebte ich eine sehr unruhige Zeit. Irgendwie zog ich die Unruhe an. Ich litt unter meiner inneren Anspannung und suchte immer noch nach deren Ursache. Oft weilten meine Gedanken in der Vergangenheit. In den Jahren nach Matthias' Geburt hatte ich mich des Öfteren so intensiv mit bestimmten Ereignissen befasst, dass ich in einen Erregungszustand geriet. Dieser steigerte sich zu einer Art Rausch: Einerseits rasten meine Gedanken, andererseits fühlte ich mich ruhig und entspannt, fast schon euphorisch. Es dauerte meist ein paar Tage, dann verflog die Euphorie und ich verfiel wieder in den alten Zustand.

Damals brodelte es schon tagelang in mir. Meine Gedanken wurden schneller und schneller. Erinnerungen kamen hoch, undeutliche Bilder von sexuellem Missbrauch. Immer fester war ich davon überzeugt, dass ich als ganz kleines Kind misshandelt worden war. War mein Großvater mütterlicherseits der Täter? Bei diesem Gedanken schlug mir das Herz bis zum Hals, oft zitterte ich am ganzen Körper. Und dann kam der Durchbruch – intensive Gefühle brachen durch: Liebe, Fröhlichkeit, auch Kummer, diesmal aber nicht verkapselt wie sonst. Ich nahm Personen, Gegenstände und Situationen völlig anders wahr. Alles schien mir plötzlich ruhig und friedlich, die Leute waren alle freundlich und sogar der Schmutz störte mich nicht. Der Drang, ständig etwas tun zu müssen, war ebenfalls weg. Es waren seltsame Empfindungen. Sie taten mir gut.

Matthias und Eva waren damals für eine Woche bei meinen Eltern. Tagsüber hatte ich das Haus für mich allein. Nur Charlotte konnte mich aus meinen Gedanken reißen. Mir ihr hatte ich übrigens so vertraute Momente wie noch nie. Sie sah anders aus, entspannter. War das wirklich so oder hatte meine Wahrnehmung sich verändert? Auf jeden Fall war sie irgendwie ruhiger. Meine Gelassenheit übertrug sich auf sie.

Es waren schöne Tage damals. Alles lief völlig reibungslos. Der Haushalt nervte mich überhaupt nicht und auch sonst tat nichts meiner Euphorie Abbruch. Es war wunderbar warmes Sommerwetter. Abends saß ich mit Bert im Freien auf der Terrasse. Ich teilte meine tiefsten Gefühle mit ihm. Dabei gab es auch Tränen. Aufrichtige, dicke Tränen wegen all dem Leid, das man mir angetan hatte, wegen der Misshandlungen, deren ich mir immer sicherer war. Nachdem ich mein Herz ausgeschüttet hatte, war ich glückselig und ungeheuer verliebt. Wir schliefen miteinander und alles Übel von früher schien ganz weit weg zu sein ...

Plötzlich schwanden die wunderbaren, tief menschlichen Gefühle wieder dahin. Zehn Tage nach dem Durchbruch konnte ich sie kaum noch festhalten. Ich vergoss bittere Tränen. Konnte ich das denn ganz allein lösen? Ich wollte, ich könnte es. Aber ich spürte, dass mir der Schlüssel dazu fehlte, diese wundervolle Stimmung zu bewahren. Alles wurde wieder wie gehabt.

Dennoch war das Leben seit dem Durchbruch der Gefühle erträglicher geworden (»Affektdurchbruch« nannte Dr. Puttemans es später). Vor allem Matthias verstand ich auf einmal besser. Ich kam auch besser mit ihm zurecht, konnte auf seine Unlustgefühle eingehen. Aber einfach war es für mich nicht. Meine Stimmung verschlechterte sich weiter, ohne dass ich einen Grund hätte nennen können. Ich wurde reizbarer. Es fiel mir schwerer, mich auf die Kinder und Bert einzustellen. Sein Verhalten reizte mich auch oft. Aber inzwischen hatte ich ihn verstehen gelernt. Seine Vergesslichkeit war nicht böswillig. Wenn ich mich leicht und entspannt fühlte, war ich auch vergesslich. Nur in verkrampftem Zustand machte ich alles perfekt und vergaß nie etwas. Mit sämtlichen bekannten Folgen: Anspannung, Muskelsteife, Kiefer- und Mundstarre. Diese Einsicht half mir das Leben ein wenig positiver zu sehen, aber trotzdem war es manchmal schwierig, denn die guten und schlechten Phasen wechselten schnell und ich konnte mich nicht auf mich selbst verlassen.

So verrückt es sich auch anhört, in den euphorischen Phasen war ich fröhlich, munter und superintelligent, und dennoch überkam mich mitunter eine ungeheure Angst. Nie werde ich den Augenblick vergessen, als Matthias plötzlich zu mir sagte – ich war gerade auf der Veranda beim Bügeln –, dass jemand im Esszimmer sei. Ich sah auf und rechnete damit, Berts Kompagnon Johann vor mir zu sehen. Mir stockte der Atem, das Herz schlug mir bis zum Hals. Das war nicht Johann, das war ein schwarzer Mann! Was wollte der Schwarze bei uns? Ich bekam Angst. Mit großen Augen sah ich ihn an, ohne ein Wort zu sagen. »Guten Tag«, sagte er höflich. Ich hörte es nur halb, denn ich war schon zur Haustür gelaufen, um nachzusehen, wie der Kerl reingekommen war. Der Mann muss etwas von meiner Angst gespürt haben, denn er sagte, er wolle eine Kuriersendung abholen. Später haben wir darüber gelacht, über den Vorfall mit dem Schwarzen, aber damals hatte ich ungeheure Angst.

An den nächsten Tagen ging es auf und ab, einmal fühlte ich mich euphorisch und entspannt, dann wieder schwermütig und angespannt. Oft war ich verwirrt, vergesslich und zerstreut. Es passierte sogar, dass ich Termine vergaß, die ich abgemacht hatte. Zum Glück notierte ich alles in meinem Taschenkalender.

Wenn sich das angenehme euphorische Gefühl verflüchtigte, wurde ich traurig. So wollte ich nicht sein. Ich hasste die Anspannung. Immer diese Hetze, als triebe mich jemand mit einem Stock an. Ein ungeduldiger, oft autoritärer Jemand. Der Mangel an Einfühlungsvermögen hatte zur Folge, dass ich meine Kinder überhaupt nicht mehr verstand. Angespannt, wie ich war, versuchte ich sie dennoch zu schonen. Wenn ich mich leicht und entspannt fühlte, war ich sehr viel freier. Dann hatte ich ein gutes Zeitgefühl, war nie ungeduldig und kannte keinen Stress. Dann war Einfühlungsvermögen meine Stärke. Ich kam mir vor, als bestünde ich aus zwei Personen: eine starre Erwachsene und ein unbeschwertes Kind. Könnten die beiden doch nur ihre guten Eigenschaften vereinigen!

Es wurde immer härter, das Leben. Steife Muskeln, Nackenstarre. Eine Diskussion mit Bert gab den Ausschlag. Eine einzige falsche Bewegung und ich hatte einen Bandscheibenvorfall (von dem ich damals noch gar nicht wusste, dass es ihn gab). Monatelang war ich außer Gefecht und hatte höllische Schmerzen im linken Arm.

In dieser Zeit ging ich abends einmal mit Freundinnen aus. Mir war bewusster denn je, wie angespannt ich war. Die anderen waren anders, lockerer im Umgang, hatten offenbar mehr Einfühlungsvermögen. Mein Dilemma sah so aus: Seit ich diese andere Stimmung kannte, war ich noch öfter traurig als sonst. Was war nur mit mir los? Wer war diese andere Person in mir, die mir als Kind so ähnlich war? Warum zeigte sie sich manchmal und hielt sich dann wieder monatelang im Hintergrund? Hatte sie denn etwas sehr Schlimmes erlebt, dass sie sich immer wieder zurückzog? Über all diese schwierigen Fragen redeten Bert und ich stundenlang. Er war so lieb, so verständnisvoll. Da beschloss ich, eine Psychoanalyse zu machen, um herauszufinden, wer diese zwei Personen in mir waren und was das Ganze zu bedeuten hatte.

Es sollte eine lange Suche werden. Lange habe ich geglaubt, an einem multiplen Persönlichkeitssyndrom zu leiden. Ich war weiterhin überzeugt, dass tief in meinem Innern ein Kind verborgen war. Solange ich es nicht befreien konnte, würde ich mich weiter deprimiert fühlen. Im Mai 2001 kam es schließlich zum Vorschein. Zumindest dachte ich das. Mein Psychiater stellte jedoch fest, dass es sich um einen manischen Schub handelte. Nun war die Diagnose klar ...

15. September 2001

Mit dem Wissen um meine Erkrankung hatte ich endlich eine Möglichkeit gefunden, meinen Panzer abzuwerfen. Das Leben war nicht mehr so hart und schmerzvoll. Die Anspannung fiel von mir ab und mein Kampfgeist wich Gelassenheit. Ich fühlte mich nicht schlecht. Jedenfalls war mir diese Stimmung lieber als die Anspannung im gepanzerten Zustand.

30. September 2001

Mit dem Rückschlag, der mich nach meinem letzten manischen Schub traf, hatte ich nicht gerechnet. Ich war noch nicht richtig auf die Medikamente eingestellt und versank allmählich in einem tiefen schwarzen Loch. Früher hatte es mich Mühe gekostet, den Panzer abzuwerfen, jetzt würde ich viel darum geben, ihn wieder anlegen zu können. Es gelingt aber nicht. Ich fühle mich so zerbrechlich. Der Kampf gegen die Welt ist zu Ende. Ständig bin ich deprimiert. Alle Jahreszeiten sind grau geworden. Die Tage ziehen sich endlos dahin. Nur abends fühle ich mich ein wenig besser.

Meine depressiven Gefühle sind nicht mehr jahreszeitlich gebunden, hängen auch nicht mehr von der Tageszeit ab: Alles ist eine einzige graue Masse. Ich bin die ganze Zeit trübsinnig, lustlos und niedergeschlagen. Nichts kann mir Zufriedenheit, geschweige denn Genuss verschaffen. Früher mag ich den alltäglichen Dingen gegenüber gleichgültig gewesen sein, jetzt sind sie mir schon fast zuwider. Das Leben ist eine Hölle. Ich hasse den Regen und es ist so kalt. Am liebsten würde ich mich zu Hause verkriechen, weit weg von Regen und Wind, Hitze und Kälte.

Im Bett unter der Decke liegen ist das Einzige, was ich gern tue. Ich fühle mich elend, sehe schlecht aus, mag mich selber nicht leiden. Die tägliche

Körperpflege ist mir eine Last. Ich wasche mich zwar noch, weil es nun mal sein muss, aber widerwillig. Make-up und Cremes und Schmuck sind mir egal.

Ich schließe mich ein, bei jedem Türklingeln verstecke ich mich und ich gehe höchst ungern ans Telefon. Was habe ich den Leuten zu sagen? Nichts. Was habe ich ihnen zu bieten? Nichts. Ich bin uninteressant, kann kein Gespräch führen, und ist doch einmal eine Unterhaltung in Gang gekommen, dann stockt sie bald wieder wegen meiner Schweigsamkeit. Was andere mir zu sagen haben, interessiert mich nicht. Selbst das, was die Kinder so erzählen, höre ich mir ungerührt an. Warum wollen alle immer so viel sagen? Ich habe gar nichts zu sagen. Die können mich alle mal. Wenn sie mich in Ruhe lassen, lasse ich sie auch in Ruhe.

Ich bin müde, lebensmüde, am Ende. Obwohl ich nachts wie ein Stein schlafe und morgens kaum aus dem Bett komme, bin ich auch tagsüber ständig müde. Ich schleppe mich dahin. Ich muss funktionieren. Sonst würde ich aufgeben. Nichts weckt mein Interesse. Die Umgebung hat jegliche Anziehungskraft verloren. Alles kommt mir hässlich, schmutzig und widerlich vor.

Und wenn mir doch mal was gefällt, kann ich es mir nicht merken. Als Bert mich neulich ins Konzert mitgenommen hat, wusste ich eine Woche später schon nicht mehr, was gespielt worden war. Als Freunde mich fragten, wie es war, hatte ich größte Mühe, mir die Details vor Augen zu führen. Das ist verwirrend, ärgerlich und manchmal auch beängstigend. Womöglich denken sie, mir sei alles egal. Und meistens ist es ja auch so.

Oft bin ich traurig, weil mein Dasein ohne jegliche Freude ist. Der Sinn des Lebens bleibt mir verborgen. Zum Glück sind die Kinder und Bert da. Sonst würde ich mich bestimmt umbringen. Ich stelle mir immer wieder vor, wie ich es machen könnte. Aber ich nehme mein Schicksal gelassen hin. Warum sollte ich mir Methoden ausdenken, mir das Leben zu nehmen? Meine Familie braucht mich – und sei es nur als praktische Haushälterin. Nur das Allernötigste erledige ich noch: kochen (ein wenig), putzen (ein ganz klein wenig) und den Kindern hier und da bei den Hausaufgaben helfen. Aber ein gutes Gefühl vermittelt mir das alles nicht. Ich empfinde mich als minderwertig, mir ist klar, dass ich nichts mehr zustande bringe. Es ist die schwerste und längste Depression, die ich je im Leben hatte. Zum Glück kenne ich ihre Ursache und kann sie daher akzeptieren.

Montag, 21. Januar 2002

Oft bin ich sehr melancholisch. Meine Stimmungen wechseln leicht. Manchmal fasse ich Mut und nehme eine Arbeit in Angriff, aber meist fühle ich mich niedergeschlagen. In jeder Hinsicht funktioniere ich schlecht: sozial, intellektuell und auch praktisch. Am liebsten würde ich mich in einen Kokon zurückziehen, weit weg von allem, in eine eigene Welt. In solchen Momenten sehe ich mir gern Kinderfilme an, lasse mich in eine Art Fantasiewelt entführen. Das macht mir hin und wieder Sorgen. Ich frage mich, ob das wohl zur Depression gehört. Oder baue ich geistig ab? Das Gefühl, sozial und intellektuell nicht zu funktionieren, ist ziemlich ausgeprägt. Interesse an der Welt um mich herum habe ich meist nicht. Ich lebe in meiner eigenen kleinen Welt und dort bin ich am allerliebsten.

Dienstag, 12. März 2002

Ich bin chronisch müde und erschöpft. Zu fast nichts in der Lage. Vielleicht habe ich ja CFS. Ach, irgendwie ist mir alles egal. Es interessiert mich nicht. Die Welt um mich herum lässt mich kalt. Die Kinder wissen oft mehr als ich. Wenn sie mich etwas fragen, muss ich meist die Antwort schuldig bleiben. Nur mit Mühe kann ich die allernötigsten Hausarbeiten erledigen. Sie nennen mich »Schlafmütze«, und das völlig zu Recht.

Mittwoch, 20. März 2002

Beim geringsten Stress werde ich völlig konfus. Das wirkt dann wie dysphorische Erregung, bei der ich die Gedanken nicht mehr zusammenhalten kann. Ich merke deutlich, dass die Depression eine Art Schutz gegen meine turbulenten Gefühle ist, die unterschwellig offenbar die ganze Zeit da sind. Indem ich depressiv bin, leiste ich nicht viel und bringe mich daher auch nicht in Stresssituationen. Geschieht das doch, wird mir schnell alles zu viel und ich merke, dass ich einen Gang zurückschalten muss. In solchen Situationen zeigt sich, dass ich noch nicht wiederhergestellt bin. Meine Stressschwelle ist extrem niedrig. Oft fürchte ich, dass es womöglich nie mehr besser wird mit mir. Und manchmal kommt es mir vor, als würden die Medikamente nicht anschlagen – so oft bin ich schwer depressiv. Und dann wieder neige ich dazu, manisch zu werden ... es liegt ja beides so dicht beisammen.

Dienstag, 16. April 2002

Es geht mir schlecht. Nach wie vor. Fast ein Jahr nach dem Beginn der Manie. Die Depression wird immer schlimmer. Die Vormittage sind mir ein Gräuel. Alles ist grau. Ich bin todmüde, habe keine Energie. Es hat alles keinen Sinn mehr. Manchmal klart am Nachmittag langsam der Himmel auf und abends bin ich dann aktiv und kann Verschiedenes tun. Bis in die Nacht hinein arbeiten hat aber keinen Sinn, denn ich muss ja morgens raus. Aufstehen, Frühstück für die Kinder machen, sie zur Schule bringen ...

Am liebsten würde ich meine Not herausschreien, aber ich kann sie keinem mitteilen. Das schwarze Loch ist so tief. Nur wenige können mein Schicksal verstehen. Die Depression zehrt alles auf. Ich fühle mich vollkommen leer. Alle Energie ist aus meinem Körper verschwunden. Nirgends hab ich noch eine Reserve. Die ganze Spannkraft scheint weg zu sein, wie bei einem alten Gummiband ohne Elastizität. Jegliche Anstrengung ist mir zu viel. Ich kann nicht mehr. Für die kleinste Anstrengung muss ich büßen. Und dann diese ewige Müdigkeit. Sogar meine Kinder brauchen weniger Schlaf. Manchmal möchte ich meinen Kampf aufgeben, der bald keiner mehr ist. Früher habe ich mich gegen Trübsinn gewehrt und in meinem Panzer verbissen gekämpft. Jetzt ist da eine Art Schutz gegen alles, was ich früher zu viel gemacht habe. Ich darf meine Grenzen nicht mehr überschreiten. Könnte ich doch nur frisch sein, aktiv, so wie früher, und energisch dagegen angehen. Die letzten Monate habe ich mich eigentlich noch besser gefühlt, mehr zustande gebracht. Jetzt bin ich nicht einmal mehr zu den einfachsten Hausarbeiten fähig. Es ist nicht mehr auszuhalten. Alles Zwanghafte ist weg.

Mittwoch, 15. Mai 2002

Die Depression ist schlimmer denn je. Das Leben ist mir nichts mehr wert. So kann es doch nicht weitergehen. Wenn ich manisch bin, sind meine Gefühle zu intensiv, aber jetzt sind sie anormal verflacht. Und alles ist so schwer. Könnte ich doch nur ein bisschen von der Leichtigkeit der Manie spüren. Am liebsten würde ich allem ein Ende machen, aber wegen meiner Familie, die zurückbliebe, mache ich es nicht. Es ist ein furchtbarer Kampf und nie darf ich mich gehen lassen. Ich würde mich so gern verkriechen, weg sein von allem. Manchmal möchte ich sogar in die Klinik – einfach »weg«. Aber sie brauchen mich hier. Ich bin mit meinem Latein am Ende. Immer wieder brennen Tränen in meinen Augen. Ich stolpere weiter, schleppe mich dahin. Wie lange halte ich das noch durch? Eva fragte mich vorhin, ob ich denn schlechte Laune hätte. Sie spürt also, dass ich nicht mehr weiterweiß. Das hatte ich immer verbergen wollen. Eigentlich habe ich immer versucht, meine depressiven Gefühle anderen gegenüber nicht zu zeigen. Auch mein Psychiater wusste nicht, dass es mir so schlecht ging. Ich war eine unglaubliche Kämpferin, und das auf meine eigenen Kosten. Jetzt habe ich das Gefühl, dass jeglicher Widerstand erlahmt. Aber wem kann ich mit meinem Kummer kommen? Ich fühle mich so verdammt einsam. Wen interessiert schon mein Leiden?

Wie unterscheiden sich unipolare und bipolare Depressionen?

Bei bipolaren Depressionen handelt es sich um Phasen bei bipolar erkrankten Menschen. Die Symptome von bipolaren und unipolaren Depressionen sind im Prinzip die gleichen – in beiden Fällen sind die Kriterien einer depressiven Episode erfüllt (vgl. Kasten 4).

Woran erkennt man dann, ob man eine unipolare oder eine bipolare Depression hat?

Wer erstmals im Leben depressiv ist, kann tatsächlich nicht auf Anhieb sagen, ob es sich um eine unipolare oder eine bipolare Depression handelt. Sicherheit besteht nur dann, wenn der Patient bereits hypomanische oder manische Phasen hatte, wie sie charakteristisch für eine bipolare Störung sind.

Unterschiede gibt es aber dennoch. Die bipolare Depression beginnt sehr oft unvermittelt, während die unipolare sich relativ langsam entwickelt. Bipolare Depressionen dauern zudem oft weniger lang als unipolare, was aber nicht heißt, dass es immer um kurze Zeiträume geht. Etwa ein Fünftel aller von einer bipolaren Depression Betroffenen hat über ein Jahr zu leiden. Sie klagen meist über Energie- und Kraftlosigkeit und über eine allgemeine Verlangsamung sowohl des Denkens als auch der Bewegungen (psychomotorische Retardierung). Bei der »klassischen« unipolaren Depression treten meist verminderter Schlaf und abnehmender Appetit als Symptome auf, bei bipolaren Depressionen ist es häufig umgekehrt: Der Betroffene hat ein erhöhtes Schlafbedürfnis und mehr Appetit. Diese Unterschiede wurden beim Vergleich größerer Gruppen unipolar und bipolar depressiver Menschen ermittelt. Natürlich kann man nicht davon ausgehen, dass jede plötzlich auftretende Depression, die mit allgemeiner Verlangsamung, erhöhtem Schlafbedürfnis und mehr Appetit einhergeht, grundsätzlich bipolarer Natur ist; es bedeutet vielmehr, dass der Arzt diese Möglichkeit mit einbezieht, vor allem dann, wenn sich die Depression in jungen Jahren zeigt und in der Familie des Betreffenden bipolare Störungen vorkommen.

Falls Antidepressiva ein Umschlagen der Depression in eine Hypomanie oder Manie (»manic shift«) auslösen, so ist dies ein Hinweis, dass die Depression wahrscheinlich bipolar war. Von hundert Menschen, die eine Depression erleiden, tritt letztlich bei mindestens zehn später ein hypomanischer oder manischer Schub auf.

Wie verläuft eine Depression?

Depressionen verlaufen meist schleichend. Manien zeigen sich oft binnen weniger Tage oder sogar schneller in vollem Umfang, eine De-

	Bipolare Depression	Unipolare Depression
Vorhergehende (Hypo-)Manie	Ja	Nein
Mann/Frau	In gleichem Maße	Mehr Frauen
Ersterkrankungsalter	Zwischen dem 2. und 4. Lebensjahrzehnt	Zwischen dem 4. und 6. Lebensjahrzehnt
Postpartale Episoden	Häufig	Weniger häufig
Auftreten	Meist sehr plötzlich	Meist allmählich
Anzahl der Episoden	Sehr viele	Nicht viele
Dauer der Episoden	3 bis 6 Monate	3 bis 12 Monate
Psychomotorik	Öfter verlangsamt	Öfter beschleunigt
Schlaf	Öfter mehr Schlafbedürfnis	Öfter Schlaflosigkeit
Bipolare Störungen in der Familie	Oft	Selten
Unipolare Depressionen in der Familie	Oft	Oft
Antidepressiva ...	... können (Hypo-)Manien hervorrufen	... rufen selten (Hypo-)Manien hervor
Lithium ...	... wirkt sehr gut	... wirkt meist nicht gut

Tabelle 5: **Unterschiede zwischen bipolaren und unipolaren Depressionen** (nach Akiskal 2002)

pression hingegen erfasst den Betreffenden langsam, aber sicher und ist oft erst nach vielen Wochen voll ausgeprägt. Ihre ersten Anzeichen können so subtil sein, dass sie gar nicht bemerkt werden. Man hat einen leichteren Schlaf, das Essen will nicht mehr so recht schmecken, das Konzentrationsvermögen lässt nach und man kann nicht mehr herzlich lachen.

Freudlosigkeit stellt sich erst ein, wenn die Depression fortschreitet und schließlich vom gesamten Denken und Handeln Besitz ergreift. In akuten Phasen kann es sein, dass man nur noch daran denkt, wie man der ausweglos erscheinenden Situation entkommen kann, indem man aus dem Leben scheidet.

Glücklicherweise reagieren die meisten Depressiven relativ gut auf eine medikamentöse Behandlung. Etwa zwei Drittel aller Depressionen klingen größtenteils durch Antidepressiva wieder ab – sie verschwinden, wie sie gekommen sind: allmählich. Erst bessert sich der Schlaf, das Essen schmeckt wieder, man wird gesprächiger, hat wieder ein offenes Ohr für den Partner und die Kinder ... und eines Tages ertappt man sich dabei, dass man eine Melodie aus dem Radio mitsummt. Bipolare Depressionen können allerdings auch ganz plötzlich und unerwartet wieder vorbei sein.

Sabine kommt einige Monate nach einem manischen Schub mit einer schweren Depression und Selbstmordgedanken in die Klinik. Sie wird auf Medikamente eingestellt: Sie bekommt Lithium zusätzlich zu dem Antidepressivum und dem Stimmungsstabilisierer, die sie bereits nimmt, jedoch ohne nennenswertes Resultat. Monate später wird Sabine mit elektrokonvulsiver Therapie (EKT) behandelt, was ebenfalls kaum Besserung bringt. Sabine ist weiterhin depressiv, kann ihrem Beruf nicht nachgehen und hat größte Mühe, den Haushalt zu erledigen. Eines Tages kommt sie in die Sprechstunde und berichtet, es gehe ihr bedeutend besser. Plötzlich, wie durch Zauberhand, sei die Depression gewichen: »Ich weiß noch genau, an welchem Tag es war ...«, erzählt sie. »Ich hatte wieder Lust, etwas zu unternehmen. Ich habe meinen

Sohn von der Schule abgeholt, Papiere geordnet und abends eine Freundin besucht ...«

Hilft es, wenn ein depressiver Mensch sich zu Aktivitäten »zwingt«?

Die Ansicht, Depressionen hätten mit mangelnder Willenskraft zu tun und seien zu überwinden, indem man dagegen ankämpft, ist weit verbreitet, entspricht aber nicht den Tatsachen: Eine Depression ist eine Krankheit. Um sie zu überwinden, kann es zwar hilfreich sein, dagegen anzugehen, aber so zu tun, als wäre alles »normal«, obwohl man genau spürt, dass dem nicht so ist, hat wenig Sinn. Versucht man, gegen den inneren Widerstand das eine oder andere doch zu tun, so ist das sicherlich gut. Schwer depressive Menschen bleiben manchmal tagelang im abgedunkelten Schlafzimmer im Bett. Der Lichtmangel trägt natürlich nicht dazu bei, dass sie aus ihrem Tief herausfinden. Daher ist es sinnvoll, dass sie zumindest aufstehen, sich waschen und anziehen und zwischendurch an die frische Luft gehen.

Mieke, eine selbstbewusste Frau mittleren Alters, hatte viele Jahre ein Bekleidungsgeschäft und legte großen Wert darauf, immer gut angezogen zu sein. Nachdem sie ihr Geschäft verkauft hatte, durchlebte sie eine schwere Depression. Sie lag tagsüber auf dem Sofa, meist im Pyjama, manchmal im Jogginganzug (einem Kleidungsstück, das sie sonst fast nie trug). Auf die Frage, was sie tun wollte, wenn die Depression überstanden sei, antwortete sie ohne zu überlegen: »Zuallererst würde ich mich hübsch anziehen.« An den Tagen danach zog Mieke morgens nach dem Aufstehen wieder Rock und Seidenbluse an. Sie legte sich tagsüber nicht mehr aufs Sofa, weil sonst die Bluse zerknittert wäre. Als ihre Schwester vorbeischaute und Mieke in hübscher Kleidung antraf, vermutete sie, es gehe ihr besser, und sie schlug vor, gemeinsam in der Stadt einen Kaffee zu trinken. Beim nächsten Termin in der Praxis berichtete Mieke, sie habe mit ihrer Schwester einen schönen Tag verbracht. Und es folgten immer mehr solche Tage ...

Wie werden Depressionen behandelt?

Bei unipolaren Depressionen wird in der Regel ein Antidepressivum gegeben, bei einer leichten Depression verschreibt der Arzt eventuell gar keine Medikamente. Eine Psychotherapie kann in beiden Fällen hilfreich sein, wenn die Depression eine Reaktion auf Umweltfaktoren ist. Aber auch bei der »klassischen«, nicht durch äußere Faktoren bedingten Depression (»Ich habe doch alles zum Glücklichsein, warum nur ...?«) ist eine Gesprächstherapie sinnvoll, zumal schon die Tatsache, dass man von einer Depression getroffen wird, oft schwer zu verarbeiten ist.

Schwieriger ist es bei bipolaren Depressionen. Antidepressiva können, wie auch bei unipolaren Depressionen, helfen, bergen aber das Risiko, dass der Patient aus dem depressiven Tief in eine Hypomanie oder Manie gerät. Deshalb müssen Antidepressiva bei bipolar Erkrankten mit besonderer Vorsicht verschrieben beziehungsweise dosiert werden. Bei Stimmungsstabilisierern ist dieses Risiko geringer.

Patienten, bei denen eine *Bipolar-I-Störung* diagnostiziert wurde, nehmen sehr wahrscheinlich bereits einen Stimmungsstabilisierer. Tritt bei ihnen eine Depression auf, wird als Erstes der Stabilisierer entsprechend dosiert. Zudem wird der Betroffene auf ein Antidepressivum eingestellt. Wie in Kapitel 9 ausgeführt, sind alle Antidepressiva etwa gleich stark. Welches der Arzt verordnet, hängt unter anderem davon ab, ob der Patient schon früher ein Antidepressivum genommen und wie es gewirkt hat. Ferner berücksichtigt er die zu erwartenden Nebenwirkungen und eventuelle Wechselwirkungen mit anderen Medikamenten, die der Patient regelmäßig nehmen muss.

```
                    BIPOLARE DEPRESSION
                    ↙              ↘
            ERSTE              ERNEUTE
         DEPRESSION           DEPRESSION
              ↓                    ↓
        Stimmungs-           Dosis anpassen
        stabilisierer
              └──────────┬──────────┘
                         ↓
            Stimmungsstabilisierer + Antidepressivum
                         ↓
          →      + zweiter Stabilisierer      ←
          │                                   │
          →           + EKT                   ←
```

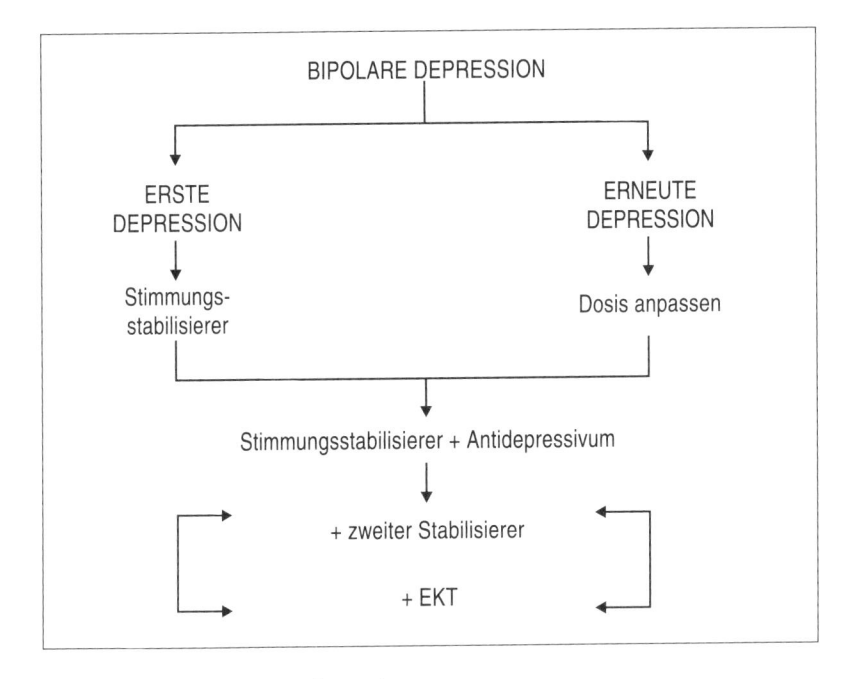

Abbildung 8: **Behandlung bipolarer Depressionen**

Liegt eine *Bipolar-II-Störung* vor und hat der Patient bislang keinen Stimmungsstabilisierer genommen, bekommt er bei Auftreten der Depression einen solchen verordnet, mitunter auch ein Antidepressivum ohne Stimmungsstabilisierer. Von der zweiten Option rücken immer mehr Ärzte ab, weil Antidepressiva eine neuerliche Hypomanie hervorrufen beziehungsweise einen schnelleren Phasenwechsel verursachen können.

Wie bereits erwähnt, schlagen Antidepressiva bei etwa zwei Drittel aller depressiven Patienten gut an – eine erfreuliche Tatsache, die aber auch eine Kehrseite hat: Ein Drittel der Patienten spricht nicht gut darauf an. In diesen Fällen muss oft längere Zeit nach einem geeigneten Präparat oder einer wirksamen Kombination von Stimmungsstabilisierer und Antidepressivum gesucht werden. Schwere oder psychotische Depressionen sowie solche, bei denen eine medikamentöse Therapie kaum oder keine Wirkung zeitigt, können mit elektrokonvulsiver Therapie (EKT) behandelt werden. Näheres dazu ist in Kapitel 9 erläutert.

6 Es muss wohl in der Familie liegen

Über das Verletzlichkeits-Stress-Modell

> »... die Anfälle bei der manisch-depressiven Erkrankung können in erstaunlichem Maße von äußeren Einflüssen abhängen.«
> EMIL KRAEPELIN

Bipolare Störungen resultieren aus einem komplexen Zusammenwirken von erblicher Verletzlichkeit und Stress.

Dem Verletzlichkeits-Stress-Modell zufolge hat jeder Mensch eine gewisse Anfälligkeit für eine bipolare Störung – man spricht in diesem Zusammenhang von »Verletzlichkeit« oder »Vulnerabilität«. Die Anfälligkeit ist genetisch bedingt und daher bei jedem unterschiedlich ausgeprägt. Der Begriff »Verletzlichkeit« hat nichts mit »Schwäche« oder dergleichen zu tun, sondern bedeutet lediglich, dass man genetisch oder biologisch anfällig für das Entstehen einer bipolaren Störung ist.

Negative Einflüsse vor oder bei der Geburt wie etwa Infektionen könnten die Verletzlichkeit erhöhen. Man hat beispielsweise festgestellt, dass Menschen mit einer bipolaren Störung auffallend oft im Winter oder Frühjahr geboren sind, und davon die Hypothese abgeleitet, dass während der Schwangerschaft Viren ins Erbgut eingedrungen sein und eine erhöhte Verletzlichkeit bewirkt haben könnten. Bei Schizophrenie ist mittlerweile ein Zusammenhang mit Viren nachge-

```
VERLETZLICHKEIT                    Erbliche              Negative Faktoren
                                   Faktoren              vor und bei der Geburt

                          ┌──────────────────────────────────────────┐
                          │        Hirngewebeveränderungen           │
                          └──────────────────────────────────────────┘

              ┌──────────────┐                          ┌──────────────┐
              │  Körperliche │                          │              │
   STRESS     │ Erkrankungen,│                          │ Psychosoziale│
              │   Drogen ... │                          │   Faktoren   │
              └──────────────┘                          └──────────────┘

                          ┌──────────────────────────────────────────┐
                          │            BIPOLARE STÖRUNG              │
                          └──────────────────────────────────────────┘
```

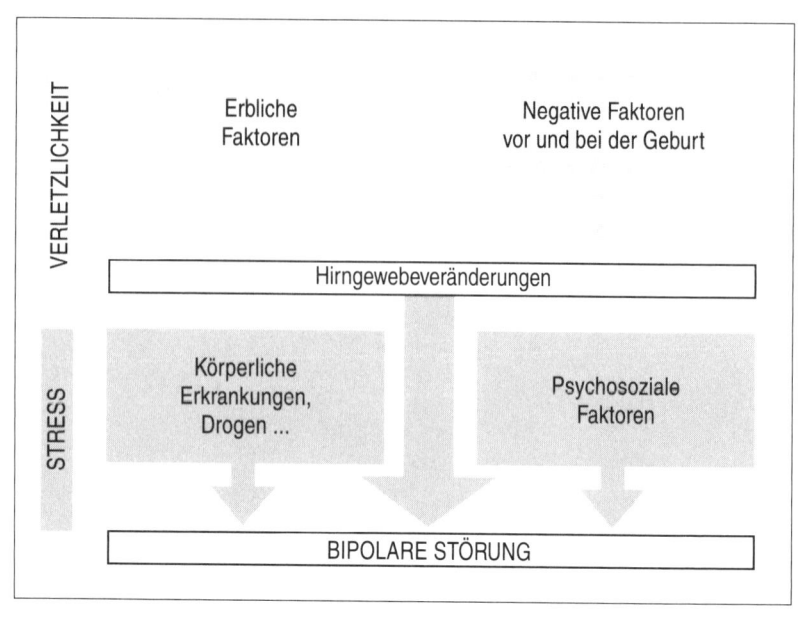

Abbildung 9: **Das Verletzlichkeits-Stress-Modell (A)**

wiesen. Bei erhöhter Verletzlichkeit hat man auch geringfügige Abweichungen im Gehirn nachgewiesen.

Die Verletzlichkeit ist somit immer vorhanden, ob es einem nun gerade gut oder schlecht geht. Sie ist dauerhaft und der Grund, weshalb Patienten auch in beschwerdefreien Phasen Medikamente brauchen.

Die Erkrankung bricht aus, wenn die »Schwelle zur Störung« überschritten wird (Abbildung 10). Ob man die Schwelle überschreitet, hängt von Stressfaktoren ab. Der Stress kann negativ, aber auch positiv sein (zum Beispiel die Geburt eines Kindes oder der Umzug in eine neue Wohnung). Körperliche Stressfaktoren sind etwa eine Schädigung des Gehirns durch Krankheit oder Unfall, der Konsum von Drogen oder die Einnahme bestimmter Medikamente. Ausschlaggebend *können* auch psychische oder psychosoziale Faktoren sein,

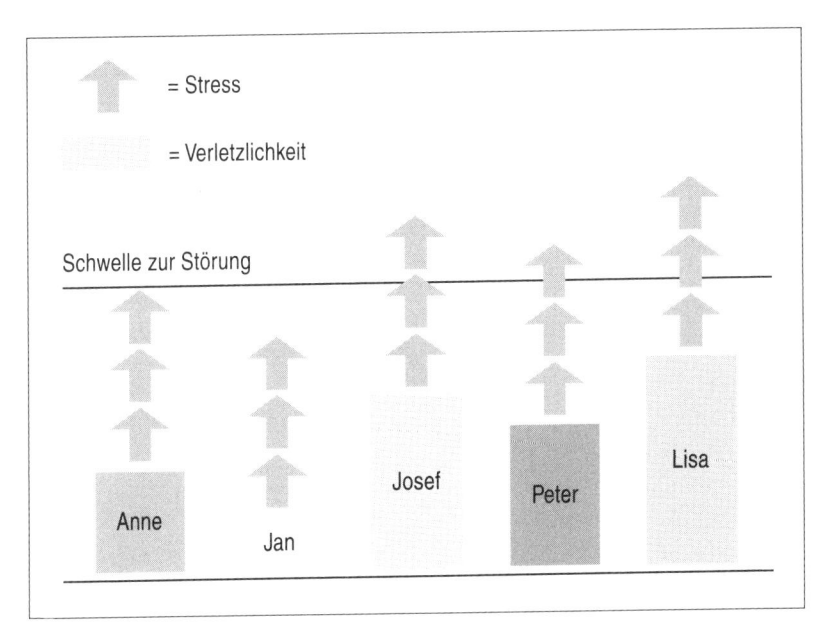

Abbildung 10: **Das Verletzlichkeits-Stress-Modell (B)**

beispielsweise belastende Ereignisse in der Kindheit: Missbrauch, Vernachlässigung oder der Verlust eines Elternteils (vgl. Seite 137).

Der Stress häuft sich sozusagen an, bis die Schwelle erreicht ist, überschritten wird und der Betreffende erkrankt. Der erste Schub lässt sich meist einem bestimmten Stressfaktor zuordnen; das kann die Geburt eines Kindes oder eine Fernreise sein, eine Scheidung oder ein Arbeitsplatzwechsel.

Zur Veranschaulichung des Modells nehmen wir einmal das Beispiel »Kopfschmerzen«. Jeder Mensch hat dafür eine bestimmte Anfälligkeit oder Verletzlichkeit. Ist die Schwelle dazu einmal überschritten, bekommt man Kopfschmerzen. Lisa (Abbildung 10) befindet sich am nächsten bei der Schwelle. Bei ihr braucht es nur wenig Stress und sie bekommt Kopfschmerzen. Stressfaktoren, die Kopfschmerzen hervorrufen können, sind zum Beispiel Schokolade, Rotwein, eine schlechte Nacht oder ein anstrengender Tag. Wenn Lisa nun schlecht geschlafen hat und am nächsten Tag ein Glas Rotwein trinkt, löst das bei ihr Kopfschmerzen aus. Jan dagegen kann sich durchaus etwas Schokolade und Rotwein erlauben, selbst wenn er eine schlechte Nacht und einen anstrengenden Tag hinter sich hat. Jan weist eine geringere Verletzlichkeit für Kopfschmerzen auf; bei ihm kann daher mehr Stress zusammenkommen, bevor er die »Kopfschmerz-Schwelle« überschreitet.

Bei den Schüben bipolar Erkrankter verhält es sich ebenso. Bei manchen Personen liegt eine stärker ausgeprägte Verletzlichkeit vor als bei anderen, sodass bei ihnen weniger Stressfaktoren hinzukommen müssen, damit ein Schub auftritt.

Kann Stress eine bipolare Störung verursachen?

Stress allein ist nicht die Ursache einer bipolaren Störung, aber Stressfaktoren haben Einfluss auf den Verlauf der Erkrankung. Untersuchungen haben ergeben, dass insbesondere der erste Schub meist durch belastende Umstände hervorgerufen wird. Je mehr Schübe der Patient hatte, desto weniger scheint Stress eine Rolle zu spielen. Spätere Schübe treten oft völlig unerwartet auf, ohne dass ein auslösender Stressfaktor gegeben ist.

Ein bestimmter Stressfaktor ist anscheinend gravierender als alle anderen und ruft am ehesten einen Schub hervor: die Geburt eines Kindes.

Auf welche Weise begünstigt Stress einen Schub?

Wahrscheinlich begünstigen die meisten Stressfaktoren einen Schub, indem sie Schlafstörungen verursachen: Es ist bekannt, dass Schlafmangel leicht einen Schub hervorruft.

Wirkt sich auch Stress in der Kindheit aus?

Belastende Erlebnisse in der Kindheit können bewirken, dass die Betreffenden später psychische Probleme bekommen – das bestätigen die meisten Studien. Das heißt aber nicht, dass schwerer Stress oder Traumata in der Kindheit eine bipolare Störung hervorrufen müssen. Untersuchungen über die Auswirkungen von Missbrauchserfahrungen in der Kindheit haben bislang keinen eindeutigen Zusammenhang mit bipolaren Störungen ergeben.

Untersucht wurde auch, wie sich der Verlust eines Elternteils auswirkt. Einige Studien zeigen einen Zusammenhang mit bipolaren Störungen, in wesentlich mehr konnte ein solcher aber nicht nachgewiesen werden.

Welche Rolle Stress in der Kindheit beim Entstehen von bipolaren Störungen spielt, kann somit nicht eindeutig beschrieben werden. Letztlich ist der Einfluss bestimmter Ereignisse auf die Entwicklung oder den Verlauf einer Erkrankung wohl sehr individuell.

Trägt die Erziehung zum Entstehen einer bipolaren Störung bei?

Um die Mitte des 20. Jahrhunderts wurden in verschiedenen Publikationen Zusammenhänge zwischen der Familiensituation und dem Entstehen manisch-depressiver Erkrankungen hergestellt. Vielfach wurden die Eltern darin als Verursacher der Erkrankung ihrer Kinder angesehen. Solche Anschuldigungen haben Leid und Unfrieden verursacht und dürften in vielen Familien, die ohnehin mit Problemen zu kämpfen hatten, die Situation verschärft haben.

In der Folgezeit hat man untersucht, welche Eigenschaften von Eltern Kinder »krank machen« könnten. Nie hat sich ein ursächlicher Zusammenhang mit bipolaren Störungen ergeben. Daher steht heute fest, dass die Erziehung kein Einflussfaktor sein kann.

Els' Geschichte

Auch Els glaubte lange, ihre Probleme rührten von der Erziehung her. Die Krankheit ihrer Mutter verursachte ständige Spannungen und Konflikte innerhalb der Familie. Els' Mutter war so stark mit ihren eigenen Problemen beschäftigt, dass sie kaum auf ihre Kinder eingehen konnte. Sie trank des Öfteren zu viel Alkohol, woraufhin es zu Streitereien und Szenen kam. Els und ihre Schwester befürchteten damals, die Familie könnte auseinander brechen.

Wo lag die Ursache? Ich hatte oft schwierige Zeiten. Auch zwischen Bert und mir kam es immer wieder zu Spannungen. Beruflich war es uns nicht eben gut gegangen. Und früher, in meiner Kindheit, war ich oft unglücklich. Ich erinnere mich noch gut an die bedrohliche Atmosphäre in meinem Elternhaus. Eine Atmosphäre, in der man sich als Kind nichts zu sagen oder zu tun traute – aus Angst, etwas falsch zu machen. An meine frühe Kindheit habe ich kaum Erinnerungen. Die düstere Stimmung habe ich etwa ab dem achten Lebensjahr wahrgenommen; damals spürte ich, dass meine Mutter mit ihrem Dasein als Hausfrau nicht glücklich war. Oft hatte sie mit meinem Papa Diskussionen darüber. Ich weiß noch, dass sie ungern putzte und dass wir, Inge und ich, dabei halfen, um es ihr etwas leichter zu machen. Sie war auch ständig gereizt. Ansonsten weiß ich nicht mehr viel. Die Probleme fingen an, als ich zehn Jahre alt war. Ich war in der fünften Klasse. Eines Abend kamen meine Eltern spät nach Hause und hatten fürchterlich Krach – es war eine unglaubliche Szene. Meine Ma war vollkommen hysterisch. Es sah aus, als würde sie wahnsinnig werden. Sie hatte eindeutig zu viel getrunken und war Worten nicht mehr zugänglich. Papa konnte sie einfach nicht beruhigen. Sie schrie hysterisch und war nicht zur Vernunft zu bringen. Inge war ebenfalls aufgewacht. Wir saßen oben auf der Treppe und horchten. Dabei überlegten wir, was passieren würde, wenn sie sich scheiden ließen. Bei wem würden wir dann wohnen? Weil wir nicht wussten, wie das bei Scheidungen lief, war uns nicht klar, dass wir dann bei einem Elternteil bleiben würden. Wir dachten, dass wir bei unserer besten Freundin wohnen könnten, und das war eine durchaus angenehme

Vorstellung, besser jedenfalls, als an diesem schrecklichen Ort bleiben zu müssen. Diesem einen Vorfall folgten weitere und immer wieder kam es zu Szenen. Wir spürten genau, dass zwischen unseren Eltern keine Einigkeit herrschte. Oft waren sie entgegengesetzter Meinung. Sie bildeten keine Einheit.

In diesem Kontext kann ich auch erklären, warum ich mich zwischen meinen Eltern entschieden habe. Meine Ma schilderte mir das Leben sehr negativ. Erwachsensein sei schwierig und Frausein ein zusätzliches Problem. Frauen hätten es schwer, sagte sie zu mir. Sie bekämen Monatsblutungen (»Man kriegt seinen Kram«, nannte sie das) und das sei eine Belastung und tue weh. Dann heirate man und bekomme Kinder und der Mann wolle es immer wieder mit einem tun, sodass man noch mehr Kinder kriegte. Es sei alles andere als ein Zuckerschlecken. Diese Botschaft bekam ich als junges Mädchen mit. Damit musste ich mein Leben als Frau beginnen. Nicht gerade ermutigend. Ich kam in die Pubertät. Es war wohl verständlich, dass ich nicht gern Frau sein und auch nicht erwachsen werden wollte. Und das Erwachsensein rückte immer näher. Das Ende des sechsten Schuljahrs war für mich eine sehr schwierige Zeit. Meine Kommunionfeier: Die ganze Verwandtschaft war da, ein schöner Tag. Ich war so richtig glücklich. Am Nachmittag dann nahm die Feier ein vorzeitiges Ende, weil meine Mutter eine schlimme Szene machte, wiederum unter Alkoholeinfluss. Die Verwandten gingen, es blieb ihnen gar nichts anderes übrig. Meine Mutter hatte alles verdorben und dafür hat sie sich nie entschuldigt. Sie hat geheult, geschrien und gezetert, aber nicht ein einziges Mal hat sie gesagt: »Es tut mir Leid, es war dein Fest, ich habe es verdorben, ich hätte ruhig bleiben müssen.« Ich schluckte alles runter. Niemandem konnte ich meinen Kummer anvertrauen. Drei Wochen später starb meine Lieblingskatze. Und eine Woche darauf war die Grundschulzeit zu Ende. Nach den großen Ferien kam ich auf eine andere Schule, in der ich mich nie wohl fühlte. Am ersten Schultag sagte meinte Mutter morgens zu mir: »Jetzt bist du ein großes Mädchen.« Mir wurde fast übel davon. Die fröhliche, sorglose Grundschulzeit, in der ich immer Klassenbeste gewesen war und im Mittelpunkt gestanden hatte, lag nun hinter mir. Sie war für immer vorbei. Im Gymnasium lief es nicht gut. Die Lehrerinnen waren streng und hielten Distanz zu den Schülern, so zumindest empfand ich es. Ich blockierte immer mehr. Dadurch wurde die Distanz nur noch größer. Zu Hause kam es nun öfter zu Szenen. Ich wäre viel lieber auf einem Internat gewesen, dann hätte ich den ganzen Mist nicht mitbekommen. Oft fand ich meine Mutter am Nachmittag heulend vor, weil Papa wieder mal was Falsches gesagt hatte. Dann fühlte ich mich völlig machtlos, ich wusste nicht, wie ich reagieren sollte, und verstand ihren Kummer nicht. Wir waren einfach nicht auf einer Wellenlänge, ich konnte nicht mit ihr fühlen. Meiner Meinung nach wurde sie viel zu schnell hysterisch. Ihr Schreien und Zetern konnte ich kaum ertragen. Ich versuchte ruhig zu bleiben, obwohl da oft eine innere Unruhe war. Die unterdrückte ich einfach. Ich suchte Zuflucht in Büchern, lernte immer mehr und wurde immer perfektionistischer, damit ich wenigstens meinem Papa Freude machte. Die Atmosphäre bedrückte mich ständig, aber das war mir nicht so recht bewusst. Ich ging in die Schule, wenn auch widerwillig, und jedes Mal hatte ich beim Nachhausekommen Angst, dass wieder was vorgefallen war. Ich traute mich auch kaum wegzugehen und hatte Schuldgefühle, wenn ich es doch machte. Hatte ich mal eine Freundin besucht, bekam ich zu hören, dass sie wieder den ganzen Tag hätte schuften müssen, während ich mich vergnügte. Schuldgefühle. Die impfte sie mir ein. Ich war jung und wollte das Beste aus meinem Leben machen, aber ich wurde in meiner Entfaltung behindert.

Els konnte sich nicht von der Vergangenheit lösen und sah ihre Erziehung weiterhin als Hauptursache ihrer Probleme. Irgendwann kam sie dadurch auf ein »Nebengleis« und glaubte, an einem multiplen Persönlichkeitssyndrom zu leiden.

Im Herbst 1997 entschloss ich mich zu einer Psychoanalyse. In der Folgezeit war ich sehr stark mit der Verarbeitung meiner Vergangenheit beschäftigt und kam immer mehr zu der Überzeugung, dass ich an einem multiplen Persönlichkeitssyndrom litt. Es war kein Zufall, dass dies kurz nach der Geburt von Charlotte, meinem dritten Kind, geschah. Ein drittes Kind, das war für mich etwas ganz Besonderes (das dritte Kind war ich selbst gewesen ...) und löste intensive Gefühle aus. In mir wohnten zwei Persönlichkeiten: ein fröhliches, entspanntes Kind und eine angespannte Erwachsene. Die beiden erklärten meine wechselnden Stimmungen. Aber wie waren sie entstanden? Was war geschehen? Würde die Wahrheit jemals ans Licht kommen?

2. September 1997

Ich fühle mich irgendwie überflüssig. Kinder weggebracht. Anfang des neuen Schuljahrs. Charlotte zum ersten Mal in der Krippe. Rasch eingekauft, um nicht in Gedanken zu versinken und etwas Nützliches zu tun. Ich komme mir vor wie eine Schmarotzerin. Könnte ich doch nur berufstätig sein, aber bevor ich das in Angriff nehme, will ich erst herausfinden, was mit mir los ist. Wenn ich nur mit anderen darüber sprechen könnte! Ich beschäftige mich mit Dingen, von denen keiner weiß. Ich fühle mich wie ein durchgedrehtes Luxuswesen. Bert ermuntert mich, er hat mir seine Unterstützung zugesagt. Er steht voll und ganz hinter dem, womit ich mich derzeit beschäftige: Kinder, ich selbst, Psychoanalyse. Und trotzdem komme ich mir so nutzlos vor!

4. September 1997

Seit gestern weiß ich, dass ich einen Bandscheibenvorfall habe. Grässlich.

Ich habe mein erstes Gespräch mit Dr. Dirk Puttemans, dem Psychiater, hinter mir. Er war erschüttert, als er von meiner ersten Entbindung und dem Klinikaufenthalt danach hörte. Ansonsten findet er, dass ich rede wie ein Buch. Ich hätte viel zu sagen, meinte er, wichtige Dinge, aber hinter meinen Worten verberge sich Angst. Das Gespräch hat mich denn auch etwas gelehrt: Schon so lange habe ich das Gefühl, etwas Wichtiges sagen zu wollen, etwas, das ich selbst erlebt habe. Ist womöglich doch etwas vorgefallen? Und ist die Erinnerung daran ganz tief in mir verborgen?

5. September 1997

Unruhige Nacht. Schlecht geschlafen. Alles ist wieder hochgekommen. Nach Dr. Puttemans' Bemerkung »Sie wollten Ihr Baby also beschützen; Sie hatten Angst, es könnte nicht genug Nahrung bekommen und sterben« ist mir aufgegangen, dass ich darüber noch nie vorher nachgedacht habe. Durch Matthias ist mir damals bewusst geworden, wie schön so ein Baby doch ist, ein so wundervolles Wesen, kein Ding ohne Persönlichkeit und eigenen Willen, wie meine Ma mir das immer weisgemacht hat. Meine Reaktion bestand denn auch darin, dass ich mir sagte: Das ist nun mein Baby, ich werde gut für es sorgen und es sehr lieben und alles anders machen als meine Ma. Unbewusst habe ich mich von ihr distanziert, war wütend auf sie, weil sie so viel falsch gemacht hat. Aber habe ich das nur aus ihren Worten abgeleitet oder gab es da un(ter)bewusste reale Erfahrungen, die dazu führten, dass ich mein Baby so krampfhaft beschützen wollte?

Hat sie mich als Baby misshandelt? Letzte Nacht kamen wieder die Bilder: Ich glaube, ich lag auf dem Speicher. Ich sah im Dunkeln Bewegungen. Etwas steckte in meiner Vagina. Ich hatte große Angst. Traute mich auch nicht mehr aufs Klo zu gehen und wollte Bert nicht wecken. Ich wollte die Eindrücke festhalten, die Wahrheit wissen. Ich hätte dringend aufs Klo gemusst, hatte heftige Bauchschmerzen. Gegen Morgen ein Traum, dass ich als Baby Hunger litt, aber mich nicht zu schreien traute, dass sie mir Stunden zu spät das Fläschchen gab.

21:00 Uhr

Meine Gedanken rasen. Ich habe das Gefühl, Dr. Puttemans hat den Nagel auf den Kopf getroffen, als er von der starken Bindung mit meinem Baby sprach, die fast schon etwas Symbiotisches hatte – aus lauter Angst um das Kind.

Was ist damals auf dem Speicher mit mir passiert? Liegt dort die Ursache allen Leidens?

Ehefrau und Mutter werden – das wollte ich als Kind auf keinen Fall. Denn dafür hatte ich genug abschreckende Beispiele erlebt. Die innere Veränderung während der Pubertät geschah gegen meinen Willen, unbewusst, im Grunde unterbewusst, weil mir damals vorbestimmt wurde, was ich nicht sein wollte. Der Abschied von meiner Kindheit war schwer, ich wollte Kind bleiben und auf gar keinen Fall Frau werden. In meinen euphorischen Phasen hatte ich wieder die gesunde Wahrnehmung eines Kindes, nicht die »übliche« der Erwachsenen von heute, die viel zu angespannt ist und unfähig zu genießen. Aber das Gefühl verflog immer wieder, weil ich nicht wusste, woher es kam und warum.

Ich war ein glückliches Kind, aber was geschah damals, als ich ein Baby war, mit mir? Ich habe Angst, das Baby zu werden und den Täter zu sehen. Was soll ich nur tun? Wird der lange unterdrückte Schrei – der bisher nur im Träumen losbricht – irgendwann Realität? Wen werde ich sehen? Was wird derjenige tun? Wer hilft mir, dass ich das alles bewältige? Ich habe solche Angst und es schmerzt mich so, was mir angetan wurde. So viel Kummer wegen all den schlimmen Dingen. Aber wer hat mir was angetan? Mama oder ihr Vater? Oder vielleicht jemand anders?

Ich leide so sehr, wenn Charlotte weint und ich ihr nicht helfen kann. Dann fühle ich mich machtlos, bin ungeheuer traurig und habe große Angst, dass auch sie ein Trauma erleidet. Ich stehe ständig unter Druck, auch im Kontakt mit Matthias und Eva, weil ich nichts falsch machen und immer für sie da sein möchte. Ungesund ist das. Als wären sie so fordernd, als würden sie Schwierigkeiten machen, wenn ich nicht sofort auf ihre Wünsche eingehe. Ist es eine falsche Interpretation meiner eigenen Kindheit, dass ich glaube, die Kinder würden sich sofort zurückgesetzt fühlen? Chronische Kälte führt womöglich zu emotionaler Vernachlässigung, aber ist mein Schuldgefühl berechtigt, wenn ich manchmal nicht gleich auf die Kinder eingehe? Oder stehe ich aus einem Zwang heraus unter Druck, aus dem Gefühl, dass ich immerfort jeden zufrieden stellen muss?

Müssen, immer nur müssen.

Die Therapie. Was verspreche ich mir davon? Die Kälte meiner Ma verarbeiten, herausfinden, ob sie mich sexuell oder moralisch misshandelt hat, die Rolle meines Vaters besser verstehen: perfektionistisch, anspruchsvoll, autoritär, tyrannisch, auch angespannt und gestresst – herausfinden, ob vielleicht er mich sexuell missbraucht hat. Oder war es mein Großvater und ich beschuldige meine Eltern zu Unrecht? Die Klärung sollte zu einer gesünderen Beziehung mit meinen Kindern führen, was letztlich mein höchstes Ziel ist.

15. September 1997, 21:30 Uhr

Manchmal bin ich ganz ermattet vom endlosen Grübeln. Das Weinen ist mir oft näher als das Lachen. Auch über die Rolle meines Vaters muss ich immer wieder nachdenken. Gestern, mit Charlotte, fiel mir auf, wie schlecht er doch mit Babys umgehen kann. Mit tiefer, lauter Stimme hat er auf sie eingeredet, nicht liebevoll und leise. Sie fing an zu weinen. Aber sie hat meine Ma angelacht.

Waren meine Eltern beide Babys gegenüber distanziert?

Und später waren Kinder für sie nur Schmuckstücke. Alles war in Ordnung, wenn sie brav, höflich und vernünftig waren. Ach, ich habe sosehr um ihre Gunst gekämpft: Alles wollte ich richtig machen, alles können, mich den Launen meiner hysterischen Mutter anpassen. Uns Kindern gegenüber nahm mein Vater sie meist in Schutz, obwohl er doch begriffen haben muss, wie unvernünftig sie war. Aber das gestand er selten ein. In meinem Leben gab es nichts Sanftes. Es war knallhart. Nie konnten meine Eltern sich in unser Dasein als Kinder einfühlen. Wir waren Objekte, mit denen sie angeben konnten und deren Persönlichkeit sie nie ernst nahmen. Bei Familienfeiern wurden wir nicht beachtet. Wir spielten im Freien oder irgendwo im Hintergrund und die Erwachsenen redeten, schrien, diskutierten, stritten, beleidigten einander sogar, und oft wurde meine Ma hysterisch.

Wir nahmen das gelassen hin. Ich sehnte mich sosehr nach Stille, nach Ruhe und Frieden und Sanftheit, aber es scheint, als hätte sich der Sturm seitdem nie mehr gelegt. Er wütet immer weiter in meinem Kopf. Als würde ich ständig verfolgt. Als würden die unfreundlichen Subjekte immer noch mein Tun und Lassen bestimmen.

Ein paar Tage später verbrachte ich den Abend allein zu Hause. Ich war sehr unruhig. Dr. Puttemans hatte mir aufgetragen, einen Brief an meine Ma zu schreiben. Nicht, um ihn abzuschicken, sondern als therapeutische Maßnahme. Meine Gedanken überschlugen sich. Ich wollte diesen Brief mit ganzem Herzen schreiben. Er war knallhart. Ich nehme ihn in dieses Buch nicht auf, weil ich meine Mutter inzwischen ganz anders sehe. Die Tage danach verliefen ruhig. Ich fühlte mich erleichtert. Eine schwere Last war von mir abgefallen. Trotzdem bedrückte mich etwas. Der Brief würde die Adressatin ja nie erreichen. Der Täter ging frei aus. Ich musste die Scherben ganz allein zusammensetzen.

Das Spiel bei Dr. Puttemans ging noch ein Stück weiter: Ich sollte in die Rolle meiner Mutter schlüpfen und eine Antwort formulieren. Das fiel mir nicht schwer. Ich konnte mich ja noch gut erinnern, wie sie früher auf Vorwürfe reagiert hatte:

»Da sieht man's mal wieder: Du bist eine schlechte Tochter. Ich habe von jeher gewusst, dass du mich nicht leiden kannst. Und dabei habe ich alles für dich getan. Du machst mich fertig mit deinen Vorwürfen! Und jetzt soll ich auch noch an deinen Problemen schuld sein.«

Weinend schrieb ich einen zweiten Brief. Einen Brief, wie ich ihn in meinen utopischen Träumen gern bekommen hätte, wie es hätte sein können und müssen:

»Els, mein liebes Kind, dein Brief hat mich erschreckt und sehr traurig gemacht. Mir war nicht klar, dass du so unter mir gelitten hast. Ich war zu viel mit mir selbst beschäftigt und habe auf euren Kummer keine Rücksicht genommen. Hätte ich doch nur früher etwas gegen meine Probleme unternommen. Es tut mir ja so Leid, dass du nicht glücklich warst und bist. Es wäre meine Aufgabe gewesen, dafür zu sorgen. Jetzt begreife ich, was Eltern ihren Kindern antun können. Die Kinder selbst haben das nicht gewollt. Verzeih mir ...«

Es war zwar eine therapeutische Maßnahme, aber die Wirkung war verheerend. Es verbitterte mich, dass diese zweite Antwort nie an mich geschrieben würde, das beherrschte allmählich mein ganzes Denken. Das Gefühl der Erleichterung, das ich in den letzten Wochen gespürt hatte, verflog und ich sank immer tiefer. Trübsinn erfasste mich in einem Maß, wie ich es noch nie erlebt hatte. Eine ungeheuer schwere Zeit stand mir bevor.

15. Oktober 1997

Ein tiefes schwarzes Loch. Zu nichts mehr war ich noch in der Lage. Ich fühlte mich minderwertig. Charlottes Essprobleme nervten mich enorm. Immer saß ich mit verheultem oder mürrischem Gesicht bei ihr. Matthias und Eva schnauzte ich oft an.

Was war ich noch? Beruflich ein Nichts. Als Mutter hatte ich versagt. Ich, die alles so perfekt hatte machen wollen.

Ich sah kein Licht mehr. Ich wollte Hilfe, aber Bert mit seinem anstrengenden Job hatte keine Zeit für mich. Und inzwischen bestimmte ich die Atmosphäre zu Hause, meist im negativen Sinn. Was sollte ich tun? Ich hatte keinen Mut mehr. Heulen wollte ich, krank, wie ich war vor lauter Kummer. Aber nicht einmal das konnte ich. Die Kinder waren immer in der Nähe und Bert wollte ich wegen solcher Lappalien nicht stören.

26. Oktober 1997

Ich war verbittert und angespannt. Ich suchte Unterstützung bei Bert, hatte aber das Gefühl, dass er mir die nicht gab. Wir stritten ständig. Oft warf ich ihm Dinge aus der Vergangenheit vor. Diese schwierige Zeit war eine harte Probe für uns. Ich wurde immer öfter hysterisch und Bert wiederum reagierte darauf sehr grob. Seine abweisende Körpersprache ließ mich manchmal vor Wut und Frustration hochgehen. Und ich hatte keine Ahnung, wie ich das abstellen konnte. Der Panzer machte mich enorm reizbar. Oft war die Art, wie ich mit Bert redete, total überzogen. Meine wahren Gefühle, die ich so viel sanfter zum Ausdruck hätte bringen können, waren unter dem Panzer verborgen, der mich nun schon seit Wochen behinderte. Unsere Beziehung litt sehr darunter.

Wer war ich? Wer war diese gepanzerte Gestalt? Wer war das fröhliche, euphorische Kind unter dem Panzer? So viele Fragen. Ich hatte das Gefühl, in meinen eigenen Theorien zu ertrinken und bei der Therapie schon seit Wochen keine Fortschritte mehr zu machen. Ich wusste einfach nicht, mit welchen Mitteln ich das fröhliche, euphorische Persönchen in mir befreien konnte. Ich fühlte mich schlecht und angespannt, war schnell gereizt und hatte das Gefühl, dass wir der Wahrheit einfach nicht näher kamen. Dr. Puttemans schlug daraufhin eine medikamentöse Therapie mit Trevilor vor. Damit würde sich der Panzer leichter tragen lassen und ich könnte ein menschenwürdigeres Dasein führen. Ich begann mit einer Dosis von 150 mg pro Tag, die rasch auf 225 mg erhöht wurde. Allmählich ging es mir besser. Der Panzer wurde leichter. Manchmal war ich fast schon entspannt. Dennoch war da das Gefühl, den Kampf verloren zu haben. Ich hatte die Ursache meines Leidens nicht herausfinden können. Bis dahin waren Medikamente für mich tabu gewesen. Unwissend, wie ich damals noch war, ging ich davon aus, alles ließe sich lösen, wenn man nur tief genug in sich selbst suchte und in der Vergangenheit grub. Medikamente waren meiner Ansicht nach etwas für Schwächlinge, die den Mut nicht aufbrachten, diese Suche in Angriff zu nehmen.

Im Nachhinein betrachtet war diese Phase sehr wichtig in meinem langen Selbstfindungsprozess. Ich musste durch den aufwühlenden Verarbeitungsprozess gehen, um später einzusehen, dass die Probleme noch immer nicht gelöst waren, und in Ruhe weiter nach Faktoren suchen zu können, die meine Erkrankung bewirkt hatten.

So schlimm Els' Kindheit auch war, es wäre falsch, darin die Ursache ihrer Erkrankung zu sehen. Wie man erzogen wird oder was man als Kind erlebt hat, steht in keinem ursächlichen Zusammenhang mit der bipolaren Störung. Deren Ursache liegt im komplexen Zusammenwirken einer genetischen Anfälligkeit und *diverser* belastender Umstände.

7 Man hat eine bipolare Störung, aber man ist sie nicht!

Über den Umgang mit chronischen Erkrankungen

> »Um den Kampf mit diesem wilden Tier aufzunehmen,
> musste ich es zuerst mit all seinen Stimmungen,
> in all seinen zahllosen Masken kennen lernen,
> seine wahren und eingebildeten Kräfte begreifen.«
> KAY REDFIELD JAMISON

Nach dem ersten Schub stehen der Patient und auch sein Umfeld vor einer schwierigen Aufgabe. Etwas völlig Unerwartetes ist passiert. Womöglich hat das Selbstbild des Betroffenen einen Knacks bekommen und das Selbstvertrauen gelitten. Die Ungewissheit, ob man erneut einen Schub bekommt oder nicht, macht schwer zu schaffen. Und man hat jede Menge Fragen …

Sich mit der Diagnose zu arrangieren, bedeutet für die meisten Menschen einen langen Weg voller Fallen – tiefe und weniger tiefe Fallen, die einen, so man hineintappt, einem neuerlichen Schub näher bringen. Und das Schwierigste ist, dass man es meist nicht sofort merkt.

Bevor der Patient mit seiner Erkrankung umgehen kann, sind mehrere Schritte zu gehen beziehungsweise Phasen zu durchlaufen (Abbildung 11). Wichtig ist zunächst, dass er *Gewissheit* hinsichtlich der Diagnose bekommt (Phase 1). Sie ist die Voraussetzung für die nächsten Schritte auf dem Weg zu einem sinnvollen Umgang mit der

Erkrankung. Beim nächsten Schritt geht es darum, dass der Patient *akzeptieren* lernt, dass ihn die Störung durch sein weiteres Leben begleiten wird (Phase 2). Diese Wegstrecke ist oft holprig und kurvenreich, vor allem aber schwer zu bewältigen, weil sie eine Auseinandersetzung mit dem Selbstbild erfordert. Hat der Patient diesen Schritt geschafft, kann er den »Kampf mit diesem wilden Tier«, wie Jamison es ausdrückt, aufnehmen. Und er wird feststellen, dass die bipolare Störung bei weitem nicht immer ein »wildes Tier« ist, sondern oft einfach nur ein Weggefährte, der nicht viel erwartet, aber berücksichtigt und nicht ignoriert sein will.

Wichtig ist in diesem Zusammenhang, dass der Patient seine Erkrankung besser kennen und *verstehen* lernt (Phase 3). Erst danach kann er lernen, einem neuerlichen Schub *vorzubeugen* (Phase 4). Dann sieht er auch ein, dass er langfristig Medikamente nehmen

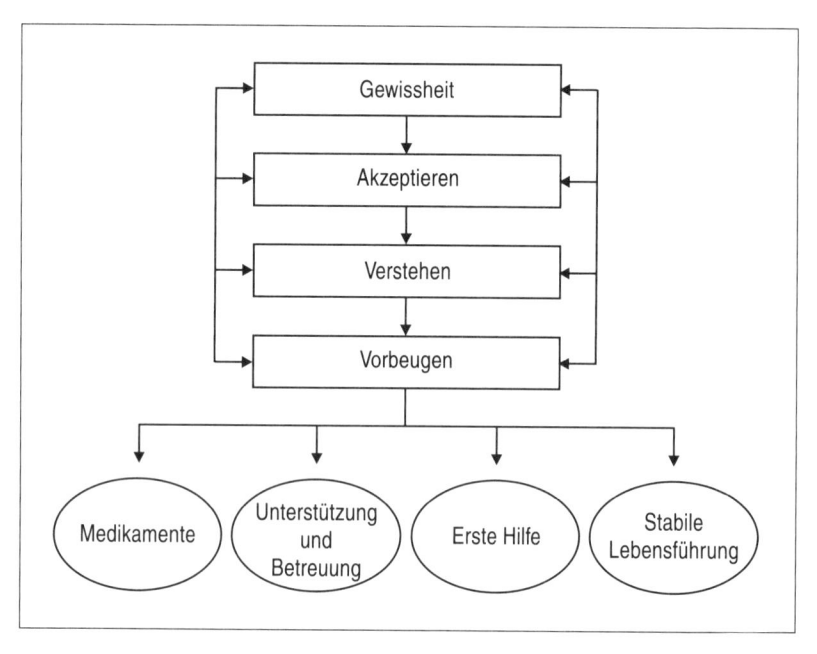

Abbildung 11: **Umgang mit einer bipolaren Störung**

muss, und ist bereit, allein oder mit dem Partner Rat zum Umgang mit den Problemen, die seine Erkrankung mit sich bringt, einzuholen. Erst im Anschluss daran entwickelt er einen Blick für frühe Warnzeichen und kann darauf reagieren. Und zuletzt kann er darangehen, sein Leben so einzurichten, dass die Grundlage für eine Stabilisierung der Störung gegeben ist.

Selbstverständlich verläuft dieser Weg für jeden anders. Die einzelnen Schritte sind auch nicht als getrennte »Verarbeitungsphasen« zu sehen, die nichts miteinander zu tun haben. Oft variieren sie in der Reihenfolge oder überlappen einander, wie es auch bei den Phasen des Trauerprozesses der Fall ist.

PHASE 1: GEWISSHEIT HINSICHTLICH DER DIAGNOSE

Die Diagnose »manisch-depressive Störung« oder »bipolare Störung« lässt mit Sicherheit keinen Betroffenen kalt.

Manche reagieren erleichtert, weil sie es »im Grunde schon immer gewusst« haben. Für sie ist die Diagnose eine Bestätigung und Beruhigung. Ihre wechselnden Stimmungen und die damit verbundenen Probleme haben nun einen Namen. »Es liegt an der Krankheit und nicht an mir selbst«, sagt sich der Patient und hat dadurch weniger Schuldgefühle.

Andere reagieren ungläubig und wollen ihre Erkrankung nicht wahrhaben. »Eine manisch-depressive Störung, das ist eine schlimme Krankheit, und was ich habe, diese Hochs und Tiefs, das kann doch nie eine solche Krankheit sein ...«, meinen sie. Die Diagnose beruhigt sie in keiner Weise und beantwortet auch keine ihrer Fragen: Im Gegenteil, sie wirft neue Fragen auf.

Dass man Gewissheit haben will, ist nur zu verstehen. Vielleicht sind Ihnen, die Sie dieses Buch lesen, Zweifel an der Diagnose Ihres

Arztes gekommen und Sie sind jetzt überzeugt, eine bipolare Störung zu haben. Oder umgekehrt: Ihr Arzt hat eine bipolare Störung diagnostiziert und Sie haben jetzt große Zweifel, ob das stimmt. Aus welchem Grund auch immer Sie zweifeln, scheuen Sie sich nicht, mit dem Arzt darüber zu sprechen; auf keinen Fall sollten Sie aus Misstrauen einfach nicht mehr zu ihm hingehen. Fragen Sie ihn, aufgrund welcher Anzeichen er seine Diagnose gestellt hat und auf welcher Grundlage sich andere Erklärungen für Ihre Probleme ausschließen lassen. Als Patient haben Sie das Recht auf eine korrekte und fundierte ärztliche Diagnose und in der Regel wird der Arzt Ihre Fragen bereitwillig beantworten.

Falls Sie nicht bei einem Facharzt in Behandlung sind, können Sie auch mit dem Hausarzt oder einem Therapeuten darüber sprechen. Nur im Gespräch werden Sie letztlich weiterkommen, da sich bipolare Störungen wie die meisten psychischen Erkrankungen weder durch Bluttests noch durch Hirnscans »schwarz auf weiß« nachweisen lassen.

Wie wird eine bipolare Störung diagnostiziert?

Die Diagnose erfolgt aufgrund von Gesprächen mit dem Arzt oder Psychiater. Manche Ärzte arbeiten dabei mit einem Fragebogen, ebenso wichtig sind aber die Informationen, die der Partner oder die Familie des Patienten beisteuern können, etwa über Stimmungswechsel, an die sich der Betroffene selbst gar nicht mehr erinnert, oder über Verwandte mit ähnlich gelagerten Problemen. Falls die Familiengeschichte nicht hinreichend bekannt ist, kann man einen Stammbaum erstellen und versuchen herauszufinden, ob in der näheren Verwandtschaft Depressionen und Manien vorgekommen sind oder ob Verwandte stationär psychiatrisch behandelt wurden. Die Resultate der Nachforschungen werden dann in den Stammbaum eingetragen.

Els' Stammbaum

Els' Stammbaum (Abbildung 12) liefert etliche Anhaltspunkte für Stimmungsstörungen in ihrer Familie. Die Großmutter, die, wie Els vom Hörensagen weiß, schwere Depressionen, aber, soweit bekannt, keine Manien hatte, ist durch Suizid (S) gestorben. Auch Els' Mutter erlebte mehrfach depressive Phasen, war aber nie manisch; sie wurde lange Zeit mit Lithium behandelt. Els' Schwester Inge war eine Zeit lang mit einem Alkoholproblem in der Klinik. Ob sie auch an einer Stimmungsstörung leidet, lässt sich nicht mit Sicherheit sagen. Els weiß lediglich, dass Inges Stimmungen stark schwanken und dass sie oft depressiv ist.

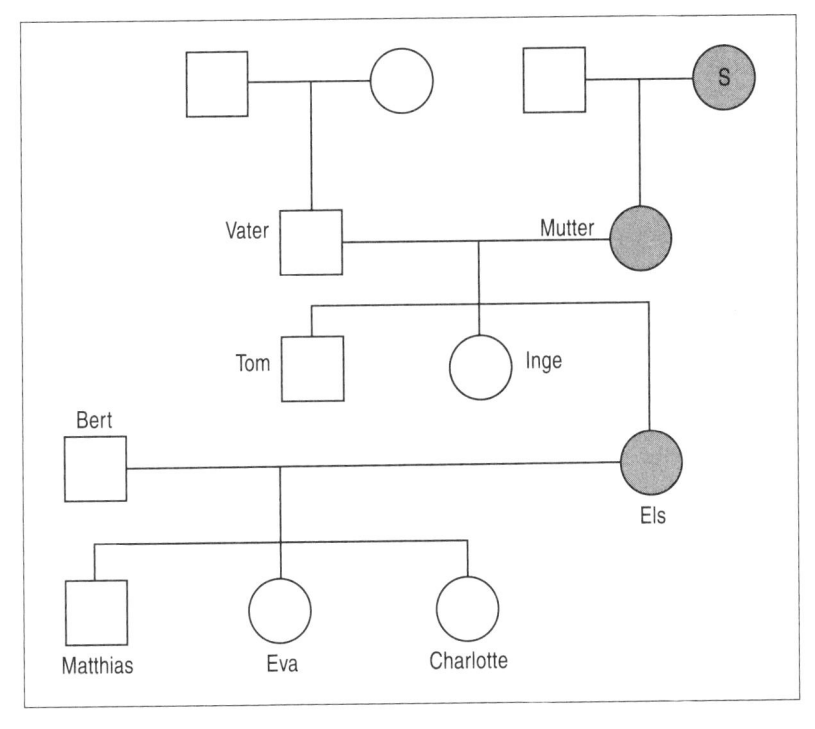

Abbildung 12: **Els' Stammbaum**

PHASE 2: DIE DIAGNOSE AKZEPTIEREN

Wie jede andere chronische Krankheit ist auch die Diagnose »bipolare Störung« meist schwer zu akzeptieren. Für viele Patienten bedeutet dies ein schmerzliches Durchleben wechselnder Gefühle wie Angst, Wut, Trauer, Schuld, Enttäuschung und Hoffnungslosigkeit. Bipolar Erkrankte müssen sozusagen ihr Selbstbild neu bestimmen. Oft ist es durch die Diagnose in Frage gestellt worden und der Patient braucht einige Zeit, um der Krankheit einen Platz zuzuordnen und sein Leben wieder »auf die Reihe zu kriegen«. Es ist alles andere als einfach, sich klar zu machen, dass man eine Krankheit hat, die lebenslang Behandlung erfordert (wie es auch bei Diabetes der Fall ist). Deshalb verwundert es nicht, dass viele Menschen die Erkrankung zunächst nicht wahrhaben wollen.

»Das kann doch nicht wahr sein!«
»Ich war einfach ein paar Wochen aus meinem Rhythmus und eine echte Depression hatte ich noch nie, da kann ich doch gar nicht manisch-depressiv sein!«
»Was soll's, ich hab eben meine Launen – bei meiner Mutter und Großmutter war das auch so!«

Mit Aussagen wie diesen wird die Erkrankung geleugnet. Leugnen ist zwar eine durchaus verständliche Reaktion, aber auf Dauer auch die beste Garantie für einen Rückfall. Schließlich ist die Erkrankung nach wie vor da, auch wenn man sie »ausblendet«. Um zu »beweisen«, dass sie keine bipolare Störung haben, setzen manche ihre Tabletten ab oder feiern eine Nacht durch. Selbst wenn das nicht unmittelbar zu einem Schub führt, bringt solches Verhalten absolut nichts.

Leugnen kann aber auch bedeuten, dass man eine schwer erträgliche Tatsache stückchenweise an sich heranlässt. Diese Phase wird auch als »Trauer um den Verlust des gesunden Selbst« bezeichnet. Nach der Diagnose ist möglicherweise eine Umorientierung erforderlich – in der Familie, bei der Arbeit oder hinsichtlich des Freundes- und Bekanntenkreises. Eventuell ist es ratsam, von einem geplanten Karriereschritt, der viel Stress mit sich bringen würde, abzusehen oder die Arbeit als Vollzeit-Tagesmutter zu reduzieren.

Andere Betroffene leugnen die Krankheit in keiner Weise, im Gegenteil: Sie identifizieren sich so stark mit der Diagnose, dass sie die Erkrankung nicht nur haben, sondern »sind«. Jegliches Problem wird dann als Krankheitszeichen interpretiert. Hat man einen schlechten Tag, so ist das »mal wieder meine Depression«, gute Laune tut man als »Stimmungsschwankung« ab und will etwas nicht gelingen, so liegt das an der bipolaren Störung und nicht an einem selbst. Man traut sich nichts mehr zu, weil man nun einmal krank ist. Solche Reaktionen treten beispielsweise dann auf, wenn der Patient die bipolare Störung als lebenslängliche Verurteilung empfindet.

Betroffene sollten sich stets vor Augen halten, dass die Diagnose keine »Verurteilung« ist. Und sie stehen auch nicht allein da. Allein in Deutschland leiden etwa eine Million Menschen unter der Bipolar-I-Störung und bis zu vier Millionen Menschen sind von der Bipolar-II-Störung oder anderen Verlaufsformen betroffen. Mindestens zwei Drittel aller bipolar Erkrankten können ein völlig normales Leben führen, ihre Aufgaben in der Familie erfüllen, ihrer Arbeit nachgehen und erfolgreich sein (in diesem Zusammenhang sei erwähnt, dass viele berühmte, sehr kreative Menschen eine bipolare Störung hatten beziehungsweise haben). Zudem kann man selbst aktiv daran arbeiten, die Krankheit weitestgehend unter Kontrolle zu bekommen.

- Eine bipolare Störung ist keine Verurteilung.
- Sie sind nicht der einzige Mensch mit einer bipolaren Störung.
- Ein normales Leben ist trotz bipolarer Störung möglich.
- Viele bekannte Persönlichkeiten hatten beziehungsweise haben eine bipolare Störung.
- Sie können daran arbeiten, dass sich die Störung stabilisiert!

Könnte ich mein Leben doch noch einmal neu beginnen ...

Juli 2001

Der manische Sturm hatte sich gelegt und kurze Zeit ging es mir rundherum gut. Im Urlaub in Frankreich, in einem einsam gelegenen Häuschen auf einem bewaldeten Hügel, habe ich zum ersten Mal die Stille wahrgenommen. Die Stille nach dem Sturm. Die Angst ließ endlich nach. Ich hatte Gewissheit. Jahrelang hatte sich die manisch-depressive Krankheit unter meinem Panzer verborgen. Die chaotischen Gefühle waren früher immer dann hochgekommen, wenn der Panzer abfiel. Im Grunde war er eine Art Schutzmechanismus für meinen unruhigen Geist. Er bewirkte, dass ich trotz meiner starken Stimmungsschwankungen funktionieren konnte. Jetzt spürte ich, dass unter dem Panzer Ruhe herrscht. Ich konnte ihn problemlos ablegen. Durch die Medikamente war ich ausgeglichener.

Diesmal hielt ich die Stille aus. Die wirkliche Stille. Früher, mit meinem Panzer, hatte ich sie nicht gekannt. Wenn ich hypomanisch war, flößte sie mir Angst ein. Jetzt aber machte sie mich ruhig. In der stillen Umgebung spürte ich, dass es mir gut ging. Ich fühlte mich stark und gelassen.

Nach den schönen Tagen in Frankreich ging es jedoch rasch bergab mit mir. Nach der erschöpfenden Zeit hatte ich nicht mit einem Rückschlag gerechnet. Schon an den letzten Ferientagen war ich niedergeschlagen. Manchmal legte ich den Panzer wieder an, ganz so, als hätte ich Angst vor meinen eigenen Stimmungswechseln.

17. August 2001

Die Depression hat in aller Heftigkeit zugeschlagen. Ich kenne nun zwar die Diagnose, aber ich habe mich noch nicht richtig damit auseinander gesetzt. Erst muss ich auch noch diese Depression überwinden, bevor ich an die Zukunft denken und herausfinden kann, ob ich in diesem Leben wieder funktionieren werde, ob ich beruflich wieder Fuß fassen kann. Auch was Familie und Freunde angeht, habe ich in den letzten zehn Jahren versagt. Momentan weiß ich wirklich noch nicht, wie es weitergehen soll.

Früher legte ich immer den Panzer an, um meiner Unruhe Herr zu werden; das war aber wohl die härteste Lösung. Die effektivste allerdings auch, denn dadurch konnte ich weiterhin funktionieren. Ich habe gekämpft, habe meine Gefühle unterdrückt und damit letztlich geleugnet, wie entsetzlich schlecht es mir ging. Ich war oft depressiv, wahrscheinlich ohne dass es mir bewusst war. Manisch nicht oft. Aber immer habe ich dagegen angekämpft. Jetzt erfahre ich am eigenen Leib, dass die Depression auch ein Schutz gegen allzu turbulente und intensive Gefühle sein kann, wie ich sie die letzten Monate hatte. Manien sind gefährlich. Man macht Dinge, die einem hinterher Leid tun. Man verliert die Kontrolle über sich selbst. Ich habe dann auch große Angst. Damit sie nicht zu sehr überhand nimmt, kann ich manchmal nicht anders, als den Panzer anlegen, mich abschirmen. Depressiv werden ist eine weitere Schutzmöglichkeit vor Angst und anderen starken Gefühlen. Dann breitet sich eine Art Schleier über mich, ich bin wie benommen und zu nichts mehr in der Lage. Mein unruhiger Geist wird sozusagen eingeschläfert.

Es leuchtet ein, dass der Manie eine Depression folgen kann. Vor allem dann, wenn man noch nicht richtig auf die Medikamente eingestellt ist. Vorhin war es auch so; ich ging einkaufen und plötzlich wurde mir ganz seltsam zumute. Trotz der depressiven Stimmung spürte ich, dass ich den Panzer nicht trug, den anderen Schutzmechanismus von früher. Ich merkte, wie Angst in mir hochkam. Angst vor der Begegnung mit Erwachsenen, sie jagen mir einen Schreck ein. Da wollte ich den Panzer doch wieder anlegen, damit ich mich stärker fühle. Er hat so viele Zwecke erfüllt: Er hat Freude, Angst, Trübsinn, Kummer und Wut unterdrückt. Inzwischen habe ich viel über mich selbst gelernt, aber damit ist noch lange nicht alles in Ordnung. Ich schwebe genau auf der Grenze zwischen Depression und Manie. Jeden Augenblick kann meine Stimmung zu einem der Pole kippen. Ich muss zusehen, dass ich stabil werde.

31. August 2001

Nun, da die Diagnose endlich feststeht, ist es an der Zeit zu meditieren und die bisherigen Ereignisse Revue passieren zu lassen. Das stimmt mich nicht gerade fröhlich. Ich bin eher niedergeschlagen und wehmütig, weil so viel passiert ist. Meine Gefühle in den vergangenen 26 Jahren und die Behandlungen der letzten zehn Jahre machen mich traurig. Es ist so viel Schlimmes geschehen. Sehr oft ging es mir schlecht, dadurch habe ich viel verpasst. Auch was die geistige Entwicklung angeht. In all diesen Jahren mit Hochs und Tiefs konnte mein Verstand nicht optimal funktionieren und oft hat mich mein Gedächtnis im Stich gelassen. Ich habe, wenn man so will, seit dem zwölften Lebensjahr nichts mehr dazugelernt.

11. September 2001

Ich werde nicht mehr so stark von meinen Emotionen beherrscht und die Getriebenheit ist weg, ich bin viel ruhiger. Ich kann einen ganzen Abend einfach gar nichts tun. Früher war ich ständig getrieben und hatte immer ein Ziel. Ich hatte viel vor und alles genau geplant. Kein Wunder, dass ich immerfort gearbeitet habe. Jetzt lebe ich von einem Tag auf den anderen. Ich schreibe keine Listen mehr, die ich abarbeiten muss. Ich mache einfach, was mir einfällt, es sei denn, etwas ist wirklich dringend. Trotzdem habe ich das Gefühl, meinen Platz noch nicht gefunden zu haben. Ich fühle mich noch unbehaglich mit dieser neuen Lebensweise. Oft empfinde ich eine große Leere. Es ist mir noch ungewohnt, dass man sich auch mal Zeit für etwas nehmen kann. Zudem fällt es schwer, die neu gewonnene Zeit auszufüllen, nicht mit Nützlichem, sondern mit Interessantem. Ich neige zum Trödeln, gehe alles ganz langsam an. Vielleicht sollte ich über meine Erfahrungen ein Buch schreiben, aber ich habe Angst, dass ich das nicht kann.

Donnerstag, 22. November

Es hat aufgehört zu regnen. Erst jetzt merke ich, wie still es in meinem Kopf ist. Der Sturm hat sich gelegt. Ich empfinde eine große Leere, komme mir vor wie ein leeres Gefäß. Emotional ausgelöscht. Nichts hat mehr einen Sinn für mich. Ich habe keinen Funken Selbstwertgefühl. Bin geistig eine Null. 25 Jahre Rückstand. Irgendwo, im Alter von etwa zwölf Jahren, bin ich stehen geblieben. Bevor die Probleme anfingen. Jahrelang habe ich mit meinen Gefühlen gerungen. Ich habe sie ausgespuckt, bis ich leer war. Ich habe so viel erlitten. Aber was fange ich nun mit meinen neuen psychologischen Erkenntnissen an? Mehr hat mir das Ganze nämlich nicht gebracht. Beruflich bin ich nicht geworden, was ich gern hätte sein wollen. Ich stelle nichts dar in der Welt draußen. Die ganze Zeit bin ich zu Hause, im Dienst von Mann und Kindern, die für mich das Höchste sind. Was wird mit meinem Wunsch, intellektuell etwas leisten zu wollen? Nichts, denn ich habe mir ja nie Erfahrung oder Wissen angeeignet. Ich weiß nichts. Und vielleicht werde ich auch nie etwas wissen. Weil mir die Motivation dazu fehlt. Kann ich mich also nur auf die Vergangenheit berufen? Kann ich meine Erinnerungen lebendig werden lassen und sie vielleicht veröffentlichen?

Dass ich mit meinen Erfahrungen etwas tun will, aber keine Möglichkeit dazu habe, frustriert mich. Anderen beistehen, die das Gleiche oder etwas Ähnliches durchmachen, liegt nicht im Bereich des Möglichen, denn dazu bin ich nicht befugt. Ich bin allein dazu befugt, meine eigenen Erlebnisse und Erfahrungen zu Papier zu bringen. Erst dann werde ich wieder Selbstwertgefühl entwickeln können.

Freitag, 14. Dezember

Inzwischen ist es schon wieder sieben Monate her, dass ich manisch war. Oft ist mir ganz seltsam zumute. Körperlich geht es mir nicht besonders, denn ich nehme stark zu. Heute wiege ich acht Kilo mehr als damals. Aber noch schlimmer ist die seelische Leere. Ich fühle mich sehr schlecht. Immer wieder weilen meine Gedanken in der Vergangenheit. Als ich noch glaubte, alles könnte gut werden. Und heute weiß ich, dass ich an einer Krankheit leide und dass sich daran nichts ändern lässt. Damals hatte ich noch Hoffnung. Wenn ich die gesamte Vergangenheit aufdröseln würde, dann würde es mir endlich gut gehen – so dachte ich. Jetzt bin ich leer, mein Kampf ist zu Ende. Heute plagen mich oft Selbstzweifel, Zweifel an meiner Wahrnehmung der Ereignisse in der Vergangenheit. Waren die Traumata wirklich so gravierend, war alles so traumatisch, wie ich glaubte? Die Wahrnehmung im Augenblick des Erinnerns spielt ja auch eine Rolle. Im Grunde ist eine ganze Welt aus konstruierten Sicherheiten eingestürzt. Bestimmte Dinge sind ab jetzt ganz anders zu betrachten.

Ich habe keine Perspektiven mehr. Ich kann nur versuchen, das Beste daraus zu machen. Ein Leben mit meinen Kindern. Mich selbst akzeptieren. Alles scheint zwecklos. Ich fühle mich leer und wertlos. Ich weiß so wenig. Früher habe ich mich noch bemüht dazuzulernen. Jetzt brauche ich das nicht mehr zu versuchen, ich kann mir ja sowieso nichts merken. Das Weinen ist mir oft näher als das Lachen. Könnte ich mein Leben doch noch einmal neu beginnen ... Alles ohne diese verdammte Krankheit erleben. Wahrscheinlich hätte ich alles anders empfunden. Nun bin ich 38 Jahre alt und es gibt kein Zurück mehr.

Donnerstag, 20. Dezember

Immer wechselnde Stimmungen, eine andere Wahrnehmung – seit vielen Jahren zeigt sich mir die Welt immer wieder anders. Einmal grau und trübe, dann wieder bunt und sonnig. Im Moment scheint die Sonne. Hoffentlich bleibt diese Stimmung. Die Angst, dass sie wieder umschlägt, ist groß, denn ich war noch nie im Leben stabil. Früher hatte ich meist trübe Stimmung. Ich dachte, ich bestünde aus mehreren Persönlichkeiten, aber dem ist nicht so: Es sind die Stimmungen. Einmal erlebe ich die Welt so, dann wieder anders. Das Leben kommt mir unecht vor.

Freitag, 11. Januar 2002

Ein wesentlicher Grund für meine Probleme ist »Stress«. Wenn ich eine bestimmte Stressschwelle überschreite, bin ich nicht mehr ich selbst. Früher habe ich in solchen Situationen blockiert. Nur selten habe ich die Nerven verloren und bin ausgeflippt. Die meisten Menschen mit einer bipolaren Störung werden beim Überschreiten der Stressschwelle manisch. Ich dagegen habe immer versucht, das Chaos durch zwanghaftes Handeln zu unterdrücken; in gewissem Sinn habe ich blockiert, indem ich einen starren Panzer anlegte (wie ich das immer nenne). Von Kind an habe ich mich in Stresssituationen total angespannt. Dadurch war ich natürlich nicht offen, weder emotional noch intellektuell, sodass meine Eindrücke beschränkt waren und ich viel verpasst habe. Wäre ich offener gewesen, hätte ich die Eindrücke zwar besser aufnehmen können, aber dann wäre ich bei übergroßem Stress dem Chaos nicht mehr gewachsen gewesen. Ich wäre in Panik geraten. Also verhielt ich mich sehr zwanghaft und akkurat und hatte es dadurch schwer, auch mal locker über die Dinge hinwegzugehen. Im Grunde habe ich oft unter Druck gestanden, vor allem emotional, aber auch während des Studiums und später im Beruf. Kein Wunder, dass ich meist verkrampft durchs Leben ging. Nach Matthias' Geburt landete ich in einem totalen Chaos und verlor jegliche Kontrolle. Ich bin sehr empfindsam, wahrscheinlich übermäßig empfindsam. Manchmal bin ich vollkommen offen für Emotionen und werde euphorisch. Aber dann schlägt die Euphorie in Angst um und die wiederum kann in eine Angstpsychose ausarten. In Stresssituationen läuft bei mir etwas schief. Entweder blockiere ich oder ich öffne mich zu stark, was eine Hypomanie oder gar eine Manie zur Folge hat. Ohne Stress kann ich durchaus normal funktionieren.

Es geht nun darum, die Balance zu halten zwischen einem Ziel im Leben und ein klein wenig Druck. Für bipolare Patienten sind das die wichtigsten Punkte: sich ein Ziel setzen, Stresssituationen weitgehend meiden, genug essen und schlafen (aber nicht zu viel) und natürlich die verschriebenen Medikamente nehmen.

Samstag, 27. April 2002

Manie und Depression liegen oft ganz nah beieinander. Eine schwere Depression kann eine Art Schutzhülle sein, die verhindert, dass man in manische Stimmung verfällt. Ich bin zurzeit schwer depressiv. Der Druck von außen ist groß. Je größer der Druck, desto depressiver werde ich. Aber ich fürchte, dass die Schutzhülle platzt, und dann kommt die Manie. Ich spüre bereits, dass die Hülle sich an bestimmten Stellen löst, dann gerate ich durcheinander und werde ausgesprochen reizbar. Das ist nicht einfach mit drei Kindern um mich herum. Für mich sind das Symptome, dass es demnächst schief läuft. Ich muss meinen Psychiater anrufen.

Sonntag, 28. April 2002

Immer noch ist mir ganz seltsam zumute. Vorgestern war ich noch stark depressiv. Alles schien mir wie ein tiefes schwarzes Loch. Am Donnerstag war ich dann völlig am Ende. Ich wollte nur noch schlafen. Aber gestern hat eine Veränderung begonnen. Etwas hat sich gelöst. Ich war durcheinander, beim geringsten Anlass gereizt, die Schutzhülle schien langsam abzufallen. Dieses Gefühl hält noch immer an. Erst war ich müde, aber dann kam wieder der Stress auf mich zu und übermannte mich. Ich verliere schnell die Nerven. Es ist ein wenig wie der Zustand damals nach Matthias' Geburt: dysphorische Erregung, Übergang von der Depression zur Manie. Noch negative Gefühle, aber andererseits sehr verwirrt. Will alles gleichzeitig machen. Kann mich nicht konzentrieren. Es muss was geschehen, morgen muss ich dringend zum Psychiater. Oder jedenfalls anrufen. Wahrscheinlich Antidepressiva langsam absetzen oder Antipsychotika nehmen. Ich hoffe auf ein Wunder, darauf, dass die lange Depression endlich aufhört, dass sich die Manie noch verhindern lässt und ich endlich stabiler werde. Das Problem besteht darin, dass der Druck wieder groß ist. Das birgt Risiken für mich. Früher habe ich verbissen gegen den Druck gekämpft, immer weiter und weiter. Jetzt werde ich unter Druck meist schwer depressiv. Hänge rum, habe zu nichts Lust. Es ist wohl eine Art Schutz gegen die drohende Manie. Aber wenn der Druck zu groß wird, habe ich Angst, ganz plötzlich manisch zu werden. Früher konnte ich besser gegensteuern, aber jetzt hilft der Panzer nicht mehr richtig. Als wäre die Spannkraft weg. Wenn ich unter Druck gerate, bin ich unmittelbar gefährdet. Dadurch kann ich nur schwer umsetzen, was ich vorhabe. Ich weiß nie, was mich erwartet. Der Druck muss nachlassen, Bert wird mir ein wenig helfen müssen.

Mittwoch, 1. Mai 2002

Ich bin nicht manisch geworden. Noch nicht. Die Dosis Edronax ist von 6 mg auf 4 mg reduziert worden. Am Wochenende war ich hektisch, fühlte mich niedergeschlagen und verlor beim geringsten Anlass die Nerven. Dass die Kinder ständig um mich waren, irritierte mich maßlos. Es gab Augenblicke, in denen ich total down war, dann wieder kam so etwas wie Heiterkeit auf. Ich merkte genau, dass ich Fühlung mit den zwei Polen meiner Störung hatte. Welcher wird die Überhand gewinnen? Wenn ich in einer solchen Situation weiter Antidepressiva nehme, werde ich wohl binnen kürzester Zeit manisch. Aus diesem Grund haben wir vereinbart, dass ich Edronax reduziere und in Kauf nehme, demnächst womöglich wieder depressiv zu werden. Momentan geht es einigermaßen. Trotzdem ist mir seltsam zumute. Der Nebelschleier der Depression hüllt mich nicht mehr ein. Ich nehme die Dinge um mich herum wieder genauer wahr. Ich genieße wieder mehr, lebe wieder, bin wieder aktiver. Aber, und das ist die Kehrseite der Medaille: Stresssituationen erregen mich stärker. Stabil bin ich also mit Sicherheit nicht. Doch diesmal will ich das Ganze unter Kontrolle behalten. Vielleicht erreiche ich dann doch den Zustand, dass ich aktiv durchs Leben gehen und genießen kann. Dabei werde ich mir aber immer vor Augen halten müssen, dass ich nicht übertreiben, mir nicht zu viel zumuten darf. Genug essen. Genug schlafen.

Donnerstag, 2. Mai 2002

Ob dies das Ziel ist? Ob ich auf diese Weise durchs Leben gehen darf? Ich fühle mich gut. Aktiv, wie schon seit Jahren nicht mehr. Ich spüre wieder Lebenslust. Einfache Alltagsdinge kann ich wieder erledigen: Gartenarbeit (sogar bei Regen und Wind), aufwischen, Fenster putzen. Zuvor türmte sich alles wie ein unüberwindlicher Berg vor mir auf. Eine Depression ist die Hölle. Rad fahren im Regen meidet man und steigt lieber ins Auto. Gartenarbeit bei Kälte ist nicht drin. Die Kinder rauben einem die Kraft und man kann ihre Begeisterung nicht teilen. Musik ist eintönig. Alles ist grau. Alles wirkt schmutzig. Gefühle hat man kaum. Die Farben leuchten nicht. Jetzt leuchtet und duftet es wieder im Garten. Nicht zufällig ist wieder Frühling. Droht eine Manie? Oder darf ich in meinem jetzigen Zustand bleiben? Bleibe ich jetzt endlich stabil? Ich habe große Angst. Auf diese Weise lebe ich so gern. Wird mir das neue Glück wieder genommen?

PHASE 3: DIE ERKRANKUNG VERSTEHEN

Wer seine Krankheit möglichst gut unter Kontrolle halten will, muss sie kennen. Wichtig ist also, sich Wissen über bipolare Störungen im Allgemeinen und über die eigene bipolare Störung im Besonderen anzueignen (zumal die Erkrankung bei jedem Patienten anders, also individuell verläuft).

Umfassende und verständliche Informationen über die Erkrankung und über Behandlungsmöglichkeiten werden im Rahmen der Psychoedukation* vermittelt. Hilfreich können auch Bücher zum Thema sein; eine Auswahl ist am Ende des Buches aufgelistet. Zudem gibt es im Internet zahlreiche Websites mit gut verständlichen und nützlichen Informationen (siehe Anhang). Beim Lesen und Recherchieren finden Sie wahrscheinlich Antworten auf viele Fragen, zugleich aber ergeben sich auch neue Fragen.

Die Erkrankung mit der Life-Chart-Methode »kartieren«

Ein besseres Verständnis der eigenen Krankheit bringt das Führen eines »Verlaufstagebuchs«. Eingetragen werden (schematisch) alle Hochs und Tiefs, die jeweilige Medikation und wichtige Lebensereignisse. Diese Methode der Aufzeichnung ist unter dem Namen »Life Chart« bekannt.

Die Life-Chart-Methode kann in zwei Richtungen angewendet werden. Die »Lebenslinie« kann *retrospektiv*, also rückblickend erfasst werden. Das heißt, man rekonstruiert den Verlauf der Erkrankung von Beginn an bis zur Gegenwart, unter anderem mit Hilfe alter Tagebucheintragungen und Informationen von Partner, Eltern und Arzt beziehungsweise Therapeut.

Die *prospektive* oder in die Zukunft gerichtete »Lebenslinie« ergibt sich aus den täglichen Aufzeichnungen ab dem jetzigen Zeitpunkt: Etwa zehn Minuten pro Tag reichen aus, um zu notieren, wie viele Stunden man geschlafen hat, wie die Stimmung war, welche Medikamente man in welcher Dosis genommen hat und ob eventuell etwas

---

* *Hierbei werden Betroffenen und deren Angehörigen im Rahmen von Einzel- oder Gruppengesprächen medizinisch-wissenschaftliche Fakten in anschaulicher und verständlicher Weise nahe gebracht (Anm.d.Ü.).*

Wichtiges vorgefallen ist. Auf diese Weise entsteht ein sehr genaues Bild des Krankheitsverlaufs.

Die Life Chart des bipolar erkrankten Robert (Abbildung 13) soll als Beispiel dienen.

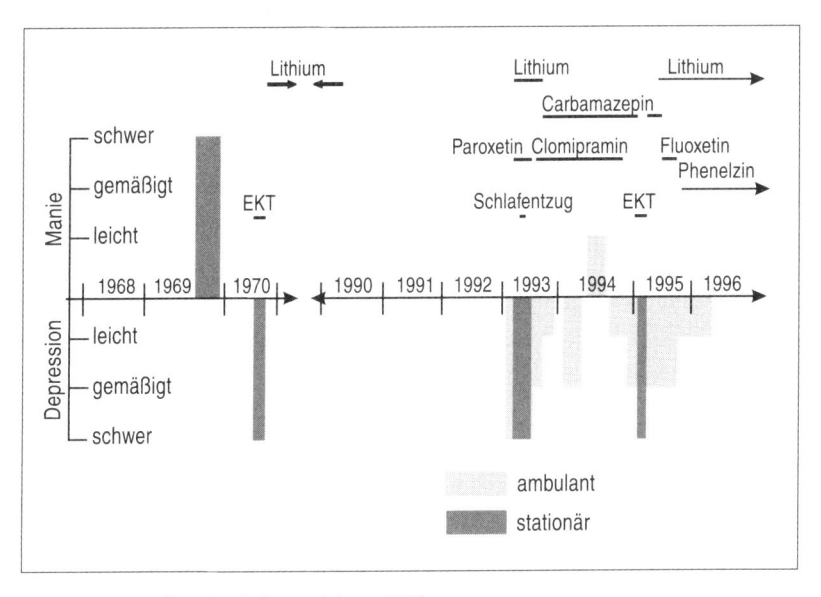

Abbildung 13: **Life Chart (nach Oostervink u.a. 2000)**

Robert erlitt 1969 einen ersten manischen Schub und wurde in die Klinik eingewiesen. 1970 wurde er wegen einer schweren Depression mit elektrokonvulsiver Therapie (EKT) behandelt. Danach blieb er unter Lithium 23 Jahre lang stabil. Die anschließende erneute Depression wurde mit verschiedenen Antidepressiva behandelt. Robert nahm Clomipramin (ein älteres Antidepressivum) und Carbamazepin (einen Stimmungsstabilisierer), als er 1994 für kurze Zeit hypomanisch wurde. Die Medikation musste jedoch nicht geändert werden. 1995 kam Robert mit einer schweren Depression in die Klinik und wurde ein zweites Mal mit EKT behandelt, diesmal allerdings nicht mit so guter Wirkung wie ein Viertel-

jahrhundert zuvor. Nach der EKT wurde erneut eine Lithiumbehandlung eingeleitet. Seit 1996 nimmt Robert Lithium und Phenelzin* (ein Antidepressivum) und ist damit stabil.

Life Charts sind für Ärzte und Therapeuten sehr aufschlussreich. Sie können daran sehen, wie die Erkrankung verlaufen ist und wie bisherige Behandlungen gewirkt haben – und aufgrund dessen zum Beispiel entscheiden, welche Medikamente sich für den Patienten eignen.

Für das tägliche Dokumentieren ist zwar nicht allzu viel Zeit, aber einige Disziplin nötig. Ideal geeignet für die Aufzeichnungen sind Life-Chart-Formulare, wie sie im Internet zum Beispiel auf der Website www.antenna.nl/lithium (Link »Life Chart«) der »Nederlandse LithiumPlus-Werkgroep« zu finden sind. Deutschsprachige Informationen zum Thema »Life Charts« können Sie beispielsweise auf der Website www.forum-humanum.ch über den Link »PLC Palm Life Chart« einholen.

PHASE 4: NEUERLICHEN SCHÜBEN VORBEUGEN

1. Medikation

Falle
»Ich fühle mich besser, wenn ich keine Medikamente nehme.«

Der Umgang mit der manisch-depressiven Störung setzt voraus, dass der Patient akzeptiert, dass er auf Medikamente angewiesen ist, genau wie ein Diabetiker auf Insulin. Oft setzen Patienten die verschriebe-

---

* *In Deutschland, Österreich und der Schweiz nicht zugelassen.*

nen Medikamente auf eigene Faust ab – manche, weil sie sich gut fühlen und meinen, keine Medikation mehr zu brauchen, andere wegen der Nebenwirkungen und wieder andere, weil sie sie einfach satt haben. Die Erkrankung verschwindet aber nicht, nur weil man die Medikamente weglässt – sie bleibt, und das Rückfallrisiko steigt ohne medikamentöse Behandlung.

Für das Absetzen der Medikamente führen die Patienten eine Vielzahl von Gründen an, auf die im Folgenden eingegangen wird.

»Ich fühle mich gut, also brauche ich keine Pillen mehr.«

Dieses Argument hört man häufig: Warum sollte man Pillen schlucken, wenn es einem gut geht? Die Antwort lautet: Um zu gewährleisten, dass es einem auch weiterhin gut geht. Die Tatsache, dass man sich gut fühlt, bedeutet nicht, dass die Erkrankung verschwunden ist: der Schub ja, aber die Störung nicht. Diabetiker durchleben ebenfalls schlechte Phasen, bis die Diagnose feststeht und die Behandlung begonnen hat. Ist der Patient dann gut eingestellt, fühlt er sich wesentlich besser. Wenn er das nun zum Anlass nimmt, das Insulin abzusetzen, wird er bald erneut Probleme bekommen. Insulin reguliert den Blutzuckerspiegel, aber der Diabetes besteht natürlich weiter. Diabetiker sind daher lebenslang auf Insulin angewiesen.

»Ich kann doch nicht mein Leben lang
Medikamente nehmen!«

Dieses Argument kann der behandelnde Arzt oft schwer entkräften. »Herr Doktor, dreimal war ich nun manisch, aber das letzte Mal ist schon sechs Jahre her und mein Leben hat sich inzwischen stark verändert; ich bin stabil und kann doch nicht bis an mein Lebensende Pillen schlucken!« Die Antwort kann nur lauten, dass eine weitere Behandlung auf jeden Fall sinnvoll ist, weil sie das Rückfallrisiko minimiert. Die Tatsache, dass es dem Patienten nach mehreren manischen Schüben seit Jahren gut geht, spricht für eine Fortsetzung der Behandlung: Never change a winning team!

> »Man muss die Krankheit doch auch ohne Medikamente in den Griff bekommen können.«

Medikamente zu nehmen sehen viele als Zeichen von Schwäche, wie übrigens auch Depressionen: Wer eine Depression bekommt, der war eben nicht stark genug und sollte wenigstens versuchen, sie aus eigener Kraft zu überwinden – so die weit verbreitete Vorstellung. Nimmt ein bipolar Erkrankter Medikamente, so bedeutet das keineswegs, dass er damit eine Schwäche eingesteht, denn seine Störung ist eine teils medizinische Erkrankung. Man käme ja auch nicht auf die Idee, ein Diabetiker solle seine Krankheit aus eigener Kraft überwinden und die Insulinspritzen seien ein Zeichen von Schwäche.

> »Durch Medikamente verschwindet meine Kreativität.«

Dieser Satz drückt eine Befürchtung vieler aus. Bei einer gut eingestellten Behandlung schwankt die Stimmung des Patienten weniger stark, sodass es seltener zu Hypomanien oder Manien kommt. Hypomanische Episoden sind jedoch oft sehr kreative Phasen – alles scheint leichter und besser zu gelingen, die Ideen fließen zahlreicher und freier. Andererseits können hypomanische Episoden Vorboten eines manischen Schubs sein und die erhöhte Kreativität geht dann in einen unkontrollierten Wirbelsturm von Ideen über, die immer bizarrer werden und kaum noch etwas Kreatives an sich haben. Zudem folgt der Hypomanie oft eine Depression, eine Zeit also, die kaum Kreativität zulässt. Eine Stabilisierung der Erkrankung durch Medikamente bedeutet zugleich, dass die Kreativität sich »stabilisiert«. Da Kreativität kein Krankheitssymptom ist, sondern eine menschliche Eigenschaft, kann sie im Zuge einer medikamentösen Behandlung auch nicht verschwinden. Künstler, die wegen einer bipolaren Störung Lithium nehmen, haben eher eine Steigerung als eine Verminderung ihrer Kreativität festgestellt.

Alexander der Große, Napoleon, Abraham Lincoln, Winston Churchill, Benito Mussolini, Leo Tolstoi, Honoré de Balzac, Émile Zola, Ernest Hemingway, Sylvia Plath, Virginia Woolf, Robert Schumann, Sergej Rachmaninow, Piotr Tschaikowsky, Ludwig van Beethoven, Vincent van Gogh, Paul Gauguin, Michelangelo ... die Reihe großer Persönlichkeiten mit Stimmungsstörungen oder einer bipolaren Störung ist beeindruckend.
Der Zusammenhang zwischen Kreativität und manisch-depressiver Erkrankung ist seit langem bekannt und wurde in den letzten Jahrzehnten näher untersucht. Dabei hat sich herausgestellt, dass ein höherer Prozentsatz »kreativer Geister« wie Maler, Schriftsteller und Komponisten an einer bipolaren Störung leidet als »Normalsterbliche«. Stichproben haben ergeben, dass überdurchschnittlich viele bildende Künstler oder Schriftsteller eine bipolare Störung aufweisen und dass die Erkrankung sehr viel häufiger innerhalb ihrer Familien auftritt. Die These, dass eine erhöhte Anfälligkeit für eine bipolare Störung grundsätzlich eine ausgeprägte Kreativität bedingt, konnte bislang jedoch nicht bewiesen werden. Und man darf nicht vergessen, dass die meisten Schriftsteller und bildenden Künstler keine psychische Erkrankung haben.

Kasten 5: **Kreativität und bipolare Störung**

»Ich habe psychische Probleme, keine medizinischen.«

Viele bipolar Erkrankte haben eine sehr genaue Vorstellung von dem, was ihren Schub ausgelöst hat. Sie beschreiben präzise eine Kette aufeinander aufbauender Stressereignisse, die letztlich zum Schub geführt haben.

»Ich wurde bei der Arbeit gemobbt und konnte nachts nicht mehr durchschlafen. Dann wechselte ich die Stelle und kam mit dem neuen Computerprogramm nicht zurecht. Ich glaubte, das alles nicht schaffen zu können, und redete immer wieder mit meiner Frau darüber. Sie hatte irgendwann die Nase voll, sodass wir Streit bekamen. Daraufhin konnte ich überhaupt nicht mehr schlafen und wurde manisch ...«

Der Hergang mag stimmen. Aber dem Verletzlichkeits-Stress-Modell (Kapitel 6) zufolge entwickelt sich eine bipolare Störung durch das Zusammenwirken von Verletzlichkeit und Stress. Im obigen Beispiel geht es ausschließlich um Stress. Die Tatsache, dass der Mann manisch wird, bedeutet auch, dass bei ihm eine genetisch bedingte Verletzlichkeit vorliegt. Medikamente können diese Verletzlichkeit zwar nicht mindern, aber den Einfluss von Stress sozusagen abpuffern.

»Medikamente helfen ja doch nicht.«

Medikamente sind nie eine Garantie für Heilung. Und im Fall von bipolaren Störungen ist eine vollständige Heilung in dem Sinn, dass die Erkrankung verschwindet, ohnehin nicht möglich. Mit Medikamenten lassen sich die Schübe »heilen« und die Störung wird damit, so gut es geht, unter Kontrolle gehalten. Mitunter treten trotz gezielter

---

- Nehmen Sie Ihre Medikamente immer zur gleichen Uhrzeit.
- Am besten verbinden Sie die Einnahme mit einer anderen täglichen Verrichtung (zum Beispiel Zähne putzen, Antibabypille nehmen).
- Bewahren Sie Ihre Medikamente in Sichtweite auf (aber Vorsicht: außerhalb der Reichweite von Kindern!).
- Verwenden Sie einen Medikamentendosierer mit Fächern für jeden Wochentag.
- Besprechen Sie Zweifel und Probleme mit Ihrem Arzt.

Kasten 6: **Tipps für die Medikamenteneinnahme**

Behandlung weiterhin Schübe auf, aber sie sind in der Regel weniger ausgeprägt.

»Ohne Medikamente fühle ich mich besser.«

Diese Aussage ist eine der gefährlichsten Fallen, zumal sie oft vordergründig zutrifft. Patienten, die in einer stabilen Phase (wenn es ihnen relativ gut geht) die Medikamente absetzen, fühlen sich oft noch besser, weil dann die Nebenwirkungen wegfallen. Letztere werden oft als so beeinträchtigend empfunden, dass der Patient lieber das Risiko eines Rückfalls in Kauf nimmt. Selbst wenn die Nebenwirkungen gering sind, fühlt mancher sich ohne Medikamente im Blut besser. Die Wahrnehmung ist geschärft, man ist munterer und kann sich besser konzentrieren. Das bestärkt viele in der Überzeugung, die Medikamente seien nunmehr überflüssig. Zudem stellt sich in der Regel nicht sofort nach dem Absetzen ein Rückfall ein (beim plötzlichen Absetzen von Lithium kann das allerdings der Fall sein). Mit jeder Woche ohne Medikamente wird der Patient sicherer, dass er Recht hat: »Na also, jetzt nehme ich schon drei Monate keine Medikamente mehr, ich fühle mich besser und von einem Rückfall kann keine Rede sein! Was die Ärzte bloß immer daherreden!« Unter Ärzten herrscht zwar lange nicht in allem Einigkeit, in diesem Punkt aber schon: Medikamente auf eigene Faust absetzen ist unvernünftig und erhöht das Rückfallrisiko.

Montag, 6. Januar 2003
Mir ist bewusst, dass ich dabei bin, in eine Falle zu tappen, vor der mich mein Psychiater nachdrücklich gewarnt hat. Trotzdem bin ich kurz der Verführung erlegen, es mit den Medikamenten nicht so genau zu nehmen. Aber ich darf meine Gesundheit nicht aufs Spiel setzen. Meine Verantwortung ist zu groß, meine Familie braucht mich und deshalb muss ich mich sorgfältig an die vorgeschriebene Medikation halten. Wenn ich mich dabei gut fühlen würde, hätte

ich ja kein Problem damit. Stabil sei ich nun, heißt es. Aber was ist mit meiner Lebensqualität? Jeden Morgen stehe ich todmüde auf. Die ersten Stunden werde ich kaum wach. Ich schleppe mich mühsam von einer Arbeit zur nächsten, erledige sie langsam. Selbst oder mit den Kindern zusammen etwas Schönes unternehmen, das ist nicht drin. Einen ganzen Tag unterwegs sein fällt mir ungeheuer schwer, weil mir dann das unentbehrliche Mittagsschläfchen abgeht. Trinke ich mal in gemütlicher Runde ein paar Gläschen Wein, muss ich sofort dafür büßen. Dann überfällt mich bleierne Müdigkeit, meine Augenlider werden schwer, ich nehme nicht mehr auf, was gesagt wird. Jedes Mal bereue ich es bitter. Am Tag darauf bin ich wie benebelt und verbringe oft Stunden im Sessel.

Wir suchen schon eine ganze Weile, mein Psychiater und ich. Bin ich depressiv? Sind es Nebenwirkungen von einem der Medikamente? Wenn ich mehr Cipramil nehme, werden die Symptome stärker. Aber Cipramil nehme ich ja nur niedrig dosiert, das Antidepressivum Edronax dagegen in ziemlich hoher Dosis (10 mg). Es wirkt zwar aktivierend, aber nicht so, dass ich fit und energiegeladen bin. Eventuell sollte ich es höher dosiert nehmen. Als mein Psychiater neulich meinte, Depakine könne durchaus Müdigkeit verursachen, ging mir ein Licht auf. Vielleicht lag da die Ursache? Ich beschloss, es darauf ankommen zu lassen. Statt drei Tabletten schluckte ich nur noch zwei. Das Resultat war verblüffend: Jetzt, zwei Wochen später, fühle ich mich wirklich gut. Ich bin weder hypomanisch noch depressiv – nein, es geht mir einfach gut. Ich habe Lust zu arbeiten und kann wieder mehr genießen. Kurz gesagt, auf diese Weise will ich leben. Zuvor war meine Lebensqualität stark beeinträchtigt.

Und jetzt? Schnappt die Falle zu? Wie auch immer, ich muss es meinem Psychiater sagen. Aber ich will nicht gezwungen werden, die Dosis Depakine wieder zu erhöhen. Übrigens weiß ich ja nun, dass die depressiven Gefühle von Depakine herrührten, denn inzwischen habe ich auch Edronax von 10 mg auf 4 mg pro Tag reduzieren können, und von einer Depression ist nichts zu merken.

Deshalb will ich unbedingt nach einem anderen Stimmungsstabilisierer suchen. Hoffentlich findet sich einer, der für mich geeignet ist. Falls nicht, werde ich mich früher oder später dazu hinreißen lassen, die Medikamente abzusetzen, weil ich ohne sie wieder richtig lebe, weil meine Gefühle dann nicht mehr verflacht bis depressiv sind, sondern intensiver. Dann gewinnen meine Stimmungen wieder die Oberhand. Das ist gefährlich, aber auch reizvoll.

Mittwoch, 8. Januar 2003

Ist das nun eine Niederlage? Es war für mich ohnehin schon schwer, das Urteil zu akzeptieren.

Hatte ich etwa gehofft, mein Psychiater würde mich in die Falle tappen lassen? Im Grunde genommen schon. Denn ich habe innerlich gejubelt, als er sagte, ich solle besser keinen neuen Stimmungsstabilisierer ausprobieren und könne es riskieren, weiterhin nur zwei Tabletten Depakine zu nehmen. Genau darauf hatte ich hinausgewollt. Ich sagte ihm, dass ich die Vorzeichen ja nun gut kenne und genau spüren würde, wann die Medikation angepasst werden muss. Aber er reagierte zögerlich. Es wunderte ihn, dass ich Edronax so schnell reduzieren hatte können oder besser müssen, weil es meine Aufregung steigerte und mich nervös machte. Ein gut eingestellter Stimmungsstabilisierer schien ihm doch sicherer. Die Wahl fiel erneut auf Lithium. Niederlage? Ich weiß es nicht. Als ich es erstmals mit Lithium versuchte, fühlte ich mich recht gut. Leider bekam ich ziemlich bald Probleme mit der Schilddrüse und wir entschieden, dass ich Lithium absetze. Mit Depakine habe ich mich nie gut gefühlt, vom ersten Tag an nicht. Hoffentlich schlägt Lithium diesmal besser an.

In solchen Momenten wird mir schmerzlich bewusst, dass ich komplett auf Medikamente angewiesen bin, dass es ohne sie kein »normales« Leben für mich gibt. Sofern man überhaupt von normal sprechen kann. Die Gefühle werden dadurch verflacht, sie dürfen nicht mehr so intensiv sein. Die Medikamente beherrschen die Gefühle, man ist nicht mehr man selbst. Und das ist schwer zu ertragen. Es kostet schon enorm viel Selbstdisziplin, dass man nicht der Verlockung nachgibt, es mal eine Weile ohne Medikamente zu versuchen.

Montag, 3. Februar 2003
Wider alle Erwartungen fühle ich mich wunderbar. Der Lithiumspiegel ist mittlerweile in Ordnung. Ich habe keinerlei Nebenwirkungen und sogar meine Schilddrüse funktioniert einwandfrei. Ich brauche also vorläufig keine zusätzlichen Medikamente.

2. Unterstützung und Betreuung

Ein stützendes Umfeld ist für jeden Menschen wichtig, da ein funktionierendes soziales Netz aus Familie und Freunden viel auffangen kann. Forschungen haben ergeben, dass bipolar Erkrankte, die auf ein solches Netz zurückgreifen können, sich im Allgemeinen besser fühlen und sich nach einem Schub schneller erholen.

Angehörige und Freunde können den Patienten bei der fortwährenden Suche nach Ausgeglichenheit und im Umgang mit etwaigen Beschwerden unterstützen. Wichtig ist insbesondere die Unterstützung des Partners, beispielsweise wenn eine Patientin Lithium nimmt und mit Nebenwirkungen wie Gewichtszunahme zu kämpfen hat. Es fällt schwer, medikamententreu zu bleiben, wenn der Ehemann sie dann ermuntert, das Mittel doch lieber abzusetzen, weil sie ansonsten zu dick wird und ständig müde ist und wenig Lust auf Sex hat.

Unterstützung kann auch eine begleitende Gesprächstherapie bieten. Psychisch Erkrankte scheuen sich oft, mit anderen über ihre Probleme zu reden. Sie fürchten, für schwach oder gar verrückt gehalten zu werden oder sich der Kritik auszusetzen. Dass die Umgebung lange nicht immer mit Verständnis reagiert, zeigt Lisbeths Beispiel:

Lisbeth ist Lehrerin und schon seit mehreren Wochen wegen eines depressiven Schubs krankgeschrieben. Sie hat ihrer Klasse gegenüber Schuldgefühle, weil sie den Unterricht einem Vertreter überlassen muss. Auf die Straße traut sie sich kaum, weil sie Eltern ihrer Schüler oder Kol-

legen treffen könnte, die dann vielleicht denken: Na, wenn sie zum Einkaufen gehen kann, dann kann sie ja wohl auch unterrichten! Als sie vor wenigen Tagen in ihrem Vorgarten Unkraut jätete, kam ihr Nachbar aus dem Haus und sagte: »Sieh mal an. Zur Arbeit gehen Sie nicht, aber Gartenarbeit ist drin. Heißt die Krankheit zufällig Faulenzia?«

Eine unterstützende Gesprächs- oder Psychotherapie ist oft nötig und hilft beim Verarbeiten der Tatsache, dass man krank ist, und der damit einhergehenden Einschränkungen. Es ist wichtig, dass der Patient positiv und hoffnungsvoll in die Zukunft blickt, auch wenn sich künftig das eine oder andere Problem ergibt oder neuerliche Schübe auftreten.

Neben der unterstützenden Gesprächstherapie haben sich auch spezielle Formen der Psychotherapie bei bipolaren Störungen als hilfreich erwiesen. Am besten untersucht sind die Interpersonale Therapie, die Soziale Rhythmustherapie, die Kognitive Verhaltenstherapie und die Familientherapie.

Empfehlenswert sind auch Gesprächs- oder Selbsthilfegruppen für Menschen mit bipolarer Störung; sie ermöglichen den Austausch mit anderen Betroffenen. In Deutschland gibt es vielerorts Selbsthilfegruppen (siehe Seite 256, www.nakos.de). Mitunter organisieren diese Gruppen auch Informationsabende, bei denen Fachleute oder Experten in eigener Sache über die verschiedenen Aspekte der Erkrankung sprechen.

3. Erste Hilfe bei Schüben

Hat der manische Sturm sich gelegt, sind der Patient und sein Umfeld in der Regel erst einmal erleichtert und wollen das Ganze möglicherweise rasch vergessen. Das ist durchaus verständlich, aber nicht unbedingt sinnvoll. Gerade die Zeit nach einem Schub sollte genutzt werden, um gemeinsam zu überlegen, was bei einem eventuellen neuen Schub zu tun ist, damit Schaden für alle Beteiligten abgewendet werden kann.

Falle
»Es geht jetzt gut. Ich will nicht an den Tag denken, an dem es vielleicht schlechter wird.«
»Ich will das alles möglichst schnell vergessen.«

Es gibt nichts, was ein bipolar Erkrankter nicht tun darf, außer vergessen, dass er eine bipolare Störung hat. Es ist zwar verständlich, dass er hofft, nie wieder einen Schub zu bekommen, aber wenn er das Rückfallrisiko komplett ignoriert, trifft ihn ein eventueller neuerlicher Schub umso härter.

Es ist daher sinnvoll, sich mit der Frage zu befassen: »Falls ich einen Rückfall erleide, welches sind dann die ersten Anzeichen, die ich selbst bemerke oder die meinem Partner auffallen?« Wichtig ist zunächst, die Vorboten eines manischen Schubs oder einer Depression zu kennen und vor allem zu *erkennen*. »Allgemein gültige« Alarmsignale sind beispielsweise verändertes Schlafverhalten (bei Manie und Depression), schwindendes Interesse (bei Depression) und vermehrter Rededrang (bei Manie). Von Bedeutung sind aber vor allem die individuellen Alarmzeichen, die nicht in Büchern verzeichnet sind und die einem auch kein Arzt nennen kann. Bei Raphael zum Beispiel steht eine Depression bevor, wenn ihn ein bestimmtes Musikstück besonders anrührt. Gerrit wiederum merkt daran, dass er abends öfter die Bibel vom Nachttisch nimmt und darin liest, dass sich eine Manie ankündigt. Und Veronika erkennt eine bevorstehende Hypomanie an einer Phase vollkommener Sorglosigkeit, was ihre Kinder betrifft.

Wie findet man die persönlichen Alarmsignale heraus?

Leider nur durch Erfahrung. Oft haben Patienten aber schon nach dem ersten Schub einige Anhaltspunkte hinsichtlich ihrer persönlichen oder individuellen Frühwarnzeichen. Das erfordert allerdings eine eingehende Rückschau auf die Tage vor dem Schub. Aber die Mühe lohnt sich, denn sehr oft kündigt sich der nächste Schub tatsächlich auf gleiche Weise an.

Im Fall eines neuerlichen Schubs ist rasches und gezieltes Handeln geboten. Daher ist es sinnvoll, dass der Betroffene zusammen mit dem Partner, einem Familienangehörigen oder einer anderen Vertrauensperson einen »Krisenplan« erstellt, der unter anderem auch die individuellen Alarmsignale enthält.

Wenn ich mich gut fühle, wie erkenne ich dann, ob das eventuell ein Alarmzeichen ist?

Dass man sich »gut fühlt«, ist nicht grundsätzlich ein Anzeichen für eine Manie, genauso wenig wie jede Traurigkeit eine Depression ankündigt. Bipolar Erkrankte können sich wie jeder andere ganz »normal« glücklich oder traurig fühlen. Oft fällt es ihnen aber schwer, ihre Gefühlslage richtig einzuschätzen. Besonders in der ersten Zeit nach der Diagnose neigen sie dazu, jegliche Stimmungsänderung mit der Erkrankung in Zusammenhang zu bringen. In Kasten 8 ist eine Reihe Fragen aufgelistet, die bei der Klärung der Stimmungslage helfen können. Bei nur ein oder zwei Nein-Antworten ist kein Grund zur Besorgnis gegeben, bei mehr Nein-Antworten könnte eine Hypomanie vorliegen.

Alarmsignale, die einen Rückfall (Hypomanie/Manie) ankündigen

Welche ersten Warnzeichen für eine Hypomanie nehme ich selbst wahr?

Ich brauche nur wenig Schlaf und fühle mich trotzdem fit.

Ich unternehme mehr mit den Kindern.

Meine Sinne schärfen sich, insbesondere das Gehör.

Ich habe mehr Freude an Musik, verstehe die Texte der englischen Popsongs auf einmal besser.

Meine Muskeln sind völlig entspannt.

Ich bin selbstsicher, alles scheint mir zu gelingen.

Ich kann mich besser in die Kinder einfühlen, werde sozusagen selbst wieder Kind.

Ich befasse mich sehr stark mit anderen und deren Problemen.

Ich telefoniere mehr mit Freunden und Verwandten.

Welche ersten Warnzeichen nimmt der Partner wahr?

Sie wird morgens früher wach und ist sofort aktiv.

Sie ist so von sich überzeugt, dass ein »normales« Gespräch mit ihr kaum mehr möglich ist.

Sie intensiviert Kontakte mit Leuten, die sie kaum kennt.

Sie reagiert sehr emotional auf Musik.

Sie schmiedet Pläne, die sich sehr wahrscheinlich nicht umsetzen lassen.

Sie macht spitze Bemerkungen, ist sehr aufmerksam und oft geistreich.

Kasten 7: **Els' individuelle Alarmsignale**

Können Sie eine Zeit lang ruhig dasitzen und ein Buch oder die Zeitung lesen?	❏ Ja	❏ Nein
Können Sie in einem Gespräch andere zu Wort kommen lassen und ihnen zuhören?	❏ Ja	❏ Nein
Können Sie einen Plan durchführen, ohne dass andere Dinge, die Ihnen durch den Kopf gehen, Sie ablenken?	❏ Ja	❏ Nein
Können Sie stille Momente bewusst erleben und sie auch genießen?	❏ Ja	❏ Nein
Können Sie nachts gut und ausreichend schlafen?	❏ Ja	❏ Nein
Können Sie konstruktive Kritik ertragen, ohne ärgerlich zu werden?	❏ Ja	❏ Nein
Können Sie sich hinsichtlich der Verantwortung, die Sie tragen, oder über andere Dinge im normalen Rahmen Sorgen machen?	❏ Ja	❏ Nein
Können Sie von riskanten Unternehmungen oder Dingen, die Spannung ins Leben bringen, absehen?	❏ Ja	❏ Nein

Kasten 8: **Fühle ich mich einfach nur gut oder bin ich hypomanisch?** (Frei nach Newman u.a. 2002)

Nele ist wütend auf ihren Mann Fred, der ihr gesagt hat, sie solle den Psychiater aufsuchen, weil sie hypomanisch sei. Er behauptet, sie rede in einem fort und extrem schnell. »Ich rede immer viel und schnell«, sagt Nele, »deshalb bin ich doch nicht hypomanisch.« »Stimmt«, muss ich zugeben. »Aber falls nun Ihr Mann richtig liegt, dann müssten da noch andere Anzeichen sein, die auf eine Hypomanie hindeuten.« Unser Gespräch, bei dem Nele tatsächlich wie ein Wasserfall redet, ergibt, dass sie seit einer Woche sehr wenig schläft. Schon morgens um vier ist sie mit allem Möglichen beschäftigt, zum Beispiel den Speicher aufräumen, ihre gesamte Korrespondenz der letzten Jahre ordnen usw. Ihr Chef hat ihr, wie sie berichtet, »eine Woche freigegeben«, weil sie Kunden am Telefon angefahren hatte. Als sie all das im Zusammenhang betrachtet, wird ihr klar, dass es sich tatsächlich um Alarmzeichen handelt, und sie ist damit einverstanden, dass wir ihre Medikation anpassen.

Erste Hilfe – ein Krisenplan

Wer seine individuellen Alarmsignale kennt, kann in einem nächsten Schritt einen Erste-Hilfe-Krisenplan aufstellen (Kasten 9). Am besten geschieht dies möglichst bald nach einem Schub, und zwar zusammen mit dem Hausarzt, dem Therapeuten und einer oder mehreren Vertrauenspersonen.

Dabei sollte besprochen werden, wie bei einem neuerlichen Schub vorzugehen ist. Zu klären sind beispielsweise Fragen wie: Soll der Ehemann, sobald er entsprechende Anzeichen bemerkt, den Hausarzt und den Therapeuten verständigen? Sollen Letztere eine Einweisung in die Klinik veranlassen, auch wenn die Patientin zum fraglichen Zeitpunkt manisch und mit diesem Vorgehen nicht einverstanden ist? Darf die Ehefrau eines Maniepatienten das Konto sperren lassen, wenn ihr auffällt, dass ihr Mann zu viel Geld ausgibt? Darf sie seinen Chef informieren, damit dieser verhindert, dass an der Arbeitsstelle etwas schief läuft?

Ein Erste-Hilfe-Krisenplan kann sowohl für manische wie auch für depressive Schübe erstellt werden. Beide Pläne bewahrt der Betroffene bei sich auf und händigt dem behandelnden Arzt eine Kopie aus.

Erste Hilfe bei einem Schub (Krisenplan)

Was sind meine hauptsächlichen *Stressquellen*?
1. _____
2. _____

Was sind meine individuellen *Alarmsignale*?

Was merke ich selbst?	Was merken andere?
1.	1.
2.	2.
3.	3.

Krisenplan
Was kann ich tun?
1. _____
2. _____

Welche *Notfallmedikamente* muss ich nehmen?
1. _____
2. _____

Wer darf/muss was tun?
Name 1: _____ darf/muss _____
Name 2: _____ darf/muss _____
Name 3: _____ darf/muss _____

Weitere zu beachtende Punkte
_____
_____

Datum, Unterschrift _____

Kasten 9: **Erste-Hilfe-Krisenplan**

4. Stabile Lebensführung

Falle
»Ich darf mich nie wieder irgendwelchem Stress aussetzen.«

Nach einem schweren Schub haben die meisten Patienten große Angst vor einem Rückfall. Aus dieser Angst heraus versuchen sie Stresssituationen um jeden Preis zu meiden. Dieses Verhalten ist zwar verständlich, aber es ist keineswegs erforderlich, *jeglichem* Stress aus dem Weg zu gehen. Wichtig ist es dagegen, herauszufinden, was den schubauslösenden Stress verursacht hat, damit künftig vermieden werden kann, dass die entsprechenden Stressfaktoren zusammenkommen.

Eine stabile Lebensführung setzt kein völlig »stressfreies« Leben voraus, es geht vielmehr darum, dass der Patient den Einschränkungen, die seine Erkrankung mit sich bringt, Rechnung trägt. Wer versucht, jeglichen Stress zu vermeiden, läuft Gefahr, zu wenig zu tun und sich dadurch auf Dauer zu isolieren. Er lehnt zum Beispiel jede Einladung von Freunden ab, weil er befürchtet, der Abend könnte sich zu lange hinziehen, sodass er nicht genügend Schlaf bekommt, und aus dem gleichen Grund lässt er vielleicht sein Theaterabonnement verfallen. Will der Chef ihm die Verantwortung für ein neues Projekt übertragen, lehnt er ab, weil er sich neuen Herausforderungen nicht mehr gewachsen fühlt. Er legt, anders ausgedrückt, die Latte zu niedrig und identifiziert sich ganz mit der »Rolle des Kranken«. So zu handeln, bringt mehr Nachteile als nötig. Um die Stimmung möglichst stabil zu halten, braucht nicht jeder Stressfaktor ausgeschaltet zu werden. Stabilität erreicht man unter anderem durch sorgfältige Planung von Aktivitäten. Man sollte beispielsweise einkalkulieren, dass man bei der Rückfahrt aus dem Urlaub im Nachtzug eventuell kein Auge zubekommt, und deshalb nicht gleich für den ersten Abend zu Hause eine Feier mit Freunden planen.

Wir selbst und unsere Lebensweise folgen bestimmten Rhythmen. Unsere biologische Uhr regelt durch Ausschüttung von Hormonen eine Vielzahl körperlicher Funktionen und auch unser Schlaf-Wach-Muster. Andererseits haben wir eine Art »soziale Uhr«. Wir stehen zu einer bestimmten Zeit auf, frühstücken, gehen zur Schule, arbeiten, wir essen zu Abend, pflegen Kontakt mit Freunden, wenden eine gewisse Zeit für Hobbys auf usw.

Für bipolar Erkrankte ist es besonders wichtig, dass die biologische und die soziale Uhr regelmäßig ticken. Eine wesentliche Voraussetzung dafür ist ein ausgeglichener Tag-Nacht-Rhythmus: zeitig schlafen gehen und zeitig aufstehen!

Schlafhygiene

- Gehen Sie immer um etwa die gleiche Zeit schlafen und stehen Sie immer um etwa die gleiche Zeit auf.
- Führen Sie ein festes Schlafritual ein.
- Treiben Sie in den Stunden vor dem Schlafengehen keinen Sport.
- Meiden Sie abends koffeinhaltige und alkoholische Getränke sowie andere Stimulanzien.
- Schlafen Sie in einem bequemen Bett in einem ruhigen, gut belüfteten und abgedunkelten Raum.
- Legen Sie sich nur zum Schlafen ins Bett (nicht im Bett fernsehen oder lesen).
- Achten Sie darauf, dass die Raumtemperatur etwa 16° C beträgt.

Kasten 10: **Regeln zur Schlafhygiene**

Veränderungen des Schlafs können darauf hindeuten, dass etwas »schwelt«, sprich: dass eine Depression oder eine Manie bevorsteht. Und umgekehrt können bewusste drastische Veränderungen des Schlaf-Wach-Rhythmus einen Schub auslösen. Zu einer stabilen Lebensführung gehört somit, dass der Patient auf einen ausgeglichenen

Schlaf-Wach-Rhythmus achtet und sich an die Regeln zur Schlafhygiene hält.

Die soziale Uhr wiederum tickt in einem stabilen Rhythmus, wenn die Alltagsabläufe, die Berufstätigkeit und das Sozialleben des Patienten von Regelmäßigkeit geprägt sind. Schwere Störungen des sozialen Rhythmus können auch den biologischen durcheinander bringen, und zwar meist, indem sie Schlafstörungen und damit letztlich ein höheres Rückfallrisiko verursachen.

8 Stabilisierendes Salz

Über Stimmungsstabilisierer

> »*Das größte klinische Problem bei der Behandlung
> der manisch-depressiven Krankheit ist nicht etwa
> das Fehlen wirksamer Medikamente – denn die gibt es –,
> sondern die Tatsache, dass die Patienten
> sich sehr oft weigern, sie einzunehmen.*«
> KAY REDFIELD JAMISON

Was ist die beste Behandlung bei bipolaren Störungen?

Die beste Behandlung ist die, die für den Patienten sozusagen maßgeschneidert ist. Eine Therapie, die bei allen gut anschlägt, gibt es nicht, dafür aber für (fast) jeden eine, die wirkt.

Zu einer wirksamen Therapie gehören ein guter Kontakt zwischen Patient und Arzt/Therapeut, eine optimal eingestellte und vom Patienten genau befolgte medikamentöse Behandlung, genügend Information über die Krankheit sowie zusätzlich – falls nötig – eine Gesprächstherapie.

Ziel der Behandlung ist es, die Lebensqualität des Betroffenen und seines unmittelbaren Umfelds so weit wie möglich zu verbessern, und dafür müssen sämtliche genannten Faktoren gegeben sein.

Die Grundlage bildet zweifellos die vertrauensvolle therapeutische Beziehung des Patienten zum Psychiater. Dazu gehören auch gemeinsame Gespräche mit dem Partner und gegebenenfalls anderen Familienangehörigen, dem Hausarzt und eventuell einem Therapeuten.

Ohne Medikamente ist eine sinnvolle Behandlung nicht möglich.

Damit sich die Lebensqualität erhöht, muss die Anzahl der Schübe möglichst gering gehalten werden. Die medikamentöse Therapie spielt daher bei jeglicher Behandlung bipolarer Störungen eine tragende Rolle – ohne Medikamente ist eine sinnvolle Behandlung nicht möglich, und es besteht ein hohes Rückfallrisiko und somit eine höhere Wahrscheinlichkeit, erneut in die Klinik eingewiesen zu werden.

Welche Medikamente werden eingesetzt?

Zur Behandlung von bipolaren Störungen werden in erster Linie *Stimmungsstabilisierer* eingesetzt; sie bilden quasi die Grundlage jeder medikamentösen Behandlung. Häufig werden sie mit *Antipsychotika* oder *Antidepressiva* kombiniert und mitunter verschreibt der Arzt auch Schlafmittel oder Angst lösende Medikamente.

Ein festes Behandlungsschema, von dem nicht abgewichen werden darf, gibt es nicht. Die Behandlung bleibt in der Regel auch nicht immer gleich, es sei denn, der Patient ist über einen langen Zeitraum hinweg stabil. Tritt eine Manie oder eine Depression auf, so wird eine Akutbehandlung eingeleitet. Anschließend geht es darum, weitere Schübe zu vermeiden, also um eine »prophylaktische« oder vorbeugende Behandlung. Und Vorbeugen ist bekanntlich besser als Heilen.

Was ist ein Stimmungsstabilisierer?

Stimmungsstabilisierer sind Medikamente, die das Risiko eines neuerlichen Schubs verringern, und zwar sowohl eines manischen als auch eines depressiven. Sie bewirken somit einen stabileren Zustand.

Immer wieder hört man die Meinung, Stimmungsstabilisierer würden die Gefühle abschwächen. Diese Befürchtung besteht zu Unrecht, denn diese Mittel stabilisieren die Gefühlslage insofern, als sie übermäßigen Schwankungen entgegenwirken. Auch ohne eine Manie zu erleben, kann der Patient Glücksgefühle haben. Ebenso wenig verhindern Stabilisierer, dass er Kummer empfinden kann. Es geht vielmehr darum, die extremen Ausschläge nach oben und unten zu vermeiden.

Ist der Stabilisierer gut eingestellt, wirkt er auch auf die Manie und/oder die Depression und ist somit auch in den »akuten Phasen« vonnöten.

Stimmungsstabilisierer haben zudem in der Regel keine verschlimmernde Wirkung in dem Sinn, dass sie beispielsweise eine Depression in eine Manie umschlagen lassen oder schnellere Phasenwechsel (Rapid Cycling) verursachen. Antidepressiva sind daher nicht als Stimmungsstabilisierer geeignet, weil sie die Abfolge der Episoden beschleunigen und auch Manien hervorrufen können.

Wann muss ich einen Stimmungsstabilisierer nehmen?

Hierzu gehen die Meinungen auseinander. Manche Ärzte halten sich an die alte Regel, erst dann einen Stimmungsstabilisierer zu verschreiben, wenn der Patient zwei oder mehr ausgeprägte manische Episoden hatte. Viele Ärzte sind heute aber eher geneigt, schon nach dem ersten Schub ein solches Mittel zu verordnen.

Allgemein empfiehlt sich ein Stimmungsstabilisierer, wenn der Patient einen schweren Schub hatte und in seiner Verwandtschaft noch weitere Personen bipolar erkrankt sind beziehungsweise waren. Ist die Diagnose erst einmal gestellt und hat der Patient sie akzeptiert, so ist die langfristige Einnahme eines Stimmungsstabilisierers die logische Folge. Eventuelle Zweifel daran sollte der Betroffene beim Arzt ansprechen, denn es ist wichtig, dass nicht nur der Arzt, sondern auch der Patient vom Nutzen der medikamentösen Behandlung überzeugt ist.

Welche Stimmungsstabilisierer gibt es?

Die am häufigsten verordneten Stabilisierer sind *Lithium*, *Valproinsäure* und *Carbamazepin*. Neuere Präparate, die noch nicht so häufig verschrieben werden, sind *Lamotrigin*, *Gabapentin*, *Topiramat* und *Oxcarbazepin*. Die Untersuchungen zu Gabapentin und Topiramat sind bisher nicht sehr viel versprechend, daher wird auf diese Mittel im Folgenden nicht näher eingegangen. Die angeführten Bezeichnungen sind »generische Namen«. Medikamente haben zwei Namen: einen generischen Namen, auch »Freiname« genannt, der die chemische Substanz oder den Wirkstoff bezeichnet, und einen Marken- oder Handelsnamen, unter dem das Präparat vom Hersteller vertrieben und verkauft wird. Auf der Verpackung der Medikamente beziehungsweise auf dem Beipackzettel sind in der Regel beide Namen angegeben.

Bis auf Lithium sind die genannten Präparate Mittel gegen Epilepsie, von denen sich erwiesen hat, dass sie auch bei bipolaren Störungen wirken. Lithium ist das älteste und meistverwendete Mittel bei bipolaren Störungen. Von den neueren Medikamenten hat sich bislang noch keines als besser erwiesen und sie wirken in etwa alle gleich gut. Lithium und Valproinsäure sind Mittel der ersten Wahl; die anderen Stabilisierer werden eingesetzt, wenn Lithium oder Valproinsäure keine ausreichende Wirkung zeigen; sie können statt dieser Präparate oder zusätzlich gegeben werden.

Einige der in Deutschland, Österreich und der Schweiz erhältlichen Stimmungsstabilisierer sind in Tabelle 6 aufgelistet.

Wirkstoff	Handelsnamen
Lithium	u.a. Hypnorex (D), Lithium (D), Neurolepsin (A), Neurolithium (CH), Quilonorm (A, CH), Quilonum (D)
Valproinsäure	u.a. Convulex (A, CH, D), Ergenyl (D), Leptilan (D), Orfinil (CH, D), Depakine (A, CH)
Carbamazepin	u.a. Carbaflux (D), Neurotop (A, CH), Tegretal (D), Tegretol (A, CH), Timonil (CH, D)
Oxcarbazepin	Timex (D), Trileptal (A, CH)
Lamotrigin	Lamictal (A, CH, D)
Gabapentin	GabaLich, Neurontin (jeweils A, CH, D)
Topiramat	Topomax (CH, D)

Tabelle 6: **Stimmungsstabilisierer**

Lithium

Lithium ist seit über 30 Jahren das meistverwendete Mittel bei bipolaren Störungen. Im Jahr 1948 behandelte John Cade, ein damals völlig unbekannter Psychiater in einer kleinen australischen Klinik, erstmals einen manischen Patienten mit Lithium; zuvor war ihm aufgefallen, dass Meerschweinchen, denen man Lithium verabreicht hatte, auffallend ruhig wurden. In den Jahren darauf setzte Cade Lithium weiterhin zur Behandlung von Maniepatienten ein und konnte Erfolge verbuchen. Seit den 70er-Jahren des 20. Jahrhunderts wird Lithium auf breiter Basis zur Behandlung bipolarer Störungen eingesetzt, und zwar aus drei Hauptgründen:

Erstens ist Lithium ein Stimmungsstabilisierer, das heißt, es mindert, über einen längeren Zeitraum eingenommen, das Risiko neuer manischer oder depressiver Schübe.

Zweitens wirkt Lithium antimanisch: Bei einem plötzlichen manischen Schub kann es den manischen Sturm zum Abflauen bringen. Oft wird in diesem Fall nicht nur Lithium, sondern auch ein Antipsychotikum oder Beruhigungsmittel gegeben.

Drittens wirkt Lithium auch gegen Depressionen. Depressive Patienten, die nicht gut auf Antidepressiva ansprechen, bekommen es oft zusätzlich.

Lithium kann somit als »Allroundmittel« bei bipolaren Störungen gelten. Für viele Patienten bildet es die Grundlage der medikamentösen Therapie.

Liegt bei manisch-depressiven Menschen ein Lithiummangel im Körper vor?

Nein. Lithium ist ein chemisches Element, das in der Natur in Form von Salzen vorkommt, im menschlichen Körper jedoch nicht. Somit kann ein bipolar Erkrankter auch keinen Lithiummangel haben.

Warum muss bei Einnahme von Lithium dessen Gehalt im Blut gemessen werden?

Die im Blut enthaltene Menge Lithium bezeichnet man als Lithium-(blut)spiegel; sie wird in Milliäquivalent pro Liter (mEq/L) oder Millimol pro Liter (mmol/L) angegeben. Im Blut und somit auch im Gehirn muss ausreichend Lithium vorhanden sein, damit es seine Heilwirkung entfalten kann. Zu Beginn der Behandlung wird daher wöchentlich oder alle zwei Wochen ein Bluttest vorgenommen, bei dem der Lithiumspiegel ermittelt wird (in der Regel wird sicherheitshalber auch die Funktion von Schilddrüse und Nieren geprüft). Ist der Spiegel eingestellt, sodass keine Dosiserhöhung erforderlich ist, reicht ein Bluttest alle drei Monate aus.

Die Blutabnahme für den Test sollte 10 bis 14 Stunden nach der letzten Lithiumeinnahme erfolgen.

Wenn Sie abends gegen 21:00 Uhr Ihre letzte Lithiumtablette genommen haben, gehen Sie am besten morgens gegen 9:00 Uhr vor der Medikamenteneinnahme zum Blutabnehmen.

Bei zu niedrigem Lithiumspiegel kann das Mittel unwirksam sein. Ist der Spiegel zu hoch, steigt das Risiko, dass sich die Nebenwirkungen verstärken, und bei sehr hohem Lithiumblutspiegel kann es zu einer Vergiftung (Kasten 11) kommen.

Ein Lithiumspiegel von ...	ist ...
0 bis 0,3 mEq/L	zu niedrig; Lithium wirkt dann nicht ausreichend.
0,4 mEq/L	wahrscheinlich der »niedrigstmögliche Spiegel« für eine Erhaltungsbehandlung; falls dennoch Schübe auftreten, muss die Dosis erhöht werden.
0,5 bis 1,2 mEq/L	der ideale Spiegel; im Blut hat sich ein Lithiumgleichgewicht eingestellt.
über 1,5 mEq/L	zu hoch; es können Vergiftungserscheinungen auftreten.

Tabelle 7: **Lithiumspiegel**

Welche Nebenwirkungen hat Lithium?

Bei einer Behandlung mit Lithium können etliche Nebenwirkungen auftreten. Viele Patienten stellen einen metallischen Geschmack im Mund fest. Anfangs kommt es eventuell zu Übelkeit, Bauchschmerzen und Durchfall – diese Nebenwirkungen sind in der Regel vorübergehend. Ebenfalls zu Beginn der Behandlung, aber auch bei Höherdosierung, kann ein Zittern der Hände auftreten. Meist hilft eine Senkung der Dosis; falls das nicht möglich ist und das Zittern als sehr störend empfunden wird, kann der Arzt einen Betablocker, beispielsweise Propranolol, verschreiben. Bei Vergesslichkeit und Konzentrationsstörungen kann ebenfalls eine Dosisreduzierung helfen.

Da Lithium als Salz vorliegt, geht die Einnahme häufig mit Mundtrockenheit, einem erhöhten Durstgefühl und erhöhter Harnausscheidung einher.

Im Verlauf der Behandlung kommt es durch den Einfluss von Lithium auf den Stoffwechsel oft zu einer Gewichtszunahme – sei es durch Wasseransammlungen im Gewebe oder durch erhöhte Nahrungsaufnahme in den depressionsfreien Phasen. Lithiumpatienten sollten daher besonders auf eine gesunde, ausgewogene Ernährung achten und bei erhöhtem Durst möglichst keine zuckerhaltigen Getränke zu sich nehmen.

Lithium beeinflusst auch die Funktion der Schilddrüse, deshalb muss regelmäßig ein Schilddrüsenfunktionstest durchgeführt werden. Bei einer deutlichen Unterfunktion (Hypothyreose) kann eine zusätzliche Behandlung mit Schilddrüsenhormonen eingeleitet werden.

Auch die Nierenfunktion kann durch Lithium beeinträchtigt werden. Die Nieren filtern unter anderem Lithium aus dem Blut, sodass es mit dem Harn ausgeschieden wird. Bei einem Lithiumspiegel im Normalbereich ist das unproblematisch, bei einer Lithiumvergiftung oder einem stark erhöhten Spiegel über einen längeren Zeitraum hinweg können die Nieren jedoch Schaden nehmen; das kommt zwar nur in seltenen Ausnahmefällen vor, aber regelmäßige Blutuntersuchungen sind dennoch sehr wichtig.

Schließlich können auch noch Hautreaktionen auftreten. Mitunter zeigt sich zu Beginn der Behandlung ein leichter Hautausschlag und eine bereits vorhandene Akne oder Schuppenflechte kann sich verschlimmern.

Zu einer Lithiumvergiftung kommt es, wenn die Lithiummenge im Blut und somit auch im Gehirn zu hoch ist; der Blutspiegel liegt dann über 1,5 mEq/L. Solche Werte werden zum Beispiel erreicht, indem der Patient zu wenig trinkt und austrocknet oder indem er zu wenig Salz zu sich nimmt. Zudem können andere Medikamente eine Erhöhung des Lithiumspiegels bewirken (Tabelle 8). Manchmal nimmt ein Patient versehentlich oder in suizidaler Absicht zu viel Lithium.

Eine leichte Vergiftung äußert sich mit verstärkten Nebenwirkungen: Benommenheit, Übelkeit, Bauchschmerzen, Erbrechen, Durchfall und Zittern, außerdem kann es zu Herzrhythmusstörungen oder Blutdruckabfall kommen. Je schwerer die Vergiftung, desto ausgeprägter sind diese Symptome. In sehr schweren Fällen tritt außer Erbrechen und Durchfall auch sehr starkes Zittern auf, hinzukommen eventuell Krampfanfälle und Koma. In seltenen Fällen verläuft eine Lithiumvergiftung tödlich. Wichtig ist es, bei Verdacht auf eine Vergiftung schnellstmöglich den Arzt aufzusuchen oder sich bei der Notfallambulanz einer Klinik zu melden, damit das Blut rasch untersucht wird. Bestätigt sich der Verdacht, so ist eine Nierendialyse die Methode der Wahl für eine rasche Senkung des Lithiumspiegels.

Kasten 11: **Lithiumvergiftung**

Wie ist Lithium einzunehmen?

Lithium wird in Dosen zwischen 300 und 2 400 Milligramm pro Tag verschrieben, die sich meist über mehrere Einnahmen verteilen, weil dann die Nebenwirkungen weniger ausgeprägt sind. Für die Nieren wiederum ist es besser, die gesamte Dosis auf einmal zu nehmen.

Auch wer dazu neigt, die Medikamenteneinnahme hin und wieder zu vergessen, ist mit einer Einnahme pro Tag eventuell besser beraten.

Nach einem Schub, der eine erhöhte Dosierung erfordert, um den Symptomen entgegenzuwirken, wird die Tagesdosis meist wieder reduziert. Auf jeden Fall sollte man sich an die Verordnung des Arztes halten. Dass an einem »schlechten Tag« eine Pille extra mehr hilft, ist ein Irrglaube. Eine Selbstdosierung (nach oben) ist gefährlich, weil sie die Nebenwirkungen verstärkt.

Bei Patienten, die eine salzlose Diät einhalten müssen, steigt der Lithiumspiegel in der Regel rascher, dadurch erhöht sich das Risiko einer Lithiumvergiftung. Häufigere Bluttests sind in diesem Fall erforderlich; notfalls kann der Arzt auch einen anderen Stabilisierer verschreiben.

Bei Verordnung von weiteren Medikamenten muss der verschreibende Arzt unbedingt informiert werden, dass der Patient bereits Lithium nimmt. Bestimmte Medikamente können nämlich den Lithiumspiegel im Blut beeinflussen; in Tabelle 8 sind die gebräuchlichsten samt ihrer Anwendungsgebiete aufgelistet. Vorsicht ist insbesondere bei manchen Schmerzmitteln und so genannten Wassertabletten (Diuretika) geboten.

Unter welchen Umständen kann ich Lithium absetzen?

Grundsätzlich nie, ohne zuvor mit dem Arzt darüber gesprochen zu haben. Das gilt im Übrigen nicht nur für Lithium, sondern für alle bei bipolaren Störungen verordneten Medikamente. Manche Patienten brechen die Lithiumbehandlung auf eigene Faust ab, weil sie glauben, kein Lithium (mehr) zu brauchen oder weil sie die Nebenwirkungen als sehr beeinträchtigend empfinden.

Mit dem eigenmächtigen Absetzen von Lithium sind Gefahren verbunden. Erstens erhöht sich das Rückfallrisiko um das 15fache und zweitens ist es möglich, dass sich bei einer späteren erneuten Li-

Mittel, die den Lithiumspiegel erhöhen (Wirkstoffe)	Mittel, die den Lithiumspiegel senken (Wirkstoffe)
Diclofenac (entzündungshemmendes Schmerzmittel)	Verapamil (Mittel gegen hohen Blutdruck)
Erythromycin (Antibiotikum)	Mannitol (Diuretikum)
Ibuprofen (entzündungshemmendes Schmerzmittel)	Valproinsäure (Stimmungsstabilisierer)
Indometacin (entzündungshemmendes Schmerzmittel)	Koffein
Methyldopa (Mittel gegen hohen Blutdruck)	Theophyllin (Mittel gegen Asthma)
Metronidazol (Antibiotikum)	
Naproxen (entzündungshemmendes Schmerzmittel)	
Phenylbutazon (entzündungshemmendes Schmerzmittel)	
Tetracyclin (Antibiotikum)	
Thiaziden (Diuretikum)	

Tabelle 8: **Mittel, die den Lithiumspiegel beeinflussen**

thiumeinnahme dessen Wirkung verschlechtert; man spricht dann von einer Lithiumresistenz.

Wenn nach sorgfältiger Prüfung eine Lithiumbehandlung eingeleitet wurde, so gilt im Prinzip, dass sie dauerhaft fortgesetzt wird. Nur wenn Beschwerden auftreten oder aus medizinischen Gründen ein Absetzen erforderlich ist, darf von diesem Grundsatz abgewichen werden. Das Absetzen des Mittels muss schrittweise erfolgen, etwa, indem die Dosis alle zwei Monate um ein Viertel reduziert wird. Bei plötzlichem Absetzen ist das Risiko eines manischen Schubs (»withdrawal mania«) extrem hoch.

Valproinsäure

Valproinsäure (auch Natriumvalproat oder kurz Valproat genannt) ist gegenwärtig neben Lithium das am häufigsten verordnete Arzneimittel gegen manisch-depressive Stimmungsschwankungen. Valproinsäure ist als Mittel gegen Epilepsie (Antiepileptikum oder Antikonvulsivum) bekannt. Auf dem Beipackzettel sind bipolare Störungen oft nicht als Anwendungsgebiet angegeben, obwohl man sich in Fachkreisen über seine Wirksamkeit bei dieser Erkrankung einig ist.

Valproinsäure ist, wie Lithium, ein Mittel der ersten Wahl bei bipolaren Störungen. Bei akuten Manien ist es – wie etliche Untersuchungen ergeben haben – ebenso wirksam wie Lithium, bei akuten Depressionen dagegen steht es hinsichtlich der Wirksamkeit hinter Lithium zurück und bei Mischzuständen und Rapid Cycling wiederum hat es sich als besser geeignet erwiesen.

Valproinsäure wird vor allem zur Erhaltungsbehandlung, sprich: zum Vorbeugen gegen neuerliche Episoden eingesetzt.

Welche Nebenwirkungen hat Valproinsäure?

Die häufigsten Nebenwirkungen dieses Mittels sind verminderter Appetit, Übelkeit und Schläfrigkeit. Diese eher harmlosen Nebenwirkungen geben sich in der Regel schnell wieder. Mitunter kommt es zu einer Gewichtszunahme, zu Erbrechen, Zittern, Hautausschlag, Juckreiz oder Kopfschmerzen – diese Nebenwirkungen treten jedoch eher selten auf.

Valproinsäure wird in der Leber abgebaut und kann Abweichungen der Leberwerte verursachen – in sehr seltenen Fällen kommt es zu einer Leberentzündung (Hepatitis). Ebenfalls selten tritt verminderte Blutplättchenbildung auf.

Wie ist Valproinsäure einzunehmen?

Bei Valproinsäure kann die Dosis rascher erhöht werden als bei Lithium. Meist sind 900 bis 1 800 mg täglich erforderlich, damit das Mittel ausreichend wirkt (zwischen 50 und 100 Nanogramm pro Milliliter Blut).

Valproinsäure wird zumeist in einer Form verabreicht, bei der der Wirkstoff langsam ins Blut abgegeben wird (Depakine Chrono), sodass man die jeweilige Tagesdosis auf einmal schlucken kann.

Carbamazepin

Carbamazepin wird seit längerem als Mittel gegen Epilepsie verwendet. Nach Lithium war es lange Zeit das meistverwendete Arzneimittel bei bipolaren Störungen. Bei Manien ist Carbamazepin ebenso wirksam wie Lithium, und Untersuchungen haben ergeben, dass es (wie auch Valproinsäure) vor allem bei gemischten Episoden und psychotischen Symptomen oder Krankheitsbildern mit über vier Schüben pro Jahr (Rapid Cycling) sehr wirksam ist.

Carbamazepin wird derzeit allerdings nicht mehr so häufig verschrieben, weil es gefährliche Nebenwirkungen haben kann, die bei Valproinsäure nicht vorkommen. Es gilt aber nach wie vor als geeignetes Mittel zur Behandlung bipolarer Störungen und wird meist dann verordnet, wenn Lithium oder Valproinsäure nicht (hinreichend) wirken.

Oxcarbazepin ist ein neueres, dem Carbamazepin sehr ähnliches Mittel. Seine Wirkung bei bipolaren Störungen ist noch nicht ausreichend erforscht; nachgewiesen ist jedoch, dass es weniger Nebenwirkungen hat als Carbamazepin.

Welche Nebenwirkungen hat Carbamazepin?

Carbamazepin wird zwar in der Regel gut vertragen, kann aber etliche Nebenwirkungen verursachen, zum Beispiel Übelkeit, Erbrechen, erschwerten Stuhlgang oder Durchfall, Appetitlosigkeit, Benommenheit und Zittrigkeit. Diese Nebenwirkungen sind eher harmlos und geben sich meist rasch wieder. Bei manchen Patienten wurden Gedächtnisschwäche, Sehstörungen oder motorische Koordinationsstörungen festgestellt. Die meisten Nebenwirkungen rühren von einer zu raschen Aufdosierung her und verschwinden, wenn die Dosis etwas reduziert wird.

Wie Valproinsäure kann Carbamazepin Abweichungen der Leberwerte verursachen, die in seltenen Fällen zu einer Leberentzündung führen können. Zu verzeichnen sind auch einige sehr seltene, aber gefährliche Nebenwirkungen, zum Beispiel eine Verminderung der weißen Blutkörperchen, sodass die Abwehr des Patienten gegen Infektionen geschwächt ist (glücklicherweise kommt dies nur bei einem von 100 000 Patienten vor). Auftreten kann auch eine Verminderung der Blutplättchen, sodass sich die Blutgerinnung verzögert. Bei Fieber oder Halsschmerzen ist unbedingt der Arzt zu konsultieren, ebenso, wenn man leicht blaue Flecken bekommt; diese Symptome können auf eine Verminderung der Blutzellen hindeuten.

Hautausschläge treten oft in der Anfangsphase der Behandlung auf und sind zumeist harmlos. Dennoch sollte der Arzt darüber informiert werden. In sehr seltenen Ausnahmefällen kann die Hautreaktion nämlich höchst gefährliche Dimensionen annehmen: Die Haut bildet dann große Blasen und scheint sich in großen Stücken lösen zu wollen. Diese seltene Reaktion ist unter den Namen Stevens-Johnson-Syndrom bekannt. Tritt sie auf, muss Carbamazepin natürlich schnellstmöglich abgesetzt und eine andere Behandlung eingeleitet werden.

Erwähnt werden muss auch, dass Carbamazepin die Wirkung anderer Medikamente beeinträchtigen kann und dass andere Medikamente wiederum den Carbamazepinspiegel im Blut erhöhen oder senken können (Tabelle 9). Bekommt der Patient also weitere Medikamente verschrieben, sollte er dem Arzt unbedingt sagen, dass er bereits Carbamazepin nimmt. Nicht zuletzt ist zu bedenken, dass die Wirkung der Antibabypille bei gleichzeitiger Einnahme von Carbamazepin abgeschwächt wird.

Nach dieser Aufzählung möglicher Nebenwirkungen hoffen Sie wahrscheinlich, niemals Carbamazepin nehmen zu müssen. Lassen Sie sich durch die lange Liste nicht verunsichern: Die meisten Nebenwirkungen sind sehr selten, sodass die Einnahme von Carbamazepin (und anderen Mitteln) keinesfalls ein gefährliches Unterfangen ist. Jedes Arzneimittel kann Nebenwirkungen haben; es ist wichtig, dass man darüber informiert ist und – sollte sich eine Nebenwirkung zeigen – baldmöglichst den Arzt aufsucht.

Wie ist Carbamazepin einzunehmen?

Carbamazepin wird in der Regel langsam aufdosiert. Die letztlich benötigte Dosis hängt – wie bei anderen Mitteln – von der Menge im Blut ab. Um eine ausreichende Medikamentenwirkung zu erzielen, müssen zwischen acht und zwölf Mikrogramm pro Milliliter (µg/mL) im Blut enthalten sein. Dafür ist eine Tagesdosis zwischen 400 und 1 600 mg erforderlich.

Für gewöhnlich wird die Dosis über den Tag verteilt, entweder auf zwei, manchmal auch auf vier Einnahmen. Am besten nimmt man Carbamazepin zu oder nach den Mahlzeiten. Anfangs wird etwa alle

Carbamazepinspiegel im Blut kann erhöht werden durch ... (Wirkstoff)	
Verapamil	Mittel gegen hohen Blutdruck
Viloxazin	Antidepressivum
Erythromycin	Antibiotikum
Isoniazid	Antibiotikum
Fluoxetin	Antidepressivum
Fluvoxamin	Antidepressivum
Sertralin	Antidepressivum
Diltiazem	Mittel gegen hohen Blutdruck
Cimetidin	Magensäurehemmer

Mittel, deren Wirkung durch Carbamazepin beeinträchtigt werden kann	
Antibabypille	
Antipsychotika	
Bupropion	Antirauchpille
Doxycyclin	Antibiotikum
Ethosuximid	Mittel gegen Epilepsie
Phenobarbital	Mittel gegen Epilepsie
Phenytoin	Mittel gegen Epilepsie
Fluvoxamin	Antidepressivum
Lamotrigin	Mittel gegen Epilepsie/Stimmungsstabilisierer

Carbamazepinspiegel im Blut kann gesenkt werden durch ... (Wirkstoff)	
Phenytoin	Mittel gegen Epilepsie
Primidon	Mittel gegen Epilepsie
Phenobarbital	Mittel gegen Epilepsie
Schilddrüsenhormon	
Theophyllin	Mittel gegen Asthma
Trizyklische Antidepressiva	ältere Antidepressiva
Valproinsäure	Mittel gegen Epilepsie/Stimmungsstabilisierer
Warfarin	Blutverdünner
Schwangerschaftstest	

Tabelle 9: **Arzneimittelwechselwirkungen mit Carbamazepin**

zwei Wochen ein Bluttest mit Auszählung der Blutkörperchen sowie ein Leber- und Nierenfunktionstest durchgeführt. Nach ungefähr zwei Monaten kann die Blutuntersuchung alle drei bis vier Monate erfolgen. Die Blutabnahme sollte etwa zwölf Stunden nach der letzten Einnahme vorgenommen werden – am besten also morgens vor der ersten Medikamenteneinnahme.

Lamotrigin

Lamotrigin ist ein neueres Präparat und ebenfalls ein Antikonvulsivum – ein Mittel gegen Epilepsie. Da es bei Epilepsiepatienten Stimmungsverbesserungen brachte, hat man es auch auf seine Wirksamkeit bei bipolaren Störungen hin untersucht. Aus den wenigen bislang vorliegenden Forschungsergebnissen geht hervor, dass Lamotrigin bei einer akuten Manie nicht besonders gut wirkt, dafür aber bei depressiven Phasen. Ein Antidepressivum ist Lamotrigin deshalb nicht, aber ein durchaus geeignetes Mittel für bipolare Patienten, die hauptsächlich depressive Phasen erleben.

Lamotrigin wird meist gut vertragen. Die häufigsten Nebenwirkungen sind Kopfschmerzen, Übelkeit und Mundtrockenheit. In Ausnahmefällen verursacht Lamotrigin schwere Hautausschläge (im Extremfall – wie Carbamazepin – das Stevens-Johnson-Syndrom); das Risiko beträgt 1 zu 10 000 und ist dann am größten, wenn die Dosis zu rasch erhöht wird. Lamotrigin sollte unbedingt langsam und über mehrere Wochen hinweg aufdosiert werden.

Bei Patienten, die bereits Valproinsäure nehmen, muss der Arzt die Lamotrigindosis niedriger halten, denn Valproinsäure bewirkt eine doppelt so lange Verweildauer von Lamotrigin im Körper. Carbamazepin wiederum verursacht einen schnelleren Abbau von Lamotrigin, sodass in diesem Fall eventuell eine höhere Dosis erforderlich ist.

Welcher Stimmungsstabilisierer eignet sich am besten für mich?

Vorhersagen sind hier schwierig; letztlich ist es so, dass Arzt und Patient gemeinsam nach der am besten geeigneten Behandlung suchen müssen. Es gibt jedoch Anhaltspunkte, die dem behandelnden Arzt bei der Auswahl der Medikamente helfen.

Als Anhaltspunkte dienen beispielsweise so genannte prädikative Parameter, das heißt bestimmte Merkmale der Erkrankung, die Prognosen zulassen, wie der Patient auf bestimmte Mittel reagiert.

Eine »reine« Manie zum Beispiel spricht in der Regel gut auf Lithium an. Wenn andere bipolar Erkrankte in der Verwandtschaft

Lithium wirkt sehr wahrscheinlich gut bei Patienten ...	Andere Stabilisierer wirken sehr wahrscheinlich besser bei Patienten ...
mit »reinen« Manien	mit Mischzuständen
mit mehreren Fällen bipolarer Störungen in der Familie	mit keinen oder nur wenigen Fällen bipolarer Störungen in der Familie
mit weniger als vier Episoden pro Jahr	mit mehr als vier Episoden pro Jahr (Rapid Cycling)
die früher gut auf Lithium angesprochen haben	mit schwerer Manie mit psychotischen Symptomen
die bisher nur wenige Episoden hatten	bei denen Substanzmissbrauch oder eine Angststörung vorliegt
die deutlich abgegrenzte Episoden (mit guten zwischenzeitlichen Phasen) hatten	deren Manie durch eine neurologische Erkrankung ausgelöst wurde

Tabelle 10: **Prädikative Parameter für Lithium und andere Stabilisierer (nach Miklowitz 2002)**

des Patienten gut auf ein bestimmtes Medikament reagieren, so ist das sehr wahrscheinlich auch bei ihm der Fall. Weitere Parameter sind in Tabelle 10 aufgelistet.

Zusammenfassend lässt sich Folgendes sagen: Je mehr die Erkrankung dem »klassischen Bild« einer bipolaren Störung entspricht (einer »reinen« Manie folgt eine schwere Depression und es liegen weitere Fälle bipolarer Störungen in der Familie vor), desto höher ist die Wahrscheinlichkeit, dass der Patient gut auf Lithium anspricht. Je mehr die Störung vom »klassischen Bild« abweicht, desto wahrscheinlicher ist der Patient mit einem anderen Stabilisierer besser beraten.

Wie lange müssen Stimmungsstabilisierer genommen werden?

Wie bereits erwähnt, ist die bipolare Störung eine Erkrankung, die man für den Rest seines Lebens hat. Die Schübe klingen zwar wieder vollständig ab, aber die erblich bedingte Verletzlichkeit bleibt dem Patienten lebenslang.

Ohne Medikamente besteht, wie ebenfalls schon mehrfach ausgeführt, eine hohe Wahrscheinlichkeit neuerlicher Schübe (sowohl manischer als auch depressiver Art). Ein Schub bedeutet meist einen »Rückschritt«: eine Unterbrechung der Berufstätigkeit, manchmal einen Klinikaufenthalt, oft andere Medikamente (meist in höheren Dosen) und eine längere Erholungsphase. Sobald die Diagnose feststeht und Arzt und Patient sich hinsichtlich der Behandlung geeinigt haben, ist davon auszugehen, dass diese dauerhaft ist.

9 Die kleine Hausapotheke

Über Antipsychotika, Antidepressiva und andere Mittel

Wie erwähnt, kommen bei der Behandlung bipolarer Störungen verschiedenartige Medikamente zum Einsatz. Die Grundlage der medikamentösen Therapie bilden in der Regel die in Kapitel 8 ausführlich beschriebenen *Stimmungsstabilisierer*. Hinzukommen *antipsychotische Mittel, Antidepressiva, Schlafmittel* oder *Angst lösende Mittel* – abhängig von der Phase, in der sich der Patient gerade befindet, und je nachdem, welche Beschwerden er derzeit hat.

Antidepressiva

Müssen manisch-depressive Patienten grundsätzlich Antidepressiva nehmen?

Nicht grundsätzlich. Es leuchtet ein und ist üblich, dass während einer Depression und danach (zwecks Rückfallvermeidung) über einen längeren Zeitraum hinweg Antidepressiva gegeben werden. Anders als bei der unipolaren Depression ist es bei der bipolaren nicht immer erforderlich, dass der Patient ein Antidepressivum nimmt; manchmal reicht ein Stimmungsstabilisierer aus. Die heutigen Therapierichtlinien für bipolare Depressionen empfehlen als Erstes einen Stimmungsstabilisierer. Nimmt der Patient bereits einen solchen und erleidet er dennoch eine Depression, so wird anhand eines Bluttests geprüft, ob der Wirkstoffspiegel im Blut ausreicht, und gegebenenfalls die Dosis erhöht. Wenn die Depression daraufhin nicht abklingt, kann ein Antidepressivum eingesetzt werden.

Wie schnell wirken Antidepressiva?

Langsam – darüber sollte man sich keine Illusionen machen. Bevor ein Antidepressivum seine Wirkung entfaltet, vergehen gut und gern zwei bis drei Wochen. Erste Effekte stellen sich mitunter schon früher ein.

Schon eine Woche, nachdem Sara mit der Einnahme eines Antidepressivums begonnen hat, stellt sie fest, dass sie mehr Appetit und weniger Angst vor einem Anruf ihres Freundes hat. Ein paar Tage darauf merkt sie, dass die Todesgedanken nicht mehr so beherrschend sind und sie dadurch hin und wieder zur Ruhe kommt. Das Leben genießen kann sie aber noch immer nicht, die übermächtige Müdigkeit macht ihr nach wie vor zu schaffen und alles geht schwer von der Hand. Erst nach etwa fünf Wochen tritt auch in dieser Hinsicht eine Besserung ein.

Es hat überhaupt keinen Sinn, ein Antidepressivum schon nach zwei, drei Wochen wieder abzusetzen, um ein neues auszuprobieren. Erst wenn der Patient es längere Zeit genommen hat, kann er gemeinsam mit dem Arzt die Wirkung beurteilen.

Wie lange müssen Antidepressiva genommen werden?

Das ist unterschiedlich. Bei der bipolaren Depression wird das Antidepressivum in der Regel schneller reduziert und abgesetzt als bei einer »normalen« Depression. Wer erstmals eine unipolare Depression erleidet, nimmt für gewöhnlich mindestens sechs Monate lang Antidepressiva. Handelt es sich um eine erneute Depression, wird das Antidepressivum oft über einen relativ langen Zeitraum hinweg gegeben – ein, zwei Jahre oder länger sind keine Seltenheit. Je länger der Patient das Antidepressivum nimmt, desto geringer wird die Wahrscheinlichkeit eines Rückfalls. Wie lange man also Antidepressiva nehmen muss, hängt davon ab, ob man bereits Depressionen hatte; berücksichtigt wird zudem die Schwere der Depression.

Bei bipolaren Depressionen verhält es sich etwas komplexer. Wenn der Patient gut auf Antidepressiva reagiert, aber bereits mehrmals stark manisch war, wird der Arzt das Antidepressivum nicht sehr lange geben, denn es soll ja vermieden werden, dass es manische Symptome auslöst. Andere bipolare Patienten wiederum nehmen lange Zeit Antidepressiva, ohne dass sie bei ihnen eine Manie verursachen. Eine generelle Regel für die Dauer der Behandlung gibt es nicht.

Linda ist 60 Jahre alt. Mit 30 Jahren erlebte sie ihren ersten manischen Schub. Dreimal wurde sie in die Klinik eingewiesen; zweimal war sie manisch, einmal schwer depressiv. Sie verbrachte viele Monate in der Klinik. Danach hatte sie noch vier relativ schwere Depressionen, wurde aber nicht mehr stationär behandelt; Lithium und das Antidepressivum Citalopram brachten die Depression jeweils zum Abklingen. Danach wurde die Dosis wieder reduziert. Da es Linda seitdem gut geht, wollte sie die halbe Tablette Citalopram gern auch noch weglassen. Wenige Wochen später zeigten sich erneut depressive Symptome. Nach einem halben Jahr versuchte sie es noch einmal mit dem Absetzen – mit dem gleichen Resultat. Seit drei Jahren nimmt Linda nun Lithium sowie das Antidepressivum in sehr niedriger Dosis. Sie fühlt sich so gut wie nie zuvor. »Never change a winning team« – so lautet ihre Devise. Heute würde sie nicht noch einmal versuchen, die Medikamente komplett abzusetzen.

Wichtig ist es, dass der Patient eine eventuelle Reduzierung oder ein Absetzen der Medikamente mit dem behandelnden Arzt abstimmt. Sie auf eigene Faust abzusetzen, kann sich als riskantes Unterfangen erweisen.

Machen Antidepressiva auf Dauer abhängig?

Von Antidepressiva kann man nicht abhängig werden. Von Alkohol, Nikotin und Drogen sehr wohl, auch von Schlaf- und Beruhigungsmitteln, nicht aber von Antidepressiva, Antipsychotika und Stimmungsstabilisierern.

Dass man ständig Medikamente braucht, bedeutet nicht notwendigerweise, dass man davon abhängig ist oder süchtig wird. Ein Diabetiker wird schließlich auch nicht »insulinsüchtig«, selbst wenn er diese Substanz lebenslang braucht und somit in dem Sinn davon »abhängig« ist, dass er auf sie angewiesen ist.

Beim Absetzen von Antidepressiva treten aber Entzugserscheinungen auf. Also machen sie doch abhängig!

Diese Aussage trifft so nicht zu. Das Absetzen von Antidepressiva hat keinen Entzug im eigentlichen Sinne zur Folge. Richtig ist, dass das plötzliche Absetzen bestimmter Mittel Beschwerden verursachen kann. Sie rühren daher, dass die betreffenden Antidepressiva im Körper sehr schnell abgebaut werden. Kommt kein »Nachschub«, reagiert der Organismus mit so genannten Absetzsymptomen, die nicht mit Entzugserscheinungen zu vergleichen sind, wie sie beispielsweise auftreten, wenn man nach einer langen Zeit hohen Alkoholkonsums plötzlich zu trinken aufhört. Absetzsymptome äußern sich zum Beispiel durch Schwindel, Kopfschmerzen, Müdigkeit, Anspannung und leichte Verwirrung. Manche Patienten berichten auch von Muskelkrämpfen. Bei Paroxetin und Venlafaxin kommt es relativ oft zu solchen Absetzsymptomen; sie können aber auch nach dem plötzlichen Absetzen anderer Mittel auftreten. Auf keinen Fall sind sie als Anzeichen für einen Rückfall zu deuten.

Erna wurde von ihrem Hausarzt an meine Praxis verwiesen. Seit über einem Jahr nimmt sie wegen einer Depression Venlafaxin. Damit ging es ihr gut, bis ihr der Hausarzt »grünes Licht« zum Absetzen gab. Zwei Tage danach fühlte Erna sich miserabel. Sie litt unter Kopfschmerzen, hatte Schwindelgefühle und wusste – so beschreibt sie den Zustand – nicht mehr, »wo ihr der Kopf stand«. Als sie erneut Venlafaxin nahm, gaben sich die Beschwerden noch am gleichen Tag. Einen Monat später wiederholte sich das Ganze. Erna fragte sich, ob sie die Depression denn niemals los würde, da sich jedes Mal sofort nach dem Absetzen entsprechende Symptome zeigten. Ihr Hausarzt interpretierte die Beschwerden ebenfalls als depressive Symptome; er wusste nicht, dass es sich um ausgeprägte Absetzsymptome handelte. Als wir die Dosis über mehrere Wochen hinweg langsam reduzierten, hatte Erna nur leichte Beschwerden, die bald verschwanden. Inzwischen nimmt sie seit drei Jahren keinerlei Medikamente mehr.

Welche Arten von Antidepressiva gibt es?

Heutzutage gibt es eine Vielzahl von antidepressiven Substanzen (Tabelle 11). Sie wirken etwa gleich gut und mindern bei etwa zwei Drittel der Patienten die Beschwerden. Antidepressiva unterscheiden sich vor allem hinsichtlich ihrer Nebenwirkungen. Die älteren Mittel bilden die Substanzklasse der *trizyklischen Antidepressiva* (so bezeichnet nach ihrer chemischen Grundstruktur – drei Ringen). Sie werden derzeit nicht mehr so häufig eingesetzt – zum einen, weil sie relativ viele Nebenwirkungen haben, zum anderen, weil mittlerweile etliche neue, besser verträgliche Präparate zur Verfügung stehen.

Wirkstoff	Handelsnamen (Auswahl)	Dosierung mg/Tag
Selektive Serotonin-Wiederaufnahmehemmer (SSRI)		
Citalopram	Cipramil	20–60
Escitalopram	Cipralex	10–30
Fluoxetin	Fluctin, Fluoxetin, Fluxet	20–80
Fluvoxamin	FluvoHexal, Fluvoxamin	100–300
Paroxetin	Paroxat, Seroxat	20–50
Sertralin	Gladem, Zoloft	50–200
Serotonin-Noradrenalin-Wiederaufnahmehemmer (SNRI)		
Venlafaxin	Efexor, Efectin, Trevilor	75–375
Noradrenerge und spezifisch serotonerge Antidepressiva (NaSSA)		
Mirtazapin	MirtaLich, Mirtazapin	15–45
Noradrenalin-Wiederaufnahmehemmer (NARI)		
Reboxetin	Edronax, Solvex	4–12
Reversible Monoaminoxidase-A-Hemmer (RIMA)		
Moclobemid	Aurorix, Moclobeta	150–900
Monoaminoxidase-Hemmer (MAO-Hemmer)		
Iproclozid*	Iproclozid	10–20
Phenelzin*	Nardelzin	30–90

Tabelle 11: **Übersicht erhältlicher Antidepressiva**

Wie wirken Antidepressiva?

Die meisten Antidepressiva sind so genannte Wiederaufnahmehemmer. Wie in Abbildung 14 auf Seite 212 gezeigt, werden Reize oder Signale von Botenstoffen (Neurotransmittern, als dunkle Fünfecke dargestellt) (1) zwischen Nervenzellen übertragen. Serotonin ist ein

Wirkstoff	Handelsnamen (Auswahl)	Dosierung mg/Tag
Trizyklische Antidepressiva (TCA)		
Amitriptylin	Saroten, Tryptizol	75–250
Clomipramin	Anafranil	50–250
Desipramin	Pertofan, Petylyl	50–250
Dosulepin	Idom	75–225
Doxepin	Aponal, Sinquan	75–200
Imipramin	Pryleugan, Tofranil	50–250
Maprotilin	Ludiomil	75–200
Melitracen**	Dixeran	50–225
Nortriptylin	Nortilen	50–200
Trimipramin	Herphonal, Trimineurin	75–300
Antidepressiva der zweiten Generation		
Mianserin	Mianeurin, Mianserin	30–90
Trazodon	Thombran, Trazodon	150–600
Viloxazin	Vivalan	200–600

* Im deutschsprachigen Raum nicht zugelassen.
** Nur in Österreich erhältlich.

wichtiger Neurotransmitter. Wenn sich dieser Botenstoff an die richtige Stelle – den Rezeptor – einer anderen Nervenzelle heftet, ist sozusagen der Kontakt hergestellt und das Signal wird übertragen (2). Neurotransmitter werden in den Zellen ständig neu gebildet (3), ein Teil davon wird allerdings durch Wiederaufnahme in die Zellen »recycelt« (4).

Die meisten Antidepressiva hemmen beziehungsweise blockieren diese Wiederaufnahme (5), sodass mehr Botenstoffe länger für die Reizübertragung zur Verfügung stehen.

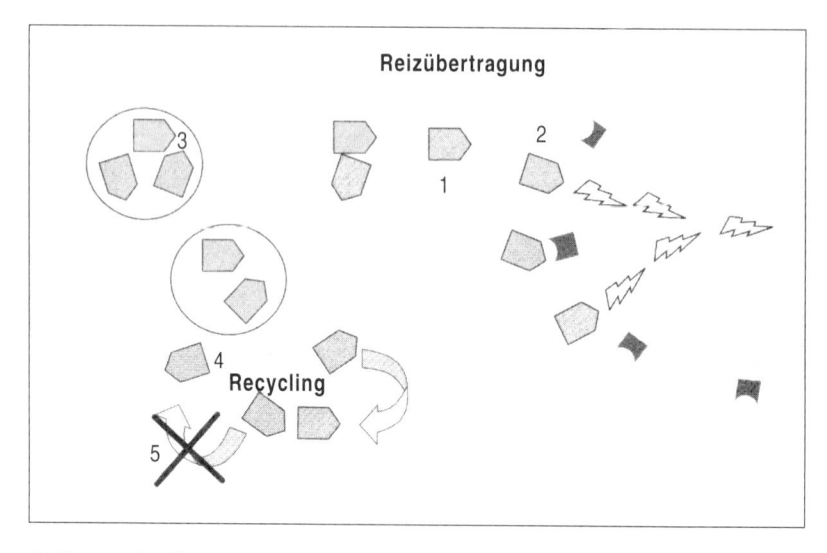

Abbildung 14: **Reizübertragung**

Antidepressiva werden in Substanzklassen eingeteilt und sind nach dem Botenstoff benannt, dessen Wiederaufnahme in die Nervenzellen sie hemmen (selektive Serotonin-Wiederaufnahmehemmer beispielsweise blockieren die Wiederaufnahme des Neurotransmitters Serotonin).

Nach welchen Kriterien wählt der Arzt das zu verschreibende Antidepressivum aus?

Bei der Wahl des Antidepressivums berücksichtigt der Arzt mehrere Faktoren. Zuerst wird er den Patienten fragen, ob er schon früher ein

Antidepressivum genommen hat. Ist dem so und hat der Patient gut auf das Mittel reagiert, verschreibt der Arzt sehr wahrscheinlich wieder dieses Medikament. Hat das früher eingenommene Antidepressivum nicht gut gewirkt oder traten zu starke Nebenwirkungen auf, wählt der Arzt ein anderes Mittel, zumeist ein neueres Antidepressivum, weil bei diesen in der Regel die Nebenwirkungen weniger ausgeprägt sind. Es ist daher hilfreich, über die Jahre hinweg zu notieren, welche Antidepressiva man bereits genommen, wie man darauf reagiert hat und welche Nebenwirkungen aufgetreten sind.

Selbstverständlich bedenkt der Arzt bei der Auswahl des Mittels, ob es eventuell ein Umschlagen der Depression in eine Hypomanie oder sogar Manie bewirken könnte. Ausschließen lässt sich ein solcher »manic shift« zwar nicht, es ist aber bekannt, dass er bei den älteren trizyklischen Antidepressiva häufiger vorkommt; die neueren SSRI und Moclobemid (Tabelle 11) sind in dieser Hinsicht sicherer.

Zudem berücksichtigt der Arzt eventuelle sonstige Beschwerden. Hat der Patient beispielsweise Ängste, wird er sich für ein Antidepressivum entscheiden, das zugleich die Angst mindert, etwa einen Serotonin-Wiederaufnahmehemmer.

Welche Nebenwirkungen haben Antidepressiva?

Eine Liste sämtlicher Nebenwirkungen der in Tabelle 11 aufgeführten Antidepressiva würde den Rahmen dieses Buches sprengen. Daher werden im Folgenden die Nebenwirkungen beschrieben, die typisch für die jeweiligen Substanzklassen sind. Die alten trizyklischen Antidepressiva beispielsweise wirken alle blutdrucksenkend, verursachen oft Mundtrockenheit und häufig eine Gewichtszunahme. Den neueren SSRI ist gemeinsam, dass sie zu Beginn der Behandlung oft Übelkeit, Magen-Darm-Beschwerden und Kopfschmerzen auslösen, mitunter wird auch übermäßiges Schwitzen als Begleiterscheinung genannt. SSRI haben außerdem sexuelle Nebenwirkungen, sowohl bei

Frauen als auch bei Männern (siehe Kapitel 11). Bei Reboxetin und Mirtazapin sind in dieser Hinsicht keine starken Nebenwirkungen zu erwarten, dafür verursacht Reboxetin Verstopfung und manchmal Einschlafstörungen, während Mirtazapin öfter eine Gewichtszunahme bewirkt.

Die Tatsache, dass jedes Medikament Nebenwirkungen hat, mag manchen Patienten verunsichern. Wie schon erwähnt: Dass Nebenwirkungen auftreten können, bedeutet nicht grundsätzlich, dass sie auch bei jedem auftreten. Die meisten Antidepressiva werden relativ gut vertragen und in der Regel finden die Ärzte für jeden Patienten ein geeignetes Präparat, das keine allzu starken Nebenwirkungen verursacht.

Antipsychotika

Antipsychotika sind Substanzen, die gegen Psychosen wirksam sind; demzufolge werden sie in erster Linie Patienten mit psychotischen Symptomen verschrieben. Ein an Schizophrenie Erkrankter beispielsweise, der mehrere Psychosen erlebt hat, muss für gewöhnlich lebenslang Antipsychotika nehmen.

> Warum ein Antipsychotikum, wenn ich nicht psychotisch bin?

Antipsychotika wirken nicht nur gegen Psychosen, sondern auch gegen die Kernsymptome der Manie und damit antimanisch. Aus diesem Grund werden sie auch bei Maniepatienten eingesetzt, bei leichteren Schüben manchmal allein (also nicht kombiniert mit anderen Medikamenten), meist aber zusammen mit Lithium oder einem anderen Stimmungsstabilisierer (wenn die Manie sehr ausgeprägt ist oder mit psychotischen Symptomen einhergeht). Die bisherigen Ergebnisse von derzeit laufenden intensiven Untersuchungen deuten darauf hin, dass die neueren oder atypischen Antipsychotika auch als Stimmungsstabilisierer wirksam sein und das Rückfallrisiko auf lange Sicht senken könnten. Denkbar wäre also, dass sie in absehbarer Zeit auch als Stimmungsstabilisierer (wie Lithium oder Valproinsäure) eingesetzt werden.

Antipsychotika haben meist unmittelbar nach der Einnahme eine beruhigende und schlaffördernde Wirkung und sind dadurch gut zur Behandlung hochgradig erregter und unter akuter Schlaflosigkeit leidender Maniepatienten geeignet.

Bei den Antipsychotika beziehungsweise Neuroleptika unterscheidet man zwei große Gruppen: die älteren, klassischen Antipsychotika und die neueren oder atypischen Antipsychotika.

Welches sind die klassischen Antipsychotika?

Das erste Antipsychotikum, Chlorpromazin, stammt aus den 1950er-Jahren. Ursprünglich wurde es Patienten vor chirurgischen Operationen als eine Art »Beruhigungsmittel« verabreicht – mit sehr gutem Erfolg. Daraufhin hat man ab 1952 manische und psychotische Patienten mit Chlorpromazin behandelt und verblüffende Resultate erzielt. In den darauf folgenden Jahrzehnten wurde eine Vielzahl von Antipsychotika entwickelt, darunter Haloperidol, Bromperidol, Flupentixol und Zuclopenthixol.

Auch Els bekam mehrmals Antipsychotika. Bei ihren ersten Schüben mit deutlich psychotischen Symptomen wurde sie mit klassischen Antipsychotika behandelt, die so gute Wirkung zeigten, dass Els schon nach wenigen Tagen die Klinik verlassen konnte – leider ohne adäquate Nachbehandlung. Els litt in der Folgezeit an innerer Unruhe, konnte nicht still sitzen und die Beine nicht ruhig halten – es war ein Gefühl, als hätte sie »Ameisen in den Beinen«.

Die Nebenwirkung, die sich bei Els zeigte, nennt man Bewegungsunruhe oder Akathisie; sie kommt bei den älteren Antipsychotika öfter vor. Zudem haben sie weitere unangenehme Nebenwirkungen, etwa, indem sie Muskelspannung und -bewegungen ungünstig beeinflussen. Das kann sich in unsicherem Gang, Zittern oder Verschwommensehen äußern. Manchmal kommt es zu unwillkürlichen Kontraktionen von Nacken- oder Rumpfmuskeln und bei längerfristiger Einnahme zu so genannten tardiven Dyskinesien – sich wiederholenden, unwillkürlichen Bewegungen vor allem von Mund und Zunge.

Warum werden die alten Mittel unter diesen Umständen noch verschrieben?

Die älteren Antipsychotika werden zwar noch verordnet, aber nicht mehr als Mittel der ersten Wahl. Sie werden verschrieben, wenn Patienten seit längerem gut damit zurechtkommen oder schlecht auf die neueren Präparate ansprechen. Ein Vorteil der »klassischen« Antipsychotika besteht darin, dass sie zum Teil auch gespritzt werden können – man spricht in diesem Fall von Depot-Antipsychotika.

Was sind Depot-Antipsychotika genau?

Als Depot-Antipsychotika bezeichnet man injizierbare Mittel, deren Wirkung lange vorhält. Das betreffende Antipsychotikum ist an eine spezielle chemische Substanz gebunden, die es langsam an den Organismus abgibt. Man muss also nicht täglich Pillen schlucken, sondern bekommt alle paar Wochen eine Spritze. Das kommt vor allem Patienten entgegen, die zur Nachlässigkeit bei der Medikamenteneinnahme neigen und deshalb häufiger Rückfälle erleiden. In Depotform sind derzeit nur die klassischen Antipsychotika erhältlich (Tabelle 12), die neueren noch nicht (Risperidon ist laut *Ärzte-Zeitung* vom

29.11.2004 seit November 2004 in dieser Form verfügbar, vgl. Aufnahme in Tabelle 12; Anm.d.Ü.).

Wirkstoff	Handelsnamen	Dosierung
Bromperidol	Impromen, Tesoprel	50–300 mg, alle 4 Wochen
Flupentixol	Fluanxol Depot	20–40 mg, alle 2–4 Wochen
Haloperidol	Haldol-Janssen-Decanoat	50–300 mg, alle 4 Wochen
Pipothiazin*	Piportil-L4	25–100 mg, alle 2–4 Wochen
Risperidon	Risperdal Consta	25–50 mg, alle 2 Wochen
Zuclopenthixol	Ciatyl-Z Depot	200–400 mg, alle 2–4 Wochen

In Deutschland nicht zugelassen.

Tabelle 12: **Verfügbare Depotpräparate**

Neue Antipsychotika

Weil die neuen Antipsychotika bei bipolaren Störungen zur Rückfallvermeidung bei manischen Schüben und manchmal sogar bei schweren Depressionen, bei denen andere Mittel nicht so gut anschlagen, immer häufiger eingesetzt werden, sollen sie hier ausführlich zur Sprache kommen.

CLOZAPIN

Clozapin ist das erste der neueren Antipsychotika, wenngleich es längst nicht mehr als »neu« gelten kann, da es bereits seit den 1960er-Jahren eingesetzt wird. Untersuchungen haben ergeben, dass es sowohl bei Manien wie auch bei bipolaren Depressionen wirksam ist.

Verordnet wird es vor allem in Fällen, in denen andere Mittel keine positiven Ergebnisse gezeigt haben.

Warum wird Clozapin eingesetzt, wenn andere Mittel versagen?

Clozapin ist ausgesprochen wirksam und damit eines der besten verfügbaren Mittel. Aber es hat auch bedeutende Nachteile, insbesondere eine potenziell sehr gefährliche Nebenwirkung: Clozapin kann eine Reduzierung bestimmter Blutzellen (Agranulozytose genannt) verursachen, weil es deren Bildung im Knochenmark ungünstig beeinflusst. Wird diese Nebenwirkung nicht rechtzeitig erkannt, besteht Lebensgefahr. Wer Clozapin nimmt, muss daher wöchentlich eine Blutbildkontrolle durchführen lassen – unter dieser Voraussetzung ist die Einnahme des Mittels nicht riskant. Bei Fieber oder Halsschmerzen sollte unverzüglich der Arzt konsultiert werden, weil beides auf eine Verminderung der weißen Blutkörperchen hindeuten kann.

Welche sonstigen Nebenwirkungen hat Clozapin?

Clozapin verursacht noch eine ganze Reihe vergleichsweise harmloser Nebenwirkungen, die von Patienten aber als durchaus störend empfunden werden. Häufig tritt Benommenheit auf, es kommt zu einer Gewichtszunahme, der Blutdruck kann sinken und der Herzrhythmus beschleunigt werden. Oft wird auch vermehrter Speichelfluss als Begleiterscheinung genannt.

Clozapin kann den Zuckerstoffwechsel so beeinflussen, dass ein Diabetes entsteht, und bei manchen Patienten bewirkt es eine erhöhte Krampfanfälligkeit; am ehesten kommt dies bei zu hoher Dosierung oder zu rascher Aufdosierung vor.

Wie wird Clozapin eingenommen?

Clozapin wird sehr langsam auf 200 bis 600 (seltener 900) Milligramm pro Tag aufdosiert; in der Regel wird die Dosis über mehrere Einnahmen verteilt genommen.

Da Clozapin meist dann zum Einsatz kommt, wenn andere Mittel sich als nicht oder unzureichend wirksam erwiesen haben, ist eine Abschätzung seiner Wirkung nicht sofort möglich – es kann zwei bis sechs Monate dauern, bis das Mittel voll wirksam ist.

Olanzapin

Untersuchungen haben ergeben, dass Olanzapin antimanische Wirkung hat. Es kann allein oder kombiniert mit einem Stimmungsstabilisierer eingesetzt werden. Ob es sich auch zur Stimmungsstabilisierung und damit zur Vorbeugung gegen neuerliche Schübe eignet, ist zwar noch nicht nachgewiesen, die bisherigen Untersuchungsergebnisse deuten aber darauf hin.

Wie wird Olanzapin eingenommen?

Die übliche Dosis beträgt 5 bis 20 mg pro Tag und kann auf einmal genommen werden. Regelmäßige Bluttests sind nicht unbedingt erforderlich, werden aber empfohlen.

Bei ihrem letzten manischen Schub wurde Els mit Olanzapin* behandelt. Das Mittel wirkte unmittelbar beruhigend, Els schlief mehr, und es konnte so verhindert werden, dass die Manie sich ausprägte und Els in stationäre Behandlung musste. Nachdem die schwierigste Phase überstanden war und Els sich

---

* *Els bezeichnet diesen Wirkstoff in ihren Aufzeichnungen mit dem Handelsnamen »Zyprexa«, Anm.d.Ü.*

erholt hatte, wurde über die Diagnose gesprochen und eine Langzeitbehandlung mit dem Stimmungsstabilisierer Lithium eingeleitet.

Ein Vorteil von Olanzapin besteht darin, dass es auch in Form schnell löslicher Tabletten erhältlich ist. Diese so genannten Velotabs schmelzen binnen weniger Sekunden im Mund.

Welche Nebenwirkungen hat Olanzapin?

Zu Beginn der Behandlung können Schläfrigkeit, Schwindel und Mundtrockenheit auftreten. In den Aufzeichnungen über ihre letzte Episode schildert Els ihr Befinden so:

Zyprexa brauche ich eher zum Bekämpfen extremer Ängste und klarer Erinnerungen an traumatische Ereignisse, auch wenn ich nicht aufhören kann zu arbeiten und ich wie besessen bin. Aber es macht mich fürchterlich schläfrig, fast schon zum Zombie, und ich bekomme ungeheuren Appetit. Die Nebenwirkungen sind so stark, dass ich gar nicht recht weiß, zu welchen Uhrzeiten ich die Tabletten am besten nehmen soll. Einerseits brauche ich sie und andererseits würde ich sie am liebsten weglassen.

Die von Els aufgeführten Nebenwirkungen rühren teilweise daher, dass sie zugleich ein Beruhigungsmittel nimmt. Sie nennt auch die wichtigste Nebenwirkung von Olanzapin: erhöhter Appetit (und damit verbunden: Gewichtszunahme).

Zu einer Gewichtszunahme kommt es meist zu Beginn der Behandlung. Sie lässt sich nicht ganz vermeiden, aber in Grenzen halten, wenn man die Ratschläge in Kasten 12 befolgt. Die Gewichtszunahme rührt vermutlich daher, dass der Körper kalorienreiche Nahrung etwas anders verwertet. Am häufigsten kommt es zu einer Gewichtszunahme, wenn Olanzapin mit Lithium oder Valproinsäure kombiniert wird.

- Nehmen Sie möglichst keine zuckerhaltigen Getränke zu sich.
- Vermeiden Sie (süße) Zwischenmahlzeiten.
- Lassen Sie keine Hauptmahlzeit ausfallen.
- Essen Sie normal große Portionen.
- Trinken Sie zwischendurch öfter mal ein Glas Wasser.
- Verschaffen Sie sich täglich Bewegung.
- Lassen Sie sich – falls erforderlich – vom Arzt Diätregeln geben.
- Besprechen Sie Zweifel und Probleme mit Ihrem Arzt.

Kasten 12: **Was tun bei Gewichtszunahme?**

Olanzapin kann, wie auch Clozapin, Einfluss auf den Zuckerstoffwechsel nehmen, sodass sich ein Diabetes entwickeln kann. Zudem wird in manchen Fällen ein erhöhter Cholesterinspiegel im Blut gemessen.

RISPERIDON

Risperidon ist ebenfalls ein Antipsychotikum der neuen Generation. Bei Patienten mit bipolarer Störung – so haben Untersuchungen ergeben – wirkt Risperidon antimanisch, auch wenn keine psychotischen Symptome vorliegen.

Untersucht wurde bisher hauptsächlich die Kombination von Risperidon mit einem Stimmungsstabilisierer bei Maniepatienten; allem Anschein nach ist das Mittel aber auch ohne einen solchen wirksam. Ob es sich als Stimmungsstabilisierer eignet, ist bislang noch kaum erforscht.

Die durchschnittliche Tagesdosis beträgt 2 bis 4 mg und kann auf einmal genommen oder auf zwei Einnahmen verteilt werden. Seit kurzem ist auch eine schnell lösliche Form erhältlich (vgl. Tabelle 12). Regelmäßige Bluttests sind bei Einnahme von Risperidon nicht erforderlich.

Risperidon ist im Allgemeinen gut verträglich. Die am häufigsten auftretenden Nebenwirkungen sind Schläfrigkeit und Benommenheit (zu Beginn der Behandlung). Mitunter treten auch sexuelle Nebenwirkungen auf (siehe Kapitel 10). In höheren Dosen kann Risperidon die Muskelfunktion beeinflussen, etwa, indem es Zittern oder Muskelsteife bewirkt. Manchmal kommt es auch zu einer Gewichtszunahme, jedoch weniger ausgeprägt als bei Clozapin und Olanzapin.

Quetiapin

Quetiapin ist eines der jüngsten Mitglieder in der Familie der neueren Antipsychotika, daher ist seine Wirksamkeit bei bipolaren Störungen noch nicht hinreichend erforscht. Die bisherigen Resultate sind aber, wie bei den anderen neuen oder atypischen Antipsychotika, viel versprechend. Nebenwirkungen wie Mundtrockenheit, Schwindel, Gewichtszunahme und Blutdruckabsenkung kommen vor, in der Regel ist Quetiapin jedoch recht gut verträglich.

Benzodiazepin

Beruhigungs-, Schlaf- und Angst lösende Mittel (mit dem Wirkstoff Benzodiazepin) gehören zu den am häufigsten verschriebenen Arzneimitteln und werden leider zu oft und zu lange genommen. Ihre Wirksamkeit bei bipolaren Störungen ist zwar begrenzt, aber dennoch wichtig. Bei akuten Manien, wenn der Patient zum Beispiel hochgradig erregt ist und mehrere Nächte nicht mehr geschlafen hat, wirken sie schnell und effizient, da sie die »manischen Wachstunden« reduzieren, sodass sich der Betreffende schneller erholt. Ist die akute Phase überstanden, müssen die Mittel in Absprache mit dem Arzt möglichst bald wieder abgesetzt werden, denn bei längerer Einnahme besteht die Gefahr der Abhängigkeit.

Für Notfälle sollten Schlafmittel in der Hausapotheke aber vorhanden sein. Wer beispielsweise eine Auslandsreise unternimmt, kann sich vom Arzt ein paar Schlaftabletten geben lassen, da man im Flugzeug oder die ersten Nächte im Hotelbett häufig schlecht schläft – und mehrere schlaflose Nächte können bekanntermaßen einen Schub hervorrufen. Eine Schlaftablette als »Ausnahmemedikation« kann dies verhindern.

Elektrokonvulsive Therapie

Die elektrokonvulsive Therapie, früher Elektroschocktherapie und heute kurz EKT genannt, ist eine der wirkungsvollsten Behandlungsmethoden. Dabei wird durch einen schwachen, sorgfältig dosierten Stromstoß eine allgemeine Entladung im Gehirn hervorgerufen, die eine Ausschüttung von Neurotransmittern bewirkt und die Bildung von Hormonen anregt.

Kann die EKT bei bipolaren Störungen eingesetzt werden?

Die EKT gilt als sichere und sehr effiziente Behandlung bei Depressionen, bipolaren Störungen und Psychosen. Im Fall der bipolaren Störung wird die Methode sowohl bei Manien als auch bei Depressionen angewandt. Da heutzutage sehr viele Medikamente zur Verfügung stehen, wird die EKT meist nur in Fällen eingesetzt, in denen Medikamente nicht oder unzureichend wirken, etwa bei so genannten therapieresistenten Depressionen (Depressionen also, die sich gewissermaßen der Behandlung »widersetzen«). In diesen Fällen kann die EKT eine rasche Besserung bewirken. Bei bipolaren Depressionen wirkt die Methode in der Regel schneller und es sind weniger Anwendungen nötig als bei unipolaren. Als besonders wirksam hat sich die EKT bei Manien erwiesen. Problematisch ist hierbei, dass Maniepatienten die Behandlung oft verweigern und die EKT nicht ohne ausdrückliche Zustimmung des Patienten angewendet werden darf.

Wie verläuft eine EKT-Anwendung?

Die Behandlung wird von einem Psychiater, einem Anästhesisten und einem Krankenpfleger beziehungsweise einer Krankenschwester durchgeführt, und zwar für gewöhnlich morgens. Da sie unter Narkose erfolgt, ist sie für den Patienten völlig schmerzlos. Nachdem die Narkose zu wirken begonnen hat, wird dem Patienten ein Mittel zur Muskelentspannung (Muskelrelaxans) injiziert. Dann setzt der Psychiater am Kopf des Patienten, meist an den Schläfen, zwei Elektroden auf, über die der Stromstoß erfolgt. Dadurch werden sämtliche Nervenzellen gereizt und Muskelkontraktionen im ganzen Körper ausgelöst, die aufgrund des Muskelrelaxans aber kaum zu sehen sind.

Die Entladung und der Krampfanfall dauern zwischen 20 und 60 Sekunden. Etwa zehn Minuten danach kommt der Patient wieder zu sich. Unmittelbar nach dem Aufwachen kann eine leichte Verwirrung auftreten, wie das auch nach einer kleinen Operation unter Narkose vorkommt.

Ein Therapiezyklus zur Behandlung eines Schubs umfasst meist sechs bis zwölf EKT-Anwendungen, wobei zwei bis drei Anwendungen pro Woche durchgeführt werden. An die EKT-Behandlungen schließt sich meist eine medikamentöse Therapie an, es kann aber auch eine Erhaltungsbehandlung mit EKT durchgeführt werden. Im letztgenannten Fall erfolgt zunächst wöchentlich und später alle zwei bis drei Wochen eine Anwendung.

Julius ist schon sehr lange in der Klinik. Im Laufe der letzten Jahre hat er so gut wie alle verfügbaren Medikamente ausprobiert – ohne Erfolg:

Julius' Rapid-Cycling-Phase hält unvermindert an; er schwankt zwischen gedrückter/reizbarer und psychotisch-erregter Stimmung. Zusammen mit seiner Frau fasst er den Entschluss, es mit der elektrokonvulsiven Therapie zu versuchen. Schon nach wenigen Anwendungen tritt eine Besserung ein und in den folgenden Wochen stabilisiert sich Julius' Zustand mehr und mehr. Die Stimmungsschwankungen bleiben aus, er ist ausgeglichener. Nach Jahren in der Klinik kann Julius endlich wieder zu Hause leben. Alle zwei Wochen unterzieht er sich in der Klinik einer EKT-Anwendung.

Nimmt das Gedächtnis durch eine EKT Schaden?

In der Zeit zwischen den Anwendungen eines Therapiezyklus kann es vorkommen, dass das Kurzzeitgedächtnis nicht optimal funktioniert, das heißt, der Patient kann sich Neues weniger gut merken. Diese Beeinträchtigung gibt sich mehrere Tage, spätestens aber eine Woche nach Abschluss der EKT. Ob Gedächtnisstörungen auftreten, hängt teilweise von der Technik ab, die in der Regel jedoch schon sehr ausgefeilt ist. Vorübergehende Beeinträchtigungen des Langzeitgedächtnisses kommen nur selten vor. Insofern ist die EKT also mit weniger Nebenwirkungen behaftet als Medikamente.

10 Die bipolare Störung betrifft einen nicht allein

Einfluss auf Familie, Beziehung und Sexualität

Von einer bipolaren Störung ist nicht nur der Patient selbst, sondern auch sein Umfeld betroffen. Und das Umfeld wiederum spielt eine Rolle beim Verlauf der Störung. Jeder Schub bedeutet eine plötzliche massive Beeinträchtigung des familiären Zusammenlebens, indem er Spannungen verursacht und alle Beteiligten vor die Aufgabe stellt, sozusagen ein neues Gleichgewicht zu suchen.

Dieser Prozess verläuft selten reibungslos. Nicht nur der Patient selbst muss nach der Diagnose seine Krankheit akzeptieren und verstehen lernen – das Gleiche gilt für seine Angehörigen. Und das bedeutet oft, dass sie ihre Sichtweise und ihre Erwartungen neu definieren müssen. Damit verbunden ist häufig ein Gefühl des Verlusts; so fragen sich beispielsweise die Eltern eines bipolar erkrankten jungen Mannes, wie es wohl gewesen wäre, wenn ihr Sohn nicht erkrankt wäre. Fragen nach dem Warum kommen auf und in diesem Zusammenhang oft auch Schuldgefühle, wenngleich diese gänzlich unbegründet sind.

Das Zusammenleben mit einem bipolar erkrankten Menschen bringt für die Angehörigen nicht selten Einschränkungen mit sich, in dem Sinn, dass sie in schwierigen Phasen für ihn da sind und dafür einen Teil ihrer Freizeit und ihrer sozialen Kontakte aufgeben und oft auch finanziell belastet werden.

Der Patient hat, wenn die Diagnose feststeht und die Behandlung eingeleitet ist, in der Regel mehrere »Ansprechpartner« für seine Probleme, insbesondere seinen Psychiater oder Psychotherapeuten, die Angehörigen dagegen fühlen sich oft allein gelassen.

Darüber hinaus sind beziehungsweise werden die Familienangehörigen oft nicht ausreichend über die Störung informiert. Der Druck, dem sie ausgesetzt sind, lässt sich leichter aushalten, wenn sie genügend über die Erkrankung wissen und somit Verständnis entwickeln können. Gehen sie davon aus, dass der Patient die Störung »selbst in der Hand hat«, fällt der Umgang damit wesentlich schwerer; es kommt dann vermehrt zu Spannungen und Stress und das wiederum kann einen neuerlichen Schub auslösen.

Untersuchungen haben ergeben, dass die Familienatmosphäre Einfluss auf den *Verlauf* der bipolaren Störung hat. In einem Umfeld, in dem man mit Spannungen umzugehen weiß, ist das Rückfallrisiko für den Patienten geringer. Tun sich die Angehörigen mit seiner Erkrankung schwer, indem sie verständnislos oder überbesorgt reagieren, so erhöht dies die Spannungen und das Rückfallrisiko.

Es ist sehr wichtig, dass die Familie und auch die Freunde verstehen, was die Störung für den Patienten bedeutet. Auch sie müssen sich klar machen, dass er dauerhaft verletzlich ist und langfristig Medikamente braucht. Sie müssen lernen, realistische Erwartungen zu stellen. Sie sollten nicht davon ausgehen, dass der Betroffene sofort nach einem Schub wieder in der Lage ist, seinen Alltag zu meistern, als wäre nichts geschehen. Und umgekehrt sollten sie die Störung nicht »überbewerten«, indem sie zu niedrige Erwartungen stellen.

Kann eine Familientherapie das Risiko eines neuerlichen Schubs mindern?

Bei Interventionen im Rahmen einer Familientherapie soll den Angehörigen ein besseres Verständnis der Störung vermittelt werden sowie mehr Sicherheit im Umgang mit Spannungen und Empfindlichkeiten. Im Idealfall resultiert daraus eine positivere Haltung, die die Spannungen und den Stress innerhalb der Familie und somit das Rückfallrisiko mindert.

- Die Störung besser verstehen
- Auslösende Faktoren besser erkennen
- Frühwarnzeichen für einen Rückfall besser erkennen
- Adäquate Reaktionen im Umgang mit Frühwarnzeichen entwickeln
- Adäquate Reaktionen bei manischen oder depressiven Schüben entwickeln
- Therapietreue verbessern
- Spannungen innerhalb der Familie abbauen
- Lebensqualität erhöhen

Kasten 13: **Ziele von Familieninterventionen (nach Reinares u.a. 2002)**

Wirkt sich die Erkrankung auf die Kinder aus?

Wie sich die bipolare Störung eines Elternteils auf die Kinder auswirkt, ist noch nicht abschließend untersucht. Dass sie Auswirkungen auf die Familie und damit auch auf die Kinder hat, steht aber außer Frage. Bipolar Erkrankte haben überdurchschnittlich oft ein Alkoholproblem, es kommen auch öfter Beziehungs- beziehungsweise Partnerschaftsprobleme vor und das Suizidrisiko ist hoch. All das sind Stressfaktoren, denen Kinder möglicherweise ausgesetzt sind und die bewirken können, dass sie selbst später psychische Probleme entwickeln.

Andererseits kommt es aber auch vor, dass psychisch erkrankte Menschen besonders aufmerksam für die Nöte ihrer Kinder sind und sich bewusster ihrer Erziehung widmen. Für Kinder kann es eine wichtige Erfahrung sein, zu erleben, wie die Familie einen kranken

Angehörigen unterstützt. Sie können dabei durchaus einbezogen werden, vorausgesetzt, sie sind alt genug, haben selbst den Wunsch zu helfen und bekommen dafür Anerkennung. Wichtig ist aber, dass sie nicht überfordert werden.

Haben bipolar Erkrankte eine höhere Scheidungsrate?

Mit Sicherheit bedeutet die bipolare Störung eine Belastung für die Partnerbeziehung; die Scheidungsrate liegt bei Patienten mit einer bipolaren Störung zwei- bis dreimal höher als im Durchschnitt.

Hat die bipolare Störung Einfluss auf die Sexualität?

Depressionen und Manien können, ebenso wie bestimmte Medikamente, das Sexualleben und das sexuelle Erleben beeinflussen, jedoch nicht immer und nur in dem Sinne, wie man zunächst geneigt ist anzunehmen.

Wie wirkt sich eine Manie auf die Sexualität aus?

Dass Maniker sozusagen das »Maß für die Dinge« verlieren, kann zwar zu sexuellen Ausschweifungen führen, aber meist ist das nicht der Fall. Richtig ist vielmehr, dass die meisten Menschen im Verlauf einer hypomanischen oder manischen Episode eine deutliche Steigerung ihrer Libido erleben und dass ihr sexuelles Erleben genussvoller ist. Auch bei Els ist die erhöhte Libido ein deutliches Zeichen für eine Hypomanie oder eine beginnende Manie. Sie hat dann beispielsweise Lust zu masturbieren oder wird mitten in der Nacht wach und möchte mit ihrem Mann schlafen. Das ist für sich gesehen nicht unnormal, man muss aber bedenken, dass Els' Sexualtrieb ansonsten nicht sehr ausgeprägt ist. Die Erhöhung der Libido ist also in Relation zur »sonst üblichen« Ausprägung zu sehen und bedeutet nicht, dass sie abnorm gestiegen sein muss.

Während einer Hypomanie oder Manie beschäftigt sich der Betreffende möglicherweise in Gedanken häufiger mit Sex oder schneidet in Gesprächen sexuelle Themen an, die Körpersprache kann sich entsprechend ändern, man trägt aufreizende Kleidung usw. In den weitaus meisten Fällen bleibt dieses Verhalten innerhalb der allgemeinen Toleranzgrenzen und die sexuellen Aktivitäten bewegen sich innerhalb der bestehenden Beziehung. Dass manische Menschen sich wahllos auf Sexabenteuer einlassen, kommt eher selten vor; dieses Verhalten birgt natürlich (gesundheitliche) Risiken und kann gravierende Folgen haben.

Wie wirkt sich eine Depression auf die Sexualität aus?

Depressionen – so wird allgemein angenommen – gehen mit einem Rückgang der sexuellen Aktivität einher. Untersuchungen haben jedoch ergeben, dass das nicht immer zutrifft. Viel eher ist der Genuss des sexuellen Kontakts während der Depression vermindert.

Dass Depressive eher Probleme mit der Sexualität haben, ist trotzdem erwiesen. Etwa ein Drittel der Patienten, die mit Antidepressiva behandelt werden, klagt über Probleme hinsichtlich Erregbarkeit, Ercktion, Ejakulation und Orgasmus.

Verschwinden die Sexualstörungen durch die Medikamente?

Mitunter ist das der Fall, meistens aber nicht. Medikamente können das übermäßige sexuelle Interesse von Maniepatienten wieder auf »Normalniveau« bringen und depressiven Menschen wieder zu sexueller Genussfähigkeit verhelfen, aber sehr oft haben Antipsychotika und Antidepressiva einen negativen Einfluss auf die Sexualität.

Mindestens die Hälfte der mit Antidepressiva behandelten Patienten klagt über sexuelle Nebenwirkungen. Verursacht werden sie vor allem von den älteren trizyklischen Antidepressiva und den neueren Serotonin-Wiederaufnahmehemmern (Kapitel 9). Diese Mittel können die sexuelle Lust mindern und Erektions- und Orgasmusstörungen verursachen. Bei Männern verzögern sie die Ejakulation oft so stark, dass manche der Mittel bei Männern mit vorzeitigem Samenerguss eingesetzt werden.

Trazodon, Mirtazapin, Reboxetin und Mianserin haben zwar auch sexuelle Nebenwirkungen, aber diese sind weniger stark ausgeprägt.

Antipsychotika können sowohl bei Männern als auch bei Frauen die sexuelle Lust mindern und den Orgasmus beeinträchtigen. Männer, die mit Antipsychotika behandelt werden, klagen häufig über eine verzögerte Ejakulation und zu wenig Samenflüssigkeit. Die neueren atypischen Antipsychotika haben im Allgemeinen weniger sexuelle Nebenwirkungen.

Was kann ich tun, wenn meine Medikamente Sexualstörungen verursachen?

Sexuelle Nebenwirkungen sind für viele ein Grund, die Medikamente abzusetzen. Aber das ist natürlich keine Lösung. Sprechen Sie mit Ihrem behandelnden Arzt über das Problem, damit er mit Ihnen nach einer Lösung suchen kann. Er kann Ihnen sagen, ob die Nebenwirkungen erfahrungsgemäß im Laufe der Behandlung nachlassen. Ist dies nicht der Fall, kann der Arzt es mit einer niedrigeren Dosierung versuchen, ein anderes Mittel verschreiben, das weniger sexuelle Nebenwirkungen verursacht, oder ein Präparat verordnen, das ihnen entgegenwirkt.

11 Frauensachen (auch für Männer)

Über Schwangerschaft und Vererbung

Bipolare Störungen äußern sich oft erstmals in einem Alter, in dem die Betreffenden sich in der Familiengründungsphase befinden. Bei Frauen zeigt sich der erste manische Schub nicht selten nach der Geburt des ersten Kindes. Es verwundert nicht, dass ein solches Ereignis die junge Familie gewissermaßen aus der Bahn wirft und viele Fragen in Bezug auf die Zukunft aufkommen lässt. Wie wird es mir weiter gehen?, fragt sich die Mutter beispielsweise. Hat die Erkrankung Einfluss auf unser Kind? Ist sie erblich? Sollte ich vielleicht besser keine weiteren Kinder bekommen?

Ganz wichtig ist es, dass Betroffene mit dem Arzt über das Risiko, nach der nächsten Schwangerschaft erneut mit der Erkrankung konfrontiert zu werden, sprechen. Abzuwägen ist auch der Einfluss, den ein Rückfall auf die Familie, insbesondere auf die bereits vorhandenen Kinder, haben kann, ebenso die Frage der Vererbung. Wer sich für eine weitere Schwangerschaft entscheidet, sollte sich vor allem mit den zwei Punkten in Kasten 14 auseinander setzen.

- Wie hoch ist das Risiko eines Schubs bei der nächsten Schwangerschaft?
- Ist eine bipolare Störung erblich?

Kasten 14: **Wichtige Fragen bei einem Kinderwunsch**

Welche Rolle spielt eine Schwangerschaft bei Schüben?

Schwangerschaft und Geburt sind einschneidende Erlebnisse. Die Wahrscheinlichkeit, dass eine Frau nach der Geburt stationär psychiatrisch behandelt werden muss, ist höher als in jeder anderen Lebensphase. Und für Erstgebärende liegt das Risiko, im Monat nach der Entbindung in eine psychiatrische Klinik eingewiesen zu werden, gut 35-mal höher als in jedem anderen Monat ihres Lebens.

Die ersten Monate nach einer Geburt gelten als eine Zeit, in der sich psychische Erkrankungen oft zum ersten Mal zeigen. Auch bei Els trat die erste Manie nach der Geburt ihres ersten Kindes Matthias im Jahr 1992 auf. Diagnostiziert wurde damals eine postpartale Psychose, später erwies sich, dass es sich um einen ersten manischen Schub handelte. Dass eine bipolare Störung sich erstmals kurz nach der Geburt eines Kindes äußert, ist also keine Ausnahme, und nicht selten »tarnt« sich dieser erste Schub als postpartale Psychose.

Das hormonelle Chaos im Körper der jungen Mutter ist vermutlich ein wesentlicher Grund, erklärt aber nicht, weshalb auch bei Männern die Wahrscheinlichkeit eines Schubs während der Schwangerschaft oder kurz nach der Entbindung der Partnerin größer ist. Daher spielen zweifellos auch andere Faktoren eine Rolle. Die Geburt eines Kindes bringt nicht nur auf körperlicher und hormoneller Ebene, sondern auch psychologisch, sozial und sogar wirtschaftlich gesehen gravierende Veränderungen mit sich.

Wie hoch ist das Risiko, dass die Erkrankung bei einer weiteren Schwangerschaft ausbricht?

Die Schwangerschaft selbst ist zumeist nicht das größte Problem. Allgemein wird davon ausgegangen, dass sie für viele Frauen mit einer bipolaren Störung eine relativ stabile Phase ist, auch wenn neuere

Untersuchungen das nicht in vollem Umfang belegen. Depressive Beschwerden kommen – so deren Ergebnisse – bei schwangeren Frauen ebenso häufig vor wie bei nicht schwangeren.

Auch für Els war die Schwangerschaft nicht unbedingt eine »Zeit der frohen Erwartung«. In ihrem Tagebuch notiert sie in der neunten Schwangerschaftswoche:

Manchmal fühle ich mich ungeheuer müde. Dann würde ich am liebsten den ganzen Tag verschlafen. Diese Woche habe ich ziemlich viel Zeit im Bett verbracht. Aber offenbar brauche ich das. Manchmal mag ich einfach nicht aufstehen. Dann türmt sich die tägliche Arbeit wie ein Berg vor mir auf und ich würde mich am liebsten wieder unter die Decke verkriechen. Es ist so merkwürdig: Ansonsten bin ich ausgesprochen aktiv und arbeite gern mit den Händen, aber jetzt ist mir einfach alles zu viel.

Und in der 22. Schwangerschaftswoche lesen wir:

Mein letzter Eintrag ist eine ganze Weile her. Und das hat seinen Grund. Die letzten drei Wochen habe ich mich miserabel gefühlt. Alles war mir zu viel. Es kam mir vor wie eine echte Depression. Ich kannte mich selbst nicht mehr, hatte mich irgendwie nicht mehr im Griff. Furchtbar. Ich war ausgesprochen reizbar und heulte wegen jeder Kleinigkeit los. Ich bin viel sensibler, kann oft schlecht relativieren und fühle mich schwierigen Gesprächen nicht mehr gewachsen.

Depressive Symptome wie veränderter Schlaf oder Appetit sind in dieser Zeit schwer von normalen Schwangerschaftssymptomen zu unterscheiden. Fast 70 Prozent aller Frauen berichten, sich während der Schwangerschaft depressiv gefühlt zu haben. Eine »echte« Depression im Sinne der Kriterien des DSM-IV-Handbuchs kommt jedoch nur bei 10 bis 20 Prozent der schwangeren Frauen vor. Und vieles deutet darauf hin, dass diese Gruppe ein erhöhtes Risiko hat, nach der Entbindung eine Depression oder eine Manie zu erleben.

Wenn Sie jemals eine/n ... nach einer Entbindung hatten ...	... beträgt das Rückfallrisiko nach einer weiteren Entbindung ...
schizophrene Psychose	25 %
postpartale Psychose	über 50 %
»bipolaren« Schub	30–50 %
Depression	30 %
Panikstörung	90 %

Tabelle 13: **Rückfallrisiko bei psychischen Erkrankungen in der postpartalen Phase**

Für Frauen mit bipolarer Störung, die nach einer Entbindung schon einmal einen Schub hatten, beträgt das Rückfallrisiko in der gleichen Situation etwa 30 bis 50 Prozent. Schübe in der Zeit kurz nach der Geburt sind im Übrigen oft sehr ausgeprägt.

Bei der postpartalen Psychose liegt das Rückfallrisiko sogar noch höher: Mindestens die Hälfte der betroffenen Frauen erlebt, sofern sie nicht behandelt werden, eine neuerliche Psychose (in manchen Studien werden sogar Werte zwischen 75 und 90 Prozent genannt).

(Postnatale) Depressionen wiederholen sich in rund 30 Prozent der Fälle nach der nächsten Geburt. 25 Prozent der an Schizophrenie leidenden Frauen erleben im ersten halben Jahr nach der Entbindung einen neuen akuten Schub und bei fast allen Frauen mit einer Panikstörung kommt es nach der Geburt zu neuen Attacken.

Bekannt ist, dass auch Männer nach der Entbindung ihrer Partnerin öfter einen Schub erleiden. Wie hoch ihr Rückfallrisiko bei einer folgenden Schwangerschaft der Frau ist, wurde bisher noch nicht ermittelt.

Die vorgenannten Zahlen sind nicht eben ermutigend. Dennoch sollte man keinesfalls daraus ableiten, dass bipolar (oder an anderen

Störungen) erkrankte Frauen wegen des Rückfallrisikos besser auf weitere Kinder verzichten sollten. Wichtig ist jedoch, dass sie nicht unvorbereitet in die nächste Schwangerschaft gehen. Und Els' Geschichte zeigt, dass es auch anders laufen kann ...

Els erlebte nach der Geburt ihres ersten Kindes, Matthias, eine Manie mit psychotischen Symptomen. Kurze Zeit bekam sie Antipsychotika. Sie erholte sich bald und nahm in den darauf folgenden Jahren keinerlei Medikamente. Dann wurde Els erneut schwanger. Sie gebar Eva, und später Charlotte, ihr drittes Kind. Um nicht wieder zu erkranken, versuchte Els den Stress, dem sie sich nach Matthias' Geburt in der Klinik ausgesetzt gesehen hatte, zu vermeiden, indem sie sich für eine ambulante Entbindung entschied. So konnte sie schon nach anderthalb Tagen wieder nach Hause. Dort fand sie eher Ruhe und konnte dem eigenen Rhythmus folgen. Els bekam nach den Geburten ihrer beiden Töchter keinen neuen Schub, obwohl sie damals nicht in ärztlicher Behandlung war.

Matthias war zehn Monate alt und ich fühlte mich topfit. Diese Ärzte! Sie hatten mir weisgemacht, ich hätte eine Psychose! Monatelang wollten sie mich in der Klinik behalten, weil der angeblichen Psychose eine lange Depression folgen könnte – so ihre Prognose. Trübe Aussichten für eine junge Frau, die gerade Mutter geworden war. Zum Glück habe ich das Ganze selbst in die Hand genommen. Nach zwei Wochen verließ ich die psychiatrische Klinik. Ich war zwar noch aufgeregt und gehetzt, aber dennoch in der Lage, mich um mein Baby zu kümmern und den Haushalt zu versehen. Meine Unruhe rührte größtenteils von den Medikamenten her. Nachdem sie reduziert und abgesetzt waren, erlebte ich eine lange angenehme Phase der Gelassenheit. Ich fühlte mich stark und besser als je zuvor. Keine Arbeit war mir zu viel. Wir zogen um und ich war monatelang mit Streichen, Tapezieren, Löcherbohren und Gardinennähen beschäftigt. Zudem arbeitete ich hin und wieder halbtags und kümmerte mich auch noch um mein Kind. Dass ich mit alldem so gut zurechtkam, bestärkte mich in der Überzeugung, dass die Ärzte falsch gelegen hatten und dass mit mir alles in Ordnung war. Ich war eben nur sehr aufgewühlt gewesen und die Geburt des kleinen Wunders, das mein ganzes Glück war, hatte mich euphorisch gemacht.

Allmählich begann ich an ein zweites Kind zu denken. Nach dem Umzug hatten wir ja genügend Platz. Allerdings fürchtete ich mich ein wenig vor der Schwangerschaft, denn beim letzten Mal hatte ich mich oft schlecht und depressiv gefühlt. Aber alles ging gut. Die Schwangerschaft verlief relativ problemlos. Die Phase der Gelassenheit hatte mir offenbar gut getan; ich hatte dadurch gelernt, die Dinge positiver zu sehen. Der Entbindungstermin rückte näher und ich verspürte keinerlei Angst. Was mir damals passiert war, würde sich nicht wiederholen. Ich wollte in einer anderen Klinik entbinden, in der es ruhiger zuging und in der man meine Vorgeschichte nicht kannte. Dort sollte ich ein Einzelzimmer bekommen und ich wollte dafür sorgen, dass nicht zu viel Besuch auf einmal kam. Matthias sollte eine Woche bei Verwandten untergebracht werden, sodass Bert seinen Urlaub für die Zeit nach der Geburt aufsparen konnte. Eva wurde geboren und ich war überglücklich. Ich stillte sie, was wir beide sehr genossen. Eva war nicht so ein passives Baby wie Matthias damals und saugte aus eigenem Antrieb. Und ich hatte meine Ruhe. Die Schwestern machten mir keine Vorschriften, was die Stillzeiten betraf. Und ich war sehr froh, dass in der Klinik keiner wusste, was mir beim letzten Mal passiert war. Womöglich wären sie sonst in einem fort mit dem Blutdruckmessgerät aufgetaucht und hätten mir einen Psychiater geschickt. Und genau das hätte mich wieder nervös gemacht. Je mehr Ruhe ich hatte, desto besser konnte ich mich erholen und die ersten Gefühle nach der Geburt verarbeiten. Oft dachte ich an diesen Tagen an meine letzte Entbindung und vergoss bittere Tränen, weil mein kleiner Junge so viel weniger Glück gehabt hatte als Eva. Man hatte ihn von seiner Mama weggebracht. Das würde mir nicht wieder passieren. Weder würde ich mir mein Baby wegnehmen noch das Recht zu stillen verweigern lassen.

Das Leben ging seinen Gang. Die Kinder wuchsen heran. Und ich dachte immer öfter an ein drittes Kind. Bert und ich hatten eine schwierige Zeit hinter uns gebracht. Er hatte sich beruflich selbstständig gemacht, dadurch hatten wir uns eine Weile finanziell einschränken müssen. Allmählich ging es aber besser. Nur war die Wohnung wieder zu klein, da Bert nun ganztags zu Hause arbeitete. Sein Arbeitszimmer quoll über vor Büchern. Diesmal kauften wir ein Haus. Und wieder machte ich mich an die Arbeit: verputzen, streichen, tapezieren, bohren, Regale anbringen – jeden Abend, von acht bis Mitternacht. Und vormittags ging ich arbeiten beziehungsweise kümmerte ich mich um den Haushalt und die Kinder. Ein paar Wochen vor dem Umzug wurde ich krank. Ich war völlig erschöpft, hatte keinerlei Abwehrkräfte mehr gegen Infektionen. Wochenlang war ich zu nichts mehr in der Lage. Eine schwere Bronchitis und eine Nasennebenhöhlen-Entzündung legten mich komplett lahm. Im letzten Moment kam ich wieder zu Kräften, denn ich wollte ja unbedingt noch fertig tapezieren, bevor die Möbel kamen. Als wir uns im neuen Haus eingelebt hatten, schien mir die Zeit reif für die nächste Schwangerschaft. Matthias und Eva waren vier und zwei Jahre alt. Lange warten sollte ich nicht mehr. Bert hatte zwar monatelang protestiert. Zwei Kinder seien doch genug, meinte er, und Babys machten so viel Arbeit. Aber ich drängte weiterhin. Erst mit drei Kindern würde ich mich »erfüllt« fühlen, sagte ich zu ihm. Vor der Mehrarbeit war mir nicht bange: Ich war jeder Herausforderung gewachsen.

Ich wurde also schwanger. Diesmal verlief die Schwangerschaft alles andere als problemlos. Neun Monate lang war mir übel, ich fror ständig und war hoch empfindlich gegen Gerüche und Schmutz. Zudem war ich leicht depressiv. Aber ich hielt durch. Dieses dritte Kind hatte ich mir so sehr gewünscht, deshalb war es mir die Mühen wert.

Inzwischen dachte ich überhaupt nicht mehr daran, was mir damals in der Klinik passiert war. Bert hatte als Selbstständiger ungeheuer viel zu tun und mich trieb nur noch der Gedanke um, dass er durch die Geburt zeitlich nicht belastet werden durfte. Hinzu kam, dass er in der Zeit danach mehrmals ins Ausland reisen musste. Ich würde deshalb nach der Entbindung zu Hause funktionieren müssen. Also tüftelte ich alles genau aus, um zu vermeiden, dass irgendetwas dazwischenkam. Ich hatte mich für eine ambulante Entbindung entschieden. Anderthalb Tage war ich in der Klinik. Zu Hause kam danach an sechs halben Tagen eine Wochenpflegerin. Besuch wollte ich noch keinen, außer meine Eltern und Berts Mutter. Matthias und Eva waren im Kindergarten beziehungsweise in der Vorschule und manchmal holte ich sie dort selbst ab. Alles lief wie am Schnürchen. In der zweiten Woche nach der Geburt schaffte ich alles wieder allein und dann musste Bert auch schon für vier Tage ins Ausland. Manchmal war ich hundemüde, aber das geht wohl allen Müttern beim dritten Kind so. Ich war also voller Vertrauen. Auch mein drittes Baby stillte ich und ich genoss diese Momente sehr.

Zum Glück wusste ich damals noch nichts von meiner Störung. So musste ich keine ärztlichen Kontrollen über mich ergehen lassen und mich für nichts rechtfertigen. Ich konnte bei mir selbst bleiben und meine Angelegenheiten regeln, ohne das Gefühl zu haben, ständig unter Beobachtung zu stehen. Ich denke, Kontrollen hätten mich total nervös gemacht, weil mir in der Situation einfach jede Störung zu viel war. Immer wieder geweckt werden, wenn man gerade eben eingedämmert ist. Nach Matthias' Geburt war das ja oft der Fall. Dabei ist Ruhe enorm wichtig für jemanden, der manisch werden könnte. Ohne die Diagnose und somit auch ohne Medikamente konnte ich stillen. Stillen ist natürlich keine absolute Notwendigkeit, aber ich bin trotzdem froh, dass ich es bei meinen drei Babys tun konnte. Es ist ein so wunderbares Gefühl, das kleine Köpfchen an der Haut zu spüren, eins zu werden mit dem kleinen hilflosen Wesen.

Ich habe Glück gehabt. Das Risiko, erneut einen manischen Schub zu erleben, lag bei 50 Prozent, so die Ärzte. Ich glaube das zwar, aber trotzdem ... Es ist sicher nicht nur genetisch bedingt, die Umstände spielen gewiss auch eine Rolle. Eine Geburt ist ein Stressereignis. Das war mir nach dem ersten Mal sehr klar geworden, als alles um mich herum im Chaos versank. Ich kannte mich ja und wusste, dass Chaos für mich verhängnisvoll ist. Aus diesem Grund hatte ich diesmal alles getan, damit sich die Situation nicht wiederholte. Ich hatte mir alles gründlich überlegt und ich bin fest davon überzeugt, dass mir ein neuerlicher manischer Schub nicht zufällig erspart blieb.

Werden meine Kinder auch manisch-depressiv?

Wenn Sie selbst eine bipolare Störung haben, besteht für Ihre Kinder ein leicht erhöhtes Risiko, ebenfalls eine solche Störung zu entwickeln, da sie zu einem Teil erblich bedingt ist. Bekannt ist das unter anderem aus Untersuchungen an Zwillingspaaren. Jeder Mensch hat ein Risiko von mindestens einem Prozent, irgendwann im Leben eine bipolare Störung zu bekommen. Weist der eineiige Zwillingsbruder beziehungsweise die Zwillingsschwester eine bipolare Störung auf, so liegt das Risiko, dass man selbst davon betroffen sein wird, bei 40 bis 70 Prozent. Wenn der Vater, die Mutter oder eines der Geschwister eine bipolare Störung hat, beträgt das Risiko fünf bis zehn Prozent.

Fest steht, dass die Veranlagung für die Erkrankung vererbt wird. Der Vererbungsmechanismus ist allerdings bisher noch nicht genau bekannt. Ob Ihre Kinder also jemals eine bipolare Störung entwickeln, hängt zu zwei Dritteln von den Genen und zu einem Drittel von verschiedenen äußeren Faktoren ab. Selbst wenn eine erhöhte genetische Anfälligkeit gegeben ist, bedeutet das nicht notwendigerweise, dass man auch tatsächlich erkrankt.

Familienmitglied/er mit bipolarer Störung	Wahrscheinlichkeit, selbst eine bipolare Störung zu bekommen
Keine Fälle von bipolarer Störung oder Depression in der Familie	1 %
Onkel/Tante/Großelternteil	2 %
Bruder/Schwester (auch Zwillingsbruder oder -schwester, falls zweieiig)	5–10 %
Ein Elternteil (aber keine weiteren erkrankten Familienangehörigen)	6–10 %
Ein Elternteil und anderer Elternteil ebenfalls mit Stimmungsstörung	30–50 %
Eineiige/r Zwillingsbruder beziehungsweise -schwester	40–70 %

Tabelle 14: **Vererbung bei der bipolaren Störung**

Auf welche Weise wird die Erkrankung vererbt?

Der Vererbungsmechanismus ist, wie bereits erwähnt, noch nicht restlos geklärt. Er funktioniert jedenfalls nicht so wie etwa bei der Weitergabe der Augenfarbe, sondern nach einem wesentlich komplizierteren Muster (und ist daher nicht gut vorhersagbar).

Erwiesen ist, dass bipolare Störungen nicht durch ein bestimmtes Gen oder Chromosom (Träger des Erbmaterials) verursacht werden. Der Hypothese der »polygenen Vererbung« zufolge (Abbildung 15) sind mehrere Gene beteiligt. Es gibt Gene, die die Anfälligkeit für Schizophrenie erhöhen, »Psychosegene« sozusagen, und Gene, die die Anfälligkeit für bipolare Störungen steigern (»bipolare Gene«). In Abbildung 15 sind die »Psychosegene« als schwarze und die »bipolaren Gene« als weiße Kügelchen dargestellt. Es hängt von der individuellen Genkombination ab, ob man eher zu wiederkehrenden Psychosen

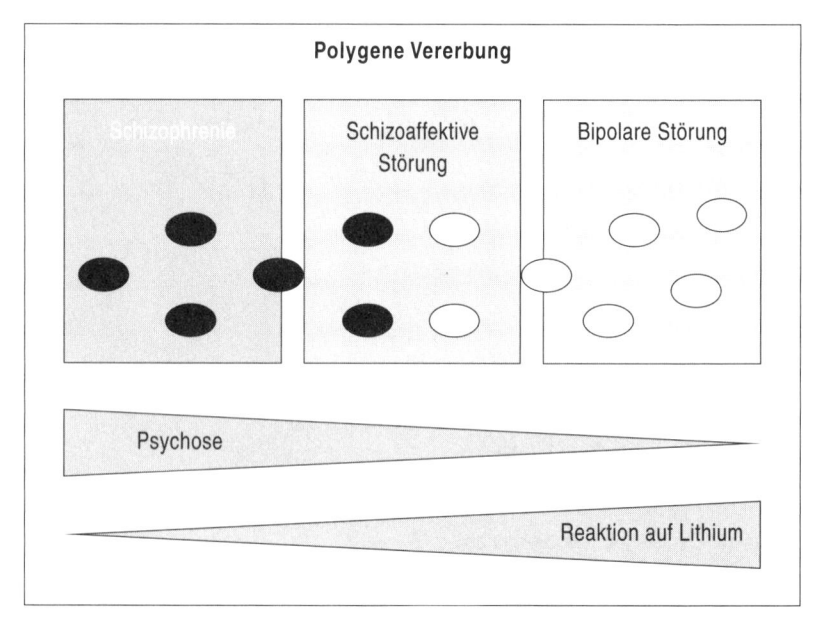

Abbildung 15: **Polygene Vererbung (Lerer & Yakir 2002)**

(wie bei der Schizophrenie), zu einer bipolaren Störung oder zu einer »Zwischenform« (schizoaffektive Störung) neigt.

Je mehr »bipolare Gene« man hat, desto höher ist die Wahrscheinlichkeit, dass man eine bipolare Störung entwickelt und dass es sich um eine »reine« Form davon handelt. Hat man dagegen mehr »Psychosegene«, entsteht eher eine Mischform, die vermutlich weniger gut auf Lithium anspricht.

Dies ist, wohlgemerkt, eine Hypothese. Wie viele »bipolare« beziehungsweise »Psychosegene« ein Mensch hat, lässt sich mit den derzeit verfügbaren Methoden nicht ermitteln.

Was muss ich beachten, wenn ich (wieder) schwanger werden will?

Wenn Sie sich gründlich informiert und sich zusammen mit Ihrem Partner für eine (erneute) Schwangerschaft entschieden haben, sind noch einige Punkte zu bedenken (Kasten 15):

1. Soll ich während der Schwangerschaft Medikamente nehmen?
2. Soll ich stillen?
3. Wie kann ich den Stress nach der Geburt verringern?
4. Falls ich einen Schub bekommen sollte: Wie gehe ich damit um?

Kasten 15: **Zu klärende Fragen bei geplanter Schwangerschaft**

Zunächst gilt es zu überlegen, wie sich der Stress während der Schwangerschaft und nach der Geburt möglichst gering halten und somit das Rückfallrisiko verringern lässt. Besprechen Sie mit Ihrem Arzt, ob Sie Ihre Medikamente schon vor der geplanten Schwangerschaft absetzen oder nicht. Falls ja, muss das Absetzen auf jeden Fall schrittweise erfolgen (ein plötzliches Absetzen von Lithium kann einen manischen Schub hervorrufen).

Am besten sollte im Vorfeld auch entschieden werden, ab wann Sie wieder Medikamente nehmen (beispielsweise ab dem zweiten Schwangerschaftsdrittel, falls sich Symptome zeigen, oder gleich nach der Geburt, auch wenn keine Symptome auftreten). Damit entfällt nach der Entbindung eventueller Stress im Zusammenhang mit einer Entscheidung über die Medikamenteneinnahme.

Muss ich während der Schwangerschaft weiterhin Medikamente nehmen?

Diese Entscheidung kann nur in enger Abstimmung mit dem behandelnden Arzt getroffen werden, denn manche Medikamente können das ungeborene Kind schädigen. Die Entscheidung für oder gegen Medikamente während der Schwangerschaft hängt davon ab, welche Mittel Sie nehmen, wie schwer die Störung ist und wie Ihr Allgemeinbefinden zum Zeitpunkt der geplanten Schwangerschaft ist. Wenn bisher erst ein Schub aufgetreten ist, ist es eher vertretbar, die Medikamente abzusetzen. Hatten Sie dagegen schon mehrfach Schübe, wäre ein solches Vorgehen unvernünftig.

Lithium: Das älteste Mittel gegen bipolare Störungen gilt allgemein nach wie vor als schädlich für das ungeborene Kind. Diese Einschätzung trifft teilweise zu, allerdings sind die Risiken nicht ganz so hoch wie früher gedacht. Lithium verursacht in zwei bis zwölf Prozent der Fälle Missbildungen. Bei werdenden Müttern, die kein Lithium nehmen, beträgt das Risiko von Missbildungen beim Kind nur zwei bis vier Prozent. Am häufigsten treten Herzfehler auf. Das Herz des Kindes bildet sich zu Beginn der Schwangerschaft, daher stellt Lithium ab dem zweiten Schwangerschaftsdrittel in dieser Hinsicht keine Gefahr mehr dar. Eingedenk der Tatsache, dass das Absetzen von Lithium ebenfalls Risiken birgt, wurden die in Kasten 16 zusammengestellten Richtlinien erarbeitet.

1. Hatte die Frau bisher nur einen Schub und ist sie seit längerer Zeit stabil ...
    a) ... sollten die Medikamente vor einer geplanten Schwangerschaft schrittweise abgesetzt werden.
    b) ... sollte, sofern sich im zweiten oder dritten Schwangerschaftsdrittel Symptome zeigen, wieder mit der Einnahme von Lithium begonnen werden.
2. Hatte die Frau bereits mehrere Schübe und stellt das Absetzen von Lithium ein gewisses Risiko dar ...
    a) ... sollte Lithium eventuell, zeitgleich mit dem Beenden der Verhütungsmaßnahmen, schrittweise abgesetzt und ein bis drei Monate nach der letzten Regel wieder genommen werden.
    b) ... sollte, sofern Symptome auftreten, Lithium – eventuell zusammen mit einem Antipsychotikum – wieder genommen werden.
3. Hatte die Frau bisher mehrere schwere Schübe, sodass das Absetzen von Lithium ein zu großes Risiko bedeutet, sollte Lithium während der gesamten Schwangerschaft genommen werden.
4. Um die 16. bis 18. Schwangerschaftswoche herum sollte sicherheitshalber eine Ultraschalluntersuchung durchgeführt werden.

Kasten 16: **Richtlinien für die Einnahme von Lithium während der Schwangerschaft**
(Cohen u.a. 1994)

Valproinsäure: Valproinsäure ist während der Schwangerschaft unbedingt zu vermeiden. Das Mittel verursacht bei einem von 100 Babys einen »offenen Rücken« (Spina bifida, eine Fehlbildung des Nervensystems). Damit ist das Risiko um das 50fache höher als sonst. Muss dennoch Valproinsäure genommen werden oder wird die Frau schwanger, während sie das Mittel nimmt, sollte Folsäure gegeben werden (die solchen Fehlbildungen entgegenwirkt). In den meisten Fällen verläuft die Schwangerschaft normal und es treten keine Missbildungen beim Kind auf.

Marlene kam mit einer ausgeprägten Depression in meine Praxis. Ihr Vater litt an einer bipolaren Störung und ihre Brüder hatten ebenfalls »wechselnde Launen«. Marlene erlebte, wie sich herausstellte, des Öfteren deutlich hypomanische Schübe, die meist etwa drei Tage dauerten. Manisch war sie nie gewesen.

Marlene hat eine Bipolar-II-Störung. Da sie unter starken Stimmungsschwankungen leidet und schon mehrmals schwer depressiv war, wurde eine Behandlung mit dem Stimmungsstabilisierer Valproinsäure eingeleitet. Einige Monate später wurde Marlene schwanger. Sie setzte Valproinsäure ab und nahm Folsäure. Während der Schwangerschaft traten erneut depressive Symptome auf, zudem erlebte Marlene eine ausgeprägte hypomanische Phase. Sie war unruhig und hektisch, wurde schnell emotional und hatte ein ausgeprochen starkes sexuelles Verlangen. Wie sie später berichtete, besuchte sie in dieser Phase öfter Sexklubs, weil sie bei ihrem Partner nicht »auf ihre Kosten« kam. Die letzten Schwangerschaftsmonate verliefen ruhig und Marlene war stabil. Sie bekam einen gesunden Sohn namens Werner. Seit dem Tag der Entbindung nimmt sie wieder Valproinsäure.

Carbamazepin: Carbamazepin gilt allgemein als relativ ungefährlich während der Schwangerschaft. In mehreren Untersuchungen hat man keinerlei Missbildungen bei Kindern festgestellt, deren Mütter in der Schwangerschaft Carbamazepin nahmen. In anderen Studien sind jedoch Fehlbildungen des zentralen Nervensystems beschrieben (unter anderem Spina bifida), die mit Carbamazepin in Zusammenhang gebracht werden. Wer also sichergehen will, sollte das Präparat in der Schwangerschaft vermeiden.

Lamotrigin: Zu Lamotrigin während der Schwangerschaft liegen bisher noch kaum Untersuchungsergebnisse vor. Das Mittel gilt als »vermutlich relativ sicher«, da es in der Schwangerschaft im Körper rascher abgebaut wird als sonst. Somit ist der Wirkstoffspiegel im Blut niedriger und es gelangt weniger in die Plazenta.

Antipsychotika: Zur Wirkung der neueren Antipsychotika Olanzapin, Quetiapin und Risperidon in der Schwangerschaft ist noch wenig bekannt. Fehlbildungen wurden zwar bisher noch nicht festgestellt, aber daraus zu schließen, die Mittel seien unbedenklich, wäre übereilt. Clozapin sollte nach Möglichkeit vermieden werden.

Die älteren Antipsychotika werden im Prinzip nach wie vor während der Schwangerschaft verschrieben. Haloperidol wurde früher sogar als Mittel gegen Schwangerschaftsübelkeit verordnet und damals wurde nicht von negativen Wirkungen aufs Baby berichtet.

Antidepressiva: Die neueren wie auch die älteren Antidepressiva, mit Ausnahme der MAO-Hemmer, gelten als relativ sicher während der Schwangerschaft. Dies belegen Untersuchungen an mehreren tausend Frauen, die diese Mittel in der Schwangerschaft genommen haben; ein erhöhtes Missbildungsrisiko wurde nicht festgestellt.

Schlaf- und Beruhigungsmittel: Schlaf- und Beruhigungsmittel werden vielfach für harmlos gehalten, da sie so häufig verschrieben werden. Sie sind jedoch keineswegs unbedenklich und sollten in der Schwangerschaft, insbesondere während der ersten Monate, nicht genommen werden. Falls doch einmal ein Schlafmittel gebraucht wird, eignet sich am ehesten Zopiclon oder Zolpidem. Auf keinen Fall sollten schwangere Frauen Schlafmittel nehmen, ohne es zuvor mit dem Arzt abzusprechen.

Was ist zu tun, wenn ich während einer medikamentösen Behandlung schwanger werde?

Aus den obigen Ausführungen geht hervor, dass eine während einer medikamentösen Behandlung eintretende Schwangerschaft kein Grund zur Panik ist, da das Risiko von Missbildungen durch Medikamente relativ gering ist. Dennoch sollten Sie umgehend Ihren Arzt aufsuchen und mit ihm das weitere Vorgehen besprechen. Möglicherweise rät er, das Mittel abzusetzen, es kann aber auch sein, dass er die weitere Einnahme empfiehlt oder ein anderes Präparat verschreibt, damit es nicht zu einem Rückfall kommt.

Kann ich stillen?

Die Entscheidung, ob Sie stillen oder nicht, hängt von verschiedenen Aspekten ab. Viele junge Mütter halten Stillen für ein absolutes Muss – sei es, weil ihre eigene Mutter oder eine Tante ihnen das vermittelt hat, sei es, weil sie selbst der Meinung sind, nur durch Stillen eine enge Beziehung zu ihrem Baby aufbauen zu können.

Zweifellos hat das Stillen Vorteile. Stillkinder sind weniger infektionsanfällig und im Allgemeinen seltener krank. Zudem ist Muttermilch die billigste Nahrung überhaupt. Mütter mit einer bipolaren Störung sollten jedoch bedenken, dass Stillen viel Energie kostet und insbesondere in der kritischen Zeit kurz nach der Geburt, in der sie möglichst viel Ruhe haben sollten, ein Stressfaktor sein kann. Wer sich für das Stillen entscheidet, muss damit rechnen, in den ersten Monaten nachts mehrmals aufstehen zu müssen; Stillen ist nun einmal eine Aufgabe, die nicht partnerschaftlich geteilt werden kann. Bei Fläschchennahrung ist das anders: In diesem Fall kann der Vater die nächtlichen »Fütterungen« übernehmen. Falls Sie sich für Fläschchennahrung entscheiden, brauchen Sie deswegen keinerlei Schuldgefühle zu haben, denn Sie haben damit eine Entscheidung getroffen, die dazu beiträgt, dass Sie stabil bleiben und sich somit intensiv um Ihr Baby kümmern können. Die Vorteile des Stillens wiegen das Risiko eines neuerlichen Schubs nicht immer auf.

Dass mehrere Stressfaktoren zusammenkommen, sollte – wie bereits erwähnt – nach Möglichkeit vermieden werden. Die Zeit nach der Geburt ist in dieser Hinsicht eine Extremsituation: Das Kind ist da, damit hat sich die Familiensituation geändert, der Schlafrhythmus gerät durcheinander, die Hormone spielen verrückt, die Medikamente wurden eventuell abgesetzt, es kommt laufend Besuch ... und die junge Mutter möchte gern stillen, was ihr auch körperlich viel abfordert. Die meisten der genannten Stressfaktoren kann man kaum beeinflussen, ein paar jedoch hat man selbst »in der Hand« – etwa den Entschluss zu stillen oder auch nicht.

Falls ich stille, muss ich dann die Medikamente weglassen?

Wenn Sie stillen möchten, sollten Sie frühzeitig mit Ihrem Arzt darüber sprechen, damit er Ihren Wunsch berücksichtigt, wenn Sie nach der Geburt neu auf Medikamente eingestellt werden. Manche Wirkstoffe gehen nämlich leichter als andere in die Muttermilch über und können dem Baby schaden.

Stimmungsstabilisierer: Falls Sie gleich nach der Geburt erneut auf Lithium eingestellt werden, ist vom Stillen strikt abzuraten, denn die Hälfte des Lithiums im Blut geht in die Muttermilch über, sodass Stillkinder eine sehr hohe Dosis aufnehmen. Welchen Einfluss Lithium auf die kindliche Entwicklung hat, ist noch nicht hinreichend geklärt. Zudem besteht die Gefahr der Austrocknung. Valproinsäure und Carbamazepin gelangen nur in Spuren in die Muttermilch und gelten daher als weniger bedenklich. Dennoch lässt sich auch bei diesen Stabilisierern nicht mit Sicherheit sagen, welchen Einfluss selbst geringste Mengen auf das Gehirn des Babys haben.

Antidepressiva: Antidepressiva sind vermutlich relativ sicher. Die neueren Präparate wurden nur in geringen Mengen im Blut von Stillkindern gefunden. Allerdings sind auch mehrere Fälle beschrieben, in denen die Mengen sehr hoch waren und wahrscheinlich Schlafstörungen, Erbrechen und Durchfall bei den Babys verursacht haben. Die älteren trizyklischen Antidepressiva gelten ebenfalls als verhältnismäßig sicher, weil sie nur in niedriger Konzentration ins Blut des Kindes gelangen.

Antipsychotika: Bei Stillkindern, deren Mütter ältere Antipsychotika nahmen, hat man trotz sehr geringer Wirkstoffkonzentration im Blut des Öfteren Nebenwirkungen festgestellt. Zu den neueren Antipsychotika lassen sich aufgrund mangelnder Daten noch keine verlässlichen Aussagen machen. Daher sollten Mütter, die Antipsychotika nehmen, sicherheitshalber vom Stillen absehen.

Schlaf- und Beruhigungsmittel: Der Wirkstoff Benzodiazepin geht nur begrenzt in die Muttermilch über. Wenn die entsprechenden Mittel vorsichtig und in niedriger Dosierung eingesetzt werden, sind sie wahrscheinlich nicht gefährlich. Stillende Mütter, die unter Einschlafstörungen leiden und ein Schlafmittel brauchen, sollten auf Zopiclon oder Zolpidem zurückgreifen, zwei neuere Schlafmittel mit kurzzeitiger Wirkung; sie sind sehr wahrscheinlich sicherer als die »klassischen« Schlafmittel.

Sollten Sie sich nach der Lektüre der vorangegangenen Ausführungen für Fläschchennahrung entscheiden, so ist das absolut kein Grund für Schuldgefühle. Sie schließen damit jedes Risiko für Ihr Baby aus und Sie selbst können sich öfter Ruhe gönnen, die Sie brauchen, um sich von den Strapazen der Geburt zu erholen. Wenn Sie trotzdem stillen möchten, so sollten Sie zusammen mit Ihrem Arzt nach dem sichersten Mittel suchen, davon die niedrigstmögliche Dosis nehmen und vor allem Ihr Baby regelmäßig untersuchen lassen.

Was kann ich tun, um Stress nach der Geburt zu vermeiden, damit kein neuer Schub auftritt?

Ganz wichtig ist es, dass Sie in der ersten Zeit nach der Geburt möglichst viel Ruhe haben. Das lässt sich jedoch nicht so leicht bewerkstelligen, weil Familie, Verwandte und Freunde zu Besuch kommen und das Neugeborene sehen wollen. Es gibt zwar auch für Entbindungsstationen feste Besuchszeiten, dennoch geht es dort oft zu wie in einem Taubenschlag – was für bipolar erkrankte Mütter großen Stress bedeutet.

Eventuell ist es ratsam, eine ambulante Entbindung in Erwägung zu ziehen. Man ist dann nur kurze Zeit in der Klinik, sodass das ständige Kommen und Gehen von Ärzten, Pflegepersonal, Zimmernachbarinnen und deren Besuchern entfällt. Zu Hause hat man mehr Ruhe, allerdings nur unter der Voraussetzung, dass für Hilfe im Haushalt gesorgt ist; wichtig ist auch, dass die Wochenpflegerin und der Arzt regelmäßig vorbeikommen.

Am besten jedoch lässt sich ein neuerlicher Schub vermeiden, indem man gleich nach der Entbindung wieder mit der Einnahme von Medikamenten beginnt. Ohne Medikamente ist das Rückfallrisiko sehr hoch.

12 Epilog

Hier endet das Buch und damit die Geschichte. Els' Geschichte jedoch geht weiter, jeden Tag aufs Neue, mit Hochs und Tiefs und manchen Rückschlägen, die zu verkraften sind.

Els' Geschichte ist einzigartig. Sie schildert ihre bipolare Störung, ihre Manien und Depressionen. Ihre Suche nach einem Gleichgewicht. Das Schreiben dieses Buches hat etwa ein Jahr in Anspruch genommen und Els hat dabei ihr Selbstbild ein Stück weit neu entworfen. Sie weiß nun, dass sie auch mit einer bipolaren Störung eine gute Mutter, Partnerin, Freundin und Autorin sein kann, dass sie auch mit ihrer Störung ein liebens- und schätzenswerter Mensch ist.

Jeder von einer bipolaren Störung Betroffene hat seine eigene individuelle Geschichte. Und genau wie Els' Geschichte ist jede von ihnen es wert, gelebt zu werden.

Anhang

www.bipolar – Bipolare Störungen im Internet

Das World Wide Web ist eine wahre Fundgrube für Informationen über bipolare Störungen. Oft ist es aber nicht einfach, die Spreu vom Weizen zu trennen. Als Orientierungshilfe sind nachstehend einige Websites aufgelistet, die zu besuchen sich lohnt. Sie finden dort verlässliche Informationen sowie Links zu weiteren interessanten Seiten.

DEUTSCHSPRACHIGE WEBSITES

www.dgbs.de
DGBS ist die Abkürzung für »Deutsche Gesellschaft für Bipolare Störungen e.V.«. Die Organisation mit Sitz in Hamburg wurde 1999 gegründet und hat sich zum Ziel gesetzt, die Aufmerksamkeit für das Krankheitsbild »Bipolare Störung« in Fachkreisen und in der Öffentlichkeit zu fördern sowie Selbsthilfegruppen, Patienten und deren Angehörige zu unterstützen. Auf der Website finden sich neben ausführlichen Informationen zu Krankheitsbild und Therapiemöglichkeiten auch Literaturhinweise, Adressen von Selbsthilfeinitiativen, gesundheitspolitische Informationen, Kongressankündigungen etc.

www.verein-horizonte.de
Der »Verein Horizonte zur Unterstützung affektiv Erkrankter« mit Sitz in Haar bei München bietet Patienten und Angehörigen Informationen zu den Themen Depression und Manie. Er betreibt eine

telefonische Beratungs-Hotline und im Internet einen Chatroom, in dem sich Betroffene und ihre Angehörigen austauschen können.

www.nakos.de
NAKOS steht für »Nationale Kontakt- und Informationsstelle zur Anregung und Unterstützung von Selbsthilfegruppen«. Klickt man die Rubrik »Rote Adressen« an, gelangt man zu einer Datenbank, die über Kontaktstellen für Selbsthilfegruppen auf örtlicher oder regionaler Ebene informiert und laufend aktualisiert wird.

www.manic-depressive.de
Hinter dieser Adresse verbirgt sich ein Forum für den Erfahrungsaustausch über bipolare Störungen, das von der Deutschen Gesellschaft für Bipolare Störungen e.V. (siehe Seite 255) als Dienstleistung betrieben wird und den Austausch von Betroffenen und ihren Angehörigen ermöglicht (die englischsprachige Variante findet sich unter www.manic-depressive.net).

www.forum-humanum.ch
Diese Schweizer Internetadresse wird von einem Betroffenen betrieben. Sie bietet neben persönlichen Erfahrungsberichten vor allem eine Vielzahl von (internationalen) Links.

Englischsprachige Websites

www.dbsalliance.org
Die »Depression and Bipolar Support Alliance«, bis vor kurzem noch »National Depression and Manic-Depressive Association«, ist die größte amerikanische Patientenvereinigung. Auf ihrer Website finden sich neben umfassenden Informationen Möglichkeiten zum Download von Broschüren und ein Fragebogen, den man aus-

füllen kann, um herauszufinden, ob man eventuell eine bipolare Störung hat.

www.bpkids.org
Die Website der »Child and Adolescent Bipolar Foundation«, auch unter dem Namen »Bipolar Kids Website« bekannt, bietet jede Menge fundierte Information für Jugendliche mit bipolarer Störung, darunter auch wissenschaftliche Artikel, Audio- und Videoaufzeichnungen von Vorlesungen, Kongressberichte und vieles mehr.

www.bpso.org
BPSO steht für »Bipolar Significant Others«. Diese Website ist für Partner und Familienangehörige von Menschen mit einer bipolaren Störung gedacht. Sie bietet vor allem eine umfassende Linksammlung zu Websites, auf denen die verschiedensten Aspekte der bipolaren Störungen zur Sprache kommen, ebenso der Umgang mit der Erkrankung.

www.nami.org
Die »National Alliance for the Mentally Ill« ist die offizielle Website einer amerikanischen Dachorganisation, die über 1 000 Selbsthilfe- und Interessengruppen von und für Patienten und ihre Angehörigen auflistet. Sie ist zwar nicht sehr übersichtlich, aber das Weiterklicken und die Informationssuche lohnen auch hier.

Literatur zum Thema »Bipolare Störungen«

Deutschsprachige Bücher

Behrman, Andy (2003): *Electroboy. Ein manisches Leben,* Kiepenheuer & Witsch, Köln (übersetzt von Susanne Goga-Klinkenberg)
Sein Leben auf der Überholspur, mit Höhenflügen und Abstürzen, schildert der New Yorker Filmemacher Andy Behrman. Dem »Durchschnitt« eines manischen Lebens entsprechen seine Erfahrungen wohl eher nicht. Behrman landet, da er sich als Kunstfälscher betätigt, im Gefängnis. Nach Experimenten mit Drogen, Sex und den falschen Medikamenten sowie zwei Jahren erfolgloser Therapie verliert er den Halt. Sein letzter Ausweg ist die elektrokonvulsive Therapie.

Bock, Thomas (2004): *Achterbahn der Gefühle. Mit Manie und Depression leben lernen,* Psychiatrie-Verlag, Bonn
Dieser Ratgeber beschreibt die Lebensgefühle von Menschen mit bipolaren Störungen und macht sie für Außenstehende verständlich. Anhand von Fallbeispielen werden verschiedene Verläufe der Erkrankung beschrieben, ebenso die dahinter stehenden Konflikte, und Lösungsmöglichkeiten werden aufgezeigt.

Boie, Kirsten (2005): *Mit Kindern redet ja keiner,* S. Fischer, Frankfurt/M.
Kirsten Boie beschreibt, welche Auswirkungen die Depression der Mutter auf die Tochter hat und wie sich die Mutter selbst fühlt: verängstigt, überfordert, zutiefst verzweifelt. Das Buch klagt niemanden an, auch die Mutter nicht, sondern erklärt, wie es zu Depressionen kommt, wie sie sich auswirken und welche Wege es aus ihnen gibt.

Geislinger, Rosa & Grunze, Heinz (2002): *Bipolare Störungen (manisch-depressive Erkrankungen). Ratgeber für Betroffene und Angehörige,* Books on Demand, Norderstedt

Die Psychologin Rosa Geislinger und der Arzt Dr. Heinz Grunze haben einen kompakten Ratgeber verfasst, in dem auf Ursachen, Symptome, Behandlungsmethoden und den Umgang mit der Erkrankung eingegangen wird. Im Anfang findet sich ein Interview mit einer Frau, die einen bipolar erkrankten Bekannten jahrelang bei der Bewältigung seiner Probleme unterstützt hat.

Jamison, Kay Redfield (1999): *Meine ruhelose Seele. Die Geschichte einer manischen Depression,* Goldmann, München (übersetzt von Kirsten Sonntag)

Die amerikanische Psychiaterin Kay Redfield Jamison ist selbst von einer bipolaren Störung betroffen und gilt mittlerweile als führende Expertin auf diesem Gebiet. Ihr Erlebnisbericht ist insbesondere für Menschen sehr lesenswert, die an der Erkrankung leiden.

Kingma, Renate (2003): *Mit gebrochenen Flügeln fliegen ... Menschen berichten über bipolare Störungen,* Books on Demand, Norderstedt

Das Buch fasst Lebensläufe bipolar erkrankter Menschen zusammen, die ihre Erfahrungen mit Medikamenten, Schüben, Psychiatrie, Lebens- und Arbeitssituationen beschreiben.

Marneros, Andreas (2004): *Das Neue Handbuch der Bipolaren und Depressiven Erkrankungen,* Thieme, Stuttgart

Ein Fachbuch, in dem umfassend alle Formen von uni- und bipolaren Erkrankungen behandelt und traditionelle und moderne Forschungsergebnisse beschrieben werden.

Meyer, Thomas D. (2005): *Manisch-depressiv? Was Betroffene und Angehörige wissen sollten,* Beltz, Weinheim/Basel

Das Buch zeigt, was eine bipolare Störung bedeutet, wie Betroffenen und Angehörigen geholfen werden kann und wie sie selbst zum Erfolg der Behandlung beitragen können.

Minne, Brigitte (2004): *Eichhörnchenzeit oder Der Zoo in Mamas Kopf*, Sauerländer, Düsseldorf (übersetzt von Andrea Kluitmann)
Ein wundervoll geschriebenes Buch über ein Mädchen und ihren kleinen Bruder, deren Mutter psychisch krank ist. Es beschreibt die ständig wechselnden »Launen« der Mutter und zeigt, wie viele von dieser Krankheit betroffen sind. Ein ermutigendes Buch mit einem guten Ende.

Wormer, Eberhard (2003): *Bipolar – Leben mit extremen Emotionen. Depression und Manie. Ein Manual für Betroffene und Angehörige*, Droemer Knaur, München
Dr. Eberhard Wormer ist Mediziner und Medizin- beziehungsweise Wissenschaftsjournalist. In seinem Buch fasst er den aktuellen Kenntnisstand über bipolare Störungen zusammen, nennt diagnostische Kriterien und Behandlungsmöglichkeiten, geht aber auch auf rechtliche Aspekte und die Auswirkungen der Störung auf das soziale Umfeld ein. Mit Glossar und Adressensammlung.

Englischsprachige Bücher

Fuller Torrey, E. & Knable, M.B. (2002): *Surviving manic depression. A manual on bipolar disorder for patients, families, and providers*, Basic Books, New York
Sehr umfassende und gut verständliche Informationen über alle Aspekte bipolarer Störungen.

Goodwin, Frederick K. & Jamison, Kay Redfield (1990): *Manic-depressive illness*, Oxford University Press, New York/Oxford

Ein Fachbuch, in dem das Thema »Bipolare Störungen« enzyklopädisch dargestellt ist. Die Informationen sind inzwischen teilweise ein wenig veraltet, dennoch ist das Werk – zumindest für Experten – ein absolutes Muss.

Lam, Hung Dominic u.a. (Hrsg.) (1999): *Cognitive therapy for bipolar disorder: A therapist's guide to concepts, methods and practice*, John Wiley & Sons, New York
  Ein Praxishandbuch für Therapeuten.

Mai, Mario u.a. (Hrsg.) (2002): *Bipolar Disorder*, Wiley, Sussex
  Sechs hervorragend geschriebene Berichte zum aktuellen Kenntnisstand in Forschung und Praxis, jeweils um 10 bis 20 Kommentare von Experten aus aller Welt ergänzt. Das für Fachleute gedachte Werk eignet sich ideal für alle, die sich rasch einen Überblick über den aktuellen Stand verschaffen möchten.

Miklowitz, David J. (2002): *The bipolar disorder survival guide. What you and your family need to know*, Guilford Press, New York
  Ein gut und verständlich geschriebener Ratgeber – für Patienten unentbehrlich, aber auch nützlich für Ärzte und Therapeuten.

Miklowitz, David J. & Goldstein, Michael J. (1997): *Bipolar disorder. A family-focused treatment approach*, Guilford Press, New York
  Eine ausführliche Beschreibung des familientherapeutischen Ansatzes mit einer Vielzahl von Beispielen aus der Praxis; hauptsächlich für Therapeuten gedacht.

Newman, Cory Frank u.a. (2002): *Bipolar disorder: A cognitive therapy approach*, American Psychological Association, Washington DC
  Eine Darstellung der kognitiven Verhaltenstherapie. Die Therapietechniken sind klar und verständlich beschrieben, sodass auch Laien Gewinn von der Lektüre haben.

Bibliografie

Akiskal, H.S. (2002): »Classification, diagnosis and boundaries of bipolar disorders: A review«, in: Maj, M. u.a. (Hrsg.): *Bipolar Disorder, WPA Series Evidence and Experience in Psychiatry,* Volume 5, Wiley, Sussex

Akiskal, H.S. u.a. (2000): »Re-evaluating the prevalence of and diagnostic composition within the broad clinical spectrum of bipolar disorders«, in: *Journal of Affective Disorders* 59, S5–S30

Angst, J. (1998): »The emerging epidemiology of hypomania and bipolar II disorder«, in: *Journal of Affective Disorders* 50, 143–151

Angst, J. & Gamma, A. (2002): »Prevalence of bipolar disorders: Traditional and novel approaches«, in: *Clinical Approaches in Bipolar Disorders* 1, 10–14

Bauer, M.S. (2002): »Psychosocial interventions for bipolar disorder: A review«, in: Maj, M. u.a. (Hrsg.): *Bipolar Disorder,* a.a.O.

Bazire, S. (2001): *Psychotropic drug directory 2002,* Quay Books, Snowhill/Dinton

Behrman, A. (2003): *Electroboy. Ein manisches Leben,* Kiepenheuer & Witsch, Köln

Bowden, C.L. (2002): »Pharmacological treatment of bipolar disorder: A review«, in: Maj, M. u.a. (Hrsg.): *Bipolar Disorder,* a.a.O.

Boyer, W.F. & Feighner, J.P. (1996): »Safety and tolerability of selective serotonin re-uptake inhibitors«, in: Feighner, J.P. & Boyer, W.F. (Hrsg.): *Selective serotonin re-uptake inhibitors. Advances in basic research and clinical practice,* John Wiley & Sons, Sussex

Carreno, T. & Goodnick, P.J. (1998): »Creativity and mood disorder«, in: Goodnick, P.J. (Hrsg.): *Mania: Clinical and research perspectives,* American Psychiatric Press, Washington DC/London

Cohen, L.S. u.a. (1994): »A re-evaluation of risk of in utero exposure to lithium«, in: *JAMA* 271, 146–150

Colom, F. u.a. (2003): »A randomized trial on the efficacy of group psychoeducation in the prophylaxis of recurrences in bipolar patients whose disease is in remission«, in: *Archives of General Psychiatry* 60, 402–407

Court, B.L. & Nelson, G.E. (1996): *Bipolar puzzle solution: A mental health client's perspective,* Accelerated Development, Levittown

De Hert, M. u.a. (1998): *Dichtbij en toch veraf. Werkboek voor familieleden van psychotische patiënten,* EPO, Berchem

De Hert, M. u.a. (2000): *Het geheim van de hersenchip. Zelfgids voor mensen met een psychose,* EPO, Berchem

Demyttenaere, K. (1997): *Psychopathologie van het postpartum,* Pfizer, Brüssel

Deutsche Gesellschaft für Bipolare Störungen e.V. (2003): *Weißbuch bipolare Störungen in Deutschland,* Books on Demand, Norderstedt

Dierick, M. & D'Haenen (2003): »Stemmingsstoornissen«, in: Dierick, M. u.a. (Hrsg.): *Handboek Psychofarmacotherapie,* Academia Press, Gent

Ehlers, C.L. u.a. (1988): »Social zeitgebers and biological rhythms: A unified approach to understanding the etiology of depression«, in: *Archives of General Psychiatry* 45, 948–952

Ellicott, A. u.a. (1990): »Life events and the course of bipolar disorder«, in: *American Journal of Psychiatry* 147, 1194–1198

Ernst, C.L. & Goldberg, J.F. (2003): »Antidepressant properties of anticonvulsant drugs for bipolar disorder«, in: *Journal of Clinical Psychopharmacology* 23, 182–192

Faraone, Tsuang & Tsuang (1999): *Genetics of mental disorders,* Guilford Press, New York

Fawcett, J. u.a. (2000): *New hope for people with bipolar disorder,* Prima Health, Roseville

Frank, E. u.a. (1994): »Interpersonal and social rhythm therapy for bipolar disorder: Integrating interpersonal and behavioral approaches«, in: *Behavior Therapist* 17, 143–149

Fuller Torrey, E. & Knable, M.B. (2002): *Surviving manic depression. A manual on bipolar disorder for patients, families, and providers,* Basic Books, New York

Goldberg, J.F. & Ernst, C.L. (2002): »The economic and social burden of bipolar disorder: A review«, in: Maj, M. u.a. (Hrsg.): *Bipolar Disorder*, a.a.O.

Goodwin, F.K. & Jamison, K.R. (1990): *Manic-depressive illness*, Oxford University Press, New York/Oxford

Hartong, E.G.Th.M. u.a. (2003): »Prophylactic efficacy of lithium versus carbamazepine in treatment-naive bipolar patients«, in: *Journal of Clinical Psychiatry* 64, 144–151

Henry, C. & Demotes-Mainard (2003): »Avoiding drug-induced switching in bipolar depression«, in: *Drug Safety* 26, 337–351

Hirschfeld, R.M. u.a. (2000): »Development and validation of a screening instrument for bipolar spectrum disorder: The Mood Disorder Questionnaire«, in: *American Journal of Psychiatry* 157, 1873–1875

Hirschfeld, R.M. u.a. (2003): »Perceptions and impact of bipolar disorder: How far have we really come? Results of the National Depressive and Manic-Depressive Association 2000 Survey of individuals with bipolar disorder«, in: *Journal of Clinical Psychiatry* 64, 161–174

Hirschfeld, R.M. u.a. (2003): »Validity of the Mood Disorder Questionnaire: A general population study«, in: *American Journal of Psychiatry* 160, 178–180

Hofman, A. u.a. (1996): »Het gebruik van een ›noodplan‹ bij de behandeling van patiënten met een recidiverende uni- of bipolaire stemmingsstoornis«, in: *Tijdschrift voor Psychiatrie* 38, 609–615

Jamison, K.R. (1999): *Meine ruhelose Seele. Die Geschichte einer manischen Depression*, Goldmann, München

Johnson, L. u.a. (2003): »Social support in bipolar disorder: Its relevance to remission and relapse«, in: *Bipolar Disorders* 5, 129–137

Kendell, R.E. u.a. (1987): »Epidemiology of puerperal psychoses«, in: *British Journal of Psychiatry* 150, 662–673

Kragten, J. (2000): *Leven met een manisch-depressieve stoornis*, Bohn Stafleu Van Loghum, Houten/Diegem

Kröber, H.L. (1987): »Liebe und Sexualität manischer Patienten«, in: *Nervenarzt* 58, 496–501

Krüger, S. & Bräunig, P. (2002): »Clinical issues in bipolar disorder during pregnancy and the postpartum period«, in: *Clinical Approaches in Bipolar Disorders* 1, 65–71

Lerer, B. & Yakir, A. (2002): »Heterogeneity of course and outcome in bipolar disorder: Can genetics help?«, in: Maj, M. u.a. (Hrsg.): *Bipolar Disorder*, a.a.O.

Lithium-plus-werkgroep (2000): *Lithium: Informatie voor cliënten, partners en betrokkenen* (verfügbar über www.antenna.nl/lithium)

Marneros, A. & Brieger, P. (2002): »Prognosis of bipolar disorder: A review«, in: Maj, M. u.a. (Hrsg.); *Bipolar Disorder*, a.a.O.

McDaniel, J.S. & Sharma, S.M. (2002): »Mania«, in: Wise, M.G. & Rundell, J.R. (Hrsg.): *Textbook of consultation-liaison psychiatry*, American Psychiatric Publishing, Washington DC/London

McElroy, S. u.a. (1996): »Mania, psychosis and antipsychotics«, in: *Journal of Clinical Psychiatry* 57 (Suppl. 3), 14–26

Miklowitz, D.J. (2002): *The bipolar disorder survival guide. What you and your family need to know,* Guilford Press, New York

Miklowitz, D.J. & Goldstein, M.J. (1997): *Bipolar disorder. A family-focused treatment approach,* Guilford Press, New York

Miklowitz, D.J. u.a. (2003): »Integrated family and individual therapy for bipolar disorder: Results of a treatment development study«, in: *Journal of Clinical Psychiatry* 64, 182–191

Moore, G.J. u.a. (2000): »Lithium-induced increase in human brain grey matter«, in: *Lancet* 356, 1241–1242

Newman, C.F. u.a. (2002): *Bipolar disorder: A cognitive therapy approach,* American Psychological Association, Washington DC

Nofzinger, E.A. u.a. (1993): »Sexual function in depressed men«, in: *Archives of General Psychiatry* 50, 24–30

Nolen, W.A. u.a. (2002): »Rate of detection and care utilization by people with bipolar disorder. Results from the Netherlands Mental

Health Survey and Incidence Study (NEMESIS)«, in: Maj, M. u.a. (Hrsg.): *Bipolar Disorder*, a.a.O.

Oostervink, F. u.a. (2000): »Het risico van lithiumresistentie na stoppen en herstarten na langdurig gebruik«, in: *Nederlands Tijdschrift voor Geneeskunde* 144, 401

Overduin, P. (2001): *Ik houd van mijzelf ... en dat is wederzijds. Dagboek van een manisch-depressief mens*, De Vijver, Afferden

Packer, S. (1992): »Family planning for women with bipolar disorder«, in: *Hospital and Community Psychiatry* 43, 479–482

Pande, A. u.a. (2000): »Gabapentin in bipolar disorder: A placebo-controlled trial of adjunctive therapy«, in: *Bipolar Disorders* 2, 249–255 (Gabapentin Bipolar Disorder Study Group)

Petrides, G. u.a. (2001): »ECT Remission Rates in Psychotic Versus Nonpsychotic Depressed Patients: A Report from CORE«, in: *Journal of ECT* 17, 244–253

Peuskens, J. u.a. (1998): »Sexual dysfunction: The unspoken side effects of antipsychotics«, in: *European Psychiatry* 13 (Suppl. 1), 23–30

Phelps, J.R.: *Bipolar II: Mood swings without »manic« episodes*, verfügbar über www.psychoeducation.org/depression/frameset.html

Reinares, M. u.a. (2002): »Therapeutic interventions focused on the family of bipolar patients«, in: *Psychotherapy und Psychosomatics* 71, 2–10

Rollman, B.L. u.a. (1997): »Medical speciality and the incidence of divorce«, in: *New England Journal of Medicine* 336, 800–803

Sato, T. u.a. (2002): »Syndromes and phenomenological subtypes underlying acute mania: A factor analytic study of 576 manic patients«, in: *American Journal of Psychiatry* 159, 968–974

Schou, M. (1979): »Artistic productivity and lithium prophylaxis in manic-depressive illness«, in: *British Journal of Psychiatry* 135, 97–103

Scott, J. (1995): »Psychotherapy for bipolar disorder«, in: *British Journal of Psychiatry* 167, 581–588

Scott, J. & Todd, G. (2002): »Is there a role for psychotherapy in bipolar disorders?«, in: *Clinical Approaches in Bipolar Disorders* 1, 22–30

Sharma, V. & Mazmanian, D. (2003): »Sleep loss and postpartum psychosis«, in: *Bipolar Disorders* 5, 98–105

Shulman, K.I. u.a. (2002): »Effects of gender and age on phenomenology and management of bipolar disorder: A review«, in: Maj, M. u.a. (Hrsg.): *Bipolar Disorder*, a.a.O.

Sienaert, P. (2002): »Elektroconvulsietherapie: Informatie voor patiënten«, in: *Psychopraxis* 4, 28–30

Sienaert, P. (2003): »De plaats van elektroconvulsietherapie in de behandeling van bipolaire stoornissen«, Vortrag beim Symposium »Bipolaire stoornissen«, Cure & Care, Kortenberg, 21.05.2003

Sienaert, P. & De Fruyt, J. (2001): »Seksuele bijwerkingen van psychofarmaca«, in: Schene, A.H. u.a.: *Jaarboek voor psychiatrie en psychotherapie 2001–2002,* Bohn Stafleu Van Loghum, Houten/Diegem

Silverstone, T. u.a. (2003): »Deep white matter hyperintensities in patients with bipolar depression, unipolar depression and age-matched control subject«, in: *Bipolar Disorders* 5, 53–57

Simon, G.E. u.a. (2002): »Outcomes of prenatal antidepressant exposure«, in: *American Journal of Psychiatry* 159, 2055–2061

Tanghe, A. & Bollen, E. (2000): *Manie en manische depressie,* Garant, Leuven/Apeldoorn

Tsuang, M.T. (1975): »Hypersexuality in manic patients«, in: *Medical Aspects of Human Sexuality*, 83–89

Walter, G. (1999): »John Cade and lithium«, in: *Psychiatric Services*, 50, 969

Liste der erwähnten Medikamente

Vorbemerkung: Es sind jeweils die *gängigsten* Handelsnamen in Deutschland genannt; bei manchen Wirkstoffen ließen sich noch wesentlich mehr Namen nennen, was den Leser aber wohl eher verwirren würde. Viele der hier aufgelisteten Wirkstoffe sind in Österreich und der Schweiz unter denselben Handelsnamen erhältlich, einige Wirkstoffe werden dort aber auch unter anderen Handelsnamen angeboten. Bei Bedarf wenden Sie sich bitte an Ihren Arzt oder Apotheker (Anm.d.Ü. und des Verlags).

Wirkstoff	Handelsname/n in Deutschland
Amitriptylin	Amineurin, Novoprotect, Saroten
Bromperidol	Impromen, Tesoprel
Bupropion	Zyban
Carbamazepin	Carbaflux, Carbagamma, Sirtal, Tegretal, Timonil
Chlorpromazin	Propaphenin
Cimetidin	Cimebeta, Cimehexal, CimLich, Tagamet
Citalopram	Cipramil, CitaLich, Serital
Clomipramin	Anafranil
Clozapin	Clozapin, Elcrit, Leponex
Desipramin	Petylyl
Diclofenac	Allvoran, Voltaren
Diltiazem	Diltiazem AL, Diltiazem Ratio, Dilthiazem Verla, Dilzem
Dosulepin	Idom
Doxepin	Aponal, Doneurin, Mareen, Sinquan
Doxycyclin	Doxycyclin AL, Doxycyclin Hexal, Doxycyclin Ratiopharm, Doxycyclin Stada
Erythromycin	Erythromycin Hexal, Erythromycin Ratiopharm, Erythromycin Stada, Erythromycin Wolff

Escitalopram	Cipralex
Ethosuximid	Petnidan, Suxilep, Suxinutin
Fluoxetin	Fluctin, Fluoxetin Ratio, Fluoxetin Stada, Fluneurin, Fluxet
Flupentixol	Fluanxol, Flupentixol
Fluvoxamin	Fevarin, FluvoHexal, Fluvoxamin Neuraxpharm, Fluvoxamin Ratio, Fluvoxamin Stada
Gabapentin	GabaLich, Neurontin
Haloperidol	Haldol-Janssen, Haloperidol Hexal, Haloperidol Ratiopharm, Haloperidol Stada
Ibuprofen	Dolormin
Imipramin	Pryleugan, Tofranil
Indometacin	Indometacin AL, Indometacin Ratiopharm
Iproclozid	in Deutschland nicht zugelassen
Isoniazid	Isozid, Tebesium
Lamotrigin	Lamictal
Levodopa	Dopaflex
Lithium	Hypnorex, Lithium, Quilonum
Maprotilin	Ludiomil
Melitracen	in Deutschland nicht zugelassen
Methyldopa	Dopegyl, Presinol
Metronidazol	Arilin, Clont, Flagyl
Mianserin	Mianeurin, Mianserin, Tolvin
Mirtazapin	MirtaLich, Mirtazapin Biomo, Mirtazapin Dura, Remergil
Moclobemid	Aurorix, Moclobeta, Moclodura
Naproxen	Aleve, Dysmenalgit, Dolormin, Proxen
Nortriptylin	Nortrilen
Olanzapin	Zyprexa
Oxcarbazepin	Timox
Paroxetin	Paroxat, Seroxat, Tagonis
Phenelzin	in Deutschland nicht zugelassen
Phenobarbital	Luminal, Luminaletten

Phenylbutazon	Ambene
Phenylephrin	Visadron
Phenytoin	Epanutin, Phenhydan
Pipothiazin	in Deutschland nicht zugelassen
Primidon	Liskantin, Mylepsinum
Propranolol	Doxitan, Elbrol, Obsidan
Quetiapin	Seroquel
Reboxetin	Edronax, Solvex
Risperidon	Risperdal
Sertralin	Gladem, Zoloft
Tetracyclin	Achromycin
Theophyllin	Aerobin, Afonilum, Bronchoretard, Solosin
Topiramat	Topamax
Trazodon	Thombran, Trazodon Hexal
Trimipramin	Herphonal, Stangyl, Trimineurin
Valproinsäure	Convulex, Ergenyl, Leptilan, Orfinil
Venlafaxin	Trevilor
Verapamil	Isoptin, Verahexal, Verapamil AL, Verapamil Ratiopharm
Viloxazin	Vivalan
Zolpidem	Bikalm, Stilnox
Zopiclon	Ximovan, Zop, Zopicalm
Zuclopenthixol	Ciatyl-Z

Wirksame Hilfen für Borderliner

Jerold J. Kreisman / Hal Straus
ZERRISSEN ZWISCHEN EXTREMEN
Leben mit einer Borderline-Störung.
Hilfen für Betroffene und Angehörige
360 Seiten. Kartoniert
ISBN 3-466-30696-5

In diesem ermutigenden Buch vermitteln Jerold J. Kreisman und Hal Straus die neuesten Erkenntnisse über Therapie- und Selbsthilfemaßnahmen bei einer Borderline-Störung. Anhand packender Fallbeispiele präsentieren die Autoren die erfolgversprechendsten Behandlungsmethoden und bieten Betroffenen, Angehörigen, Ärzten und therapeutischem Fachpersonal fundierte Unterstützung.

Kompetent & lebendig.

Kösel-Verlag, München, e-mail: info@koesel.de
Besuchen Sie uns im Internet: www.koesel.de

Ein stilles, oft unverstandenes Leid

Vor allem junge Frauen richten bei dem immer häufiger zu beobachtenden Phänomen der Selbstverletzung bestehende Aggressionen in zerstörerischer Weise gegen sich selbst. Um sich zu spüren und seelischen Schmerz kurzzeitig vergessen zu können, verletzen sie sich willentlich mit Messern, Scherben, Rasierklingen oder brennenden Zigaretten.

Einfühlsam und verständlich beschreibt Steven Levenkron die Persönlichkeitsstruktur der Betroffenen, die Merkmale und Hintergründe des Verhaltens und zeigt Betroffenen, Angehörigen und professionellen Helfern Wege der Bewältigung.

Steven Levenkron
DER SCHMERZ SITZT TIEFER
Selbstverletzung verstehen und überwinden
304 Seiten. Kartoniert
ISBN 3-466-30544-6

Kompetent & lebendig.
PSYCHOLOGIE & LEBENSHILFE

Kösel-Verlag, München, e-mail: info@koesel.de
Besuchen Sie uns im Internet: www.koesel.de